用制度创新促进绿色发展

高世楫　李佐军　等著

中国发展出版社
CHINA DEVELOPMENT PRESS

图书在版编目（CIP）数据

用制度创新促进绿色发展 / 高世楫，李佐军等著．—北京：中国发展出版社，2017.10

（国务院发展研究中心研究丛书．2017 / 李伟主编）

ISBN 978-7-5177-0785-1

Ⅰ．①用… Ⅱ．①高… Ⅲ．①绿色经济－经济发展－研究报告－中国 Ⅳ．① F124.5

中国版本图书馆 CIP 数据核字（2017）第 261916 号

书　　名：用制度创新促进绿色发展
著作责任者：高世楫　李佐军　等
出 版 发 行：中国发展出版社
（北京市西城区百万庄大街 16 号 8 层　100037）
标 准 书 号：ISBN 978-7-5177-0785-1
经　销　者：各地新华书店
印　刷　者：北京市密东印刷有限公司
开　　本：710mm × 1000mm　1/16
印　　张：24
字　　数：274 千字
版　　次：2017 年 12 月第 1 版
印　　次：2017 年 12 月第 1 次印刷
定　　价：77.00 元

联 系 电 话：（010）68990630　68990692
购 书 热 线：（010）68990682　68990686
网 络 订 购：http://zgfzcbs. tmall. com//
网 购 电 话：（010）88333349　68990639
本 社 网 址：http://www.develpress. com. cn
电 子 邮 件：bianjibu16@vip. sohu. com

“用制度创新促进绿色发展”
课题组

课题组顾问： 王一鸣

课题负责人： 高世楫　李佐军

课题协调人： 李维明　王海芹

课题组成员： 高世楫　谷树忠

课题组成员： 李佐军　常纪文　郭焦锋　程会强
洪　涛　陈健鹏　王海芹　李维明
吴　平　魏　云　刘　丽　黄顺魁

总　序

全面贯彻落实党的十九大精神，开创新时代政策咨询研究工作新局面

李伟

2017年10月，举世瞩目的中国共产党第十九次全国代表大会胜利召开。这是在全面建成小康社会决胜阶段、中国特色社会主义进入新时代的关键时期召开的一次十分重要的大会。党的十九大，作出了中国特色社会主义进入新时代、我国社会主要矛盾已转化为人民日益增长的美好生活需要和不平衡不充分的发展之间的矛盾等重大政治论断，确立了习近平新时代中国特色社会主义思想为党必须长期坚持的指导思想，提出了新时代中国特色社会主义的基本方略，确定了决胜全面建成小康社会、开启全面建设社会主义现代化国家新征途的目标。

党的十八大以来的五年，以习近平同志为核心的党中央以巨大的政治勇气和强烈的责任担当，提出一系列新理念新思想新战略，出台了一系列重大方针政策，推出一系列重大举措，推进一系列重大工作，推动党和国家事业发生历史性变革。如在宏观经济政策领域，面对近些年我国经济在增速、结构、动力等方面发生的深刻变化，五年来，以习近平同志为核心的党中央准确把握全球经济发展

大势和中国经济发展变化，不断创新宏观调控方式，形成了作出经济进入新常态重大判断、以新发展理念为指导、以供给侧结构性改革为主线、以稳中求进为工作方法论的宏观经济政策框架。具体而言，这个政策框架有以下几个鲜明特点：

其一，作出了新常态这一重大判断。从速度层面看，经济增长速度从高速增长转为中高速增长，经济发展的质量和内涵发生质的变化；从结构层面看，经济结构发生全面深刻变化，不断优化升级；从动力层面看，经济发展从要素驱动、投资驱动转向创新驱动。认识、把握、引领新常态是当前和今后一个时期做好经济工作的大逻辑。

其二，确立了新发展理念这一指导思想。创新、协调、绿色、开放、共享五大发展理念为经济社会发展提供了战略指引，是关系我国发展全局的一场深刻变革，攸关“十三五”乃至更长时期我国发展思路、发展方式和发展着力点。

其三，明确了推进供给侧结构性改革这一工作主线。供给侧结构性改革的最终目的是满足需求，主攻方向是提高供给质量，根本途径是深化改革，这是解决我国发展面临的突出问题与挑战的必由之路。

其四，确定了稳中求进这一工作方法论。坚持稳中求进工作总基调，并将之上升为治国理政的重要原则和经济工作的方法论，这是对经济工作思想方法作出的重大调整。强调要保持战略定力，在实践中转变急于求成的思想观念和操之过急的工作方法，推动经济转向平稳健康持续发展的轨道。

从五年来的实践成效看，在这一政策框架指导下，我国经济在经历多年调整后，趋势性下行的空间明显收窄，正在逐步迈入中高速增长阶段。特别是自2016年下半年开始，我国经济运行出现了一些积极变化，企稳基础有所增强，国际环境的有利因素也在增多，我国经济转型有望从“降速”阶段转向“提质”阶段。2017年前三季度基本延续了这一态势，经济增速达到6.9%，总体保持平稳，结构不断优化，经济发展的稳定性、协调性和可持续性增强，稳中有进、稳中向好的态势持续发展。

党的十九大对新时代推进中国特色社会主义伟大事业作出了全面部署，对开启全面建设社会主义现代化国家新征程作出战略安排，明确提出全面建成小康社会、实现第一个百年奋斗目标，又要乘势而上开启全面建设社会主义现代化国家新征程，向第二个百年奋斗目标进军。从2020年到本世纪中叶，分两个阶段安排：第一个阶段，从2020年到2035年，在全面建成小康社会的基础上，再奋斗十五年，基本实现社会主义现代化；第二个阶段，从2035年到本世纪中叶，在基本实现现代化的基础上，再奋斗十五年，把我国建成富强民主文明和谐美丽的社会主义现代化强国。这一系列战略部署为包括国务院发展研究中心在内的各类智库发挥作用提供了前所未有的广阔空间，如：社会主要矛盾所指的发展不平衡不充分的具体表现在哪些方面？本世纪中叶建成社会主义现代化强国的具体内涵和指标有哪些？现代化经济体系科学内涵是什么？如何实施乡村振兴战略？全面建设社会主义现代化国家新征程中将面临哪些风险和挑战？等等。这些重大问题，都需要智库加强前瞻性研究，提供切实可行、管用的决策咨询建议。

党的十九大指出，深化马克思主义理论研究和建设，加快构建中国特色社会科学，加强中国特色新型智库建设。智库建设的内容首次写进党的代表大会报告，令人振奋。这既为国务院发展研究中心建设国际一流高端智库提供了重大机遇，也为我们履行政策研究、政策评估、政策解读和国际交流合作“四位一体”的职能提出了更高要求。国务院发展研究中心将全面贯彻落实党的十九大精神，贯彻习近平总书记2013年4月15日关于智库建设的重要批示和中央关于智库建设的总体部署，加快落实国务院已批复的《国务院发展研究中心国家高端智库建设试点方案》，全面实施质量提升、人才优化、国际交流合作、成果传播、支撑保障和党的建设等六大工程，建立健全党的建设、人才使用与激励、研究质量保障和成果创新、经费使用和管理、成果转化和传播、研究支撑、国际交流合作、统筹利用社会资源等八个方面的体制机制，加快建设国际一流高端智库，力争到2020年进入高质量服务中央决策的政策支持力强、社会影响力大、国内领先、国际一流高端智库前列。

国务院发展研究中心将把深入学习宣传和全面贯彻落实党的十九大精神作为当前和今后一段时期的首要政治任务。作为服务党中央、国务院的政策咨询研究机构，我们将牢牢把握为中央决策服务的根本方向，以习近平新时代中国特色社会主义思想为指导，坚持马克思主义立场观点方法，坚持以人民为中心的发展思想，紧紧围绕十九大作出的“贯彻新发展理念，建设现代化经济体系”“加快建设创新型国家”“实施乡村振兴战略”“实施区域协调发展战略”“加快完善社会主义市场经济体制”“提高保障和改善民生水平，加强和创新社会治理”“加快生态文明体制改革，建设美丽中国”等一系列重大决策部署，坚持问题导向，精心选题，主动加强新时代中国特色社会主义有关经济建设、社会建设、生态文明建设的全局性、战略性、前瞻性、长期性以及热点、难点问题研究，大兴调查研究之风，不断形成一大批具有较高政策价值和较大社会影响力的研究成果，为中央科学决策提供有力的智力支持，努力开创新时代政策咨询研究的新局面。

“国务院发展研究中心研究丛书”是我们每年主要研究成果的集中呈现，自2010年面世至今，已经连续出版八年。今年这套丛书成书共包括15部著作，其中：《迈向高质量发展：战略与对策》《构建“一带一路”设施联通大网络》《打好风险攻坚战：思路与对策》等3部著作是国务院发展研究中心的重大研究课题报告；《协同：促进区域经济增长的新路径》《构建竞争力导向的农业政策体系》等9部著作，是各研究部（所）的重点研究课题报告；另3部著作是青年研究人员的优秀招标研究课题报告。

最后，对于多年来中央和地方各级领导同志给予我们的肯定和鼓励，以及社会各界读者的认可和厚爱，我们深怀感恩，并表示由衷的谢意。同时，我们也深知不足，诚恳希望各级领导、专家、学者和广大读者继续给予关心、支持和帮助，对这套丛书以及我们的工作多加批评指正，促使我们以更加振奋的精神和昂扬的姿态为推进国家治理体系和治理能力现代化、决胜全面建成小康社会、夺取新时代中国特色社会主义伟大胜利、实现中华民族伟大复兴的中国梦而不懈奋斗。

2017年11月

（作者为国务院发展研究中心主任、研究员）

内容摘要

推进绿色发展，有效的制度与政策设计是关键，清晰的理论分析框架是基础。从绿色发展的理论分析框架构建及几个关键政策和制度问题着手，通过理论和制度创新，破解绿色发展难题，对于加快建设资源节约型、环境友好型社会，形成人与自然和谐发展的现代化建设新格局，推进美丽中国建设，具有重要意义。

众所周知，推进绿色发展已成为全球共识和大势所趋，是各国积极应对日益严峻的资源环境挑战，培育新的经济增长点，提升国际竞争力的战略选择。近年来，各主要经济体国纷纷提出经济绿色转型发展的目标和路线图，绿色技术和产业和技术发展日新月异，合作与竞争更加广泛。可以预见，绿色发展将成为未来国际合作与谈判获得新筹码、国家经济竞争赢得新优势、各国政党赢得执政基础的重要支柱。

中国政府高度同样重视绿色发展。先是党的十八大及十八届三中全会将绿色发展作为推进生态文明建设的重要途径和抓手，随后党十八届五中全会和《中华人民共和国国民经济和社会发展第十三个五年规划纲要》明确把绿色发展确立为五大发展理念之一，强调坚持绿色发展，协同推进人民富裕、国家富强、中国美丽。可以预见，在“十三五”期间甚至一个更长时期，绿色发展将成为我国发展的主题，成为国家破解经济社会发展和生态环境保护难题，实现生产发展、生活富裕、生态良好的文明发展道路的历史选择。

在此有利背景下，近年来，中国绿色发展取得积极进展，主要体现在：能源结构持续优化，资源利用效率不断提升；产业转型升级取得初步进展，循环经济得到较快发展；绿色城镇化开始启动，绿色交通与绿色建筑稳步推进；环境治理力度加大，主要污染物实现大幅减排；生态环境有所改善，应对气候变化有新进展。与此同时，仍然面临一些严峻挑战：能源结构调整任务仍艰巨，资源能源利用效率差距仍较大；绿色产业发展尚不能满足需要，淘汰落后产能仍面临诸多挑战；国土空间优化开发刚刚起步，绿色城镇化发展尚存诸多羁绊；大气、水、土壤污染治理形势依然严峻，应对气候变化依旧困难重重；自然生态建设进展缓慢，生态文化和社会建设亟须进一步加强。然而，造成上述问题的原因是多方面的，但究其根源，制度障碍是关键，中国绿色发展仍然面临法制保障能力亟待增强、管理体制尚不到位、产权制度并不完善、市场化机制并未真正形成、GDP导向的考核制度仍未根本扭转、相关改革仍显滞后等突出问题。

为破解我国绿色发展道路上面临的上述诸多问题和制度障碍，迫切需要加快推进一系列的政策制度创新。国务院印发的《生态文明体制改革总体方案》已明确提出，要深化生态文明体制改革，尽快把生态文明制度的“四梁八柱”建立起来。结合我所重点研究领域、已有研究积累以及当前正在开展的课题，本研究重点对自然资源资产产权制度、能源管理体制、环境垂直监管体制、绿色发展评价考核体系、绿色法制保障等若干热点问题，开展深入研究，并提出了一系列对策建议。

第一，为建立健全支撑绿色发展的自然资源资产产权制度，建议要明确自然资源资产产权制度改革的总体方向；构建产权明晰的自然资源资产管理新体制；建立完整的自然资源资产产权权能体系；推进自然资源资产产权交易市场建设；进一步理顺利益主体间收益分配关系；建立健全自然资源资产的现代监管、监测与评估体系。

第二，为积极推进支撑绿色发展的能源体制改革，建议要建立统一开放竞争有序的现代能源市场体系；建立健全反映真实成本的能源市场价格机制；建设能更好发挥政府作用的能源管理体制；建立能保障公平竞争与能源安全的能源监管体制。

第三，为重点突破环境监管“垂直管理”体制改革的关键环节，建议要落实地方党委和政府的环境保护责任；设计省、市、县机构设置及职能；协同推进环境监管程序的再造与衔接；探索完善市、县环保监察执法机构的运行与保障机制。

第四，为探索完善促进绿色发展的政绩考核制度，建议要探索完善绿色发展考核的总体框架；建立健全绿色发展的考核内容；建立健全绿色发展的考核方式；建立健全绿色发展的考核程序；完善绿色发展考核制度的保障体系。

第五，为着力强化绿色发展的法治保障，建议要加快绿色发展重点领域的立法工作；加快健全绿色发展法律体系；加快提升绿色发展的执法能力；加强环境违法犯罪惩戒；推进环境公益诉讼实践；深化环境司法体制改革。

第六，为制定和实施有效的绿色产业政策，支持绿色产业发展和产业绿色化，以确保绿色发展和生态文明建设顺利推进，并有效应对绿色产业领域日益激烈的国际竞争。为此，我们需建议要充分吸取国内外产业政策的成功经验与失败教训，重点针对中国发展绿色产业技术能力上的短板，优化产业政策工具，高度重视产业政策的实施过程并积极做出动态调整。

此外，课题组还认为，为确保绿色发展和生态文明建设顺利推进，课题组认为，相应还需要综合采用关的财税、金融、投资、科教、产业、土地、贸易等配套政策，并注重政策间的协调，同时更着眼于长效机制建设也亟待跟进。

当然，为了理清绿色发展的思路和对策，必须建立一个清晰的逻辑分析框架。本研究认为，绿色发展的核心在于提高单位资源环境生态投入或消耗的产出率，故可用“资源环境生产率＝（国内或地区生产总值GDP+生态系统生产价值GEP）/资源环境生态投入（或消耗）”作为绿色发展的基本分析框架，此公式高度概括了绿色发展最核心的内容，具有一定的解释性功能力。根据资源环境生产率公式，影响绿色发展的主要因素有五个方面。①生产要素投入。可分为规模型要素（如劳动、资本、资源等）和效率型要素投入（如技术、人才、信息和知识等）。其中，规模型要素投入量的增加，不仅可增加公式中分子GDP的量，也可增加公式中分母资源消耗的量，因此对资源环境生产率的作用具有不确定性；而效率型要素则主要通过效率提高带来GDP的增长，显然可以直接提高资源环境生产率。②全要素生产率。提高全要素生产率的基本途径是制度变革、结构优化、要素升级（或改革、转型、创新）“三大发动机”。其中，制度变革是指改革，是根源性发动机；结构优化包括工业化（含产业升级）、城镇化、区域经济一体化、国际化等；要素升级包括技术进步、提升人力资本、信息化和知识增长等。③生态系统生产总值。包括生态产品价值、生态调节价值、生态文化价值等。植树造林、保育草原、保护水体、治理沙漠荒漠、维护生物多样性等，都是增加生态系统生产总值的途径。④资源环境生态投入（或消耗）。要提高资源环境生产率，促进绿色发展，就必须减少资源消耗量、污染排放量、生态空间占用量（含生态损害量）。具体途径包括：节约集约利用资源能源、控制环境污染排放、加大生态保护建设力度、优化产业结构和空间布局、建设绿色低碳社会等。⑤制度系数。此制度系数中的制度主要指生态文明制度体系。若生态文明制度体系科学合理而完善，则一方面会增加GEP，另一方面会减少资源环境生态投入（或消耗），进而促进绿色发展。

目 录

总报告

用制度创新促进绿色发展

专题报告一

绿色发展的理论分析框架

专题报告二

支撑绿色发展的自然资源资产产权制度研究

专题报告三

支撑绿色发展的能源体制改革研究

专题报告四

环境监管体制“垂直管理”问题研究

专题报告五

绿色发展考核制度研究

总报告

用制度创新促进绿色发展

一、全球绿色发展趋势及对中国的启示

绿色发展是当前发展理论创新的重要方向，也是发展范式变革的重要动力。绿色增长是绿色发展的核心[①]。2008年金融危机以来，国际社会不得不探索能够同时促进经济复苏、应对气候变化、减少社会贫困等多重目标的发展路径，一些国际组织积极倡导实施绿色增长[②]、绿色经济[③]、包容性绿色增长，不少国家着力开展了绿色增长和绿色发展实践。全球绿色发展在不平衡中推进，局部取得进展，但全局仍面临诸多不确定性。未来一段时期，全球将在更加开放、包容、创新的国际合作新格局中加快绿色发展进程，中国也将发挥越来越重

---

① OECD, Putting Green Growth at the Heart of Development, OECD Green Growth Studies, OECD Publishing. http://dx.doi.org/10.1787/9789264181144-en, 2013；OECD, Towards Green Growth: Tracking Progress, OECD Green Growth Studies, OECD Publishing, Paris. http://dx.doi.org/10.1787/9789264234437-en, 2015.

② OECD, Towards Green Growth, OECD Publishing. http://dx.doi.org/10.1787/9789264 111318 -en, 2011.

③ UNEP, Towards a Green Economy: Pathways to Sustainable Development and Poverty Eradication, www.unep.org/greeneconomy, 2011.

要的示范引领作用。

（一）理解全球绿色发展的内涵

尽管2008年金融危机后，绿色经济和绿色发展才被提到重要政治议程，然而相关研究在20世纪中期就已开展[①]。针对人类发展过程中出现的各种资源浪费、环境污染、生态破坏等问题，全球学者和政策决策者探索出了包括绿色GDP、宇宙飞船经济、绿色经济、可持续发展、生态经济、循环经济、低碳经济、绿色发展、生态文明、绿色发展等在内的诸多理念、理论及政策框架，深化了人类对可持续发展的理解。由中国大力倡导的生态文明和绿色发展是近年影响越来越大的发展理念，与可持续发展等相关理论一脉相承，是全球绿色发展的重要阶段性成果。这些理论和政策框架尽管在内涵、主要内容、评价体系等方面不尽相同，然而其落脚点都找到通向生产发展、生活富裕、生态良好的文明发展道路。

1. 从四个维度把握全球绿色发展的内涵

站在全球角度理解绿色发展，需把握下述四个维度：

一是资源生产率维度。绿色发展要逐渐实现经济社会发展和资源能源消耗的脱钩、污染物排放以及生态破坏的脱钩，从相对脱钩逐渐到绝对脱钩，这个过程需要不断提高经济活动中每单位资源和环境容量投入的产出量，实现资源节约集约利用。

二是自然资本存量维度。自然资本与人造资本、人力资本都是社会总供给中的生产要素。自然资本是有限的，且不可被人造资本完全替代，要保持自然资本存量的适当规模，以保持最大的

① UNEP, Global Green New Deal——A Policy Brief, 2009.

生产可能性边界。自然资本的开发利用要有度、有序，不突破资源环境承载力。

三是环境生活质量维度。除了服务于经济生产，自然资本通过提供宜居的生态环境，实现其生态服务功能的价值。加大环境污染治理，维持良好的空气、水、土壤等生态环境，是保障公众健康、改善公众生活质量的必要条件。

四是经济增长机遇维度。提高资源生产率、保持自然资本存量、改善生态环境质量有赖于绿色技术的创新，有赖于绿色投资，有赖于节能环保产品和服务的生产、商业模式的创新，这些都是经济增长的新源泉。新增长机遇也将带动绿色岗位的增加。

2. 确定全球绿色发展的评价体系

描述全球绿色发展进程，需要绿色发展相关理论框架以及相应指标体系做支撑。自国际社会提出绿色经济和绿色发展相关倡议以来，一些国际组织建立了监测和评价绿色经济进程和评估绿色经济政策的指标体系。

代表性的指标体系主要包括，世界经济和合作发展组织（OECD）2011年发布的绿色发展指标、世界银行2012年发布的“综合财务核算”指标以及全球绿色发展组织2013年发布的绿色发展指标。最早提出绿色经济概念框架的联合国环境署（UNEP），并没有针对绿色经济单独开发出一套指标体系，因为“绿色经济在方方面面似乎同可持续发展所包含的内容接近”。[①] 其中，OECD的绿色经济指标体系更侧重绿色发展带来的经济机遇，目前不少国家采取OECD的指标体系来

① 盛馥来、诸大建. 绿色经济：《联合国视野中的理论、方法与案例》，中国财政经济出版社2015年版。

建立符合本国的绿色经济体系[①]。

本报告采取OECD建立的绿色经济指标框架，分别从资源和环境生产率、自然资本存量、环境生活质量、经济机遇等几方面来大体描述近几年全球绿色发展进程。

（二）全球绿色发展的大体进程

当前，世界经济仍将处于国际金融危机后的修复期。2015年全球GDP73.4万亿美元，与上年增长2.5%，增速继续放缓；发展中国家工业生产同比增长3.9%，增速也比上年放缓；世界贸易总额（以出口计）下降为16.6万亿美元，比上年下降13.3%。目前全球新的增长动能尚未确立，处于“低利率、低通胀、低增长、高负债”的“三低一高”态势，经济复苏将依然疲弱乏力[②]。在传统发展模式难以持续、金融业及传统制造业增长乏力的背景下，各国都希望通过政策创新，投资节能、低碳、环保领域，创造新的经济增长点和就业机会。

1. 全球资源生产率方面的进展情况

一是全球能源消费总量逐年增加，化石燃料仍占主体地位。过去30年，世界一次能源消耗量年均增长2%。据《BP能源统计年鉴2016》，2015年世界一次能源消费总量达13147.3百万吨标准油，比上年增长1.0%，其中化石能源占比为88%。2015年中国一次能源消费3041.8百万吨标准油，占全球总能耗的23.1%。中国煤炭占比超过六成，高于世界平均水平。

① Alex Bowen etc.,Green growth: an assessment, Oxford Review of Economic Policy, Volume 30, Number 3, 2014, pp. 407 - 422.

② 上海社会科学研究院：“砥砺前行中的世界经济:新常态、新动力、新趋势——2015年世界经济分析与展望”，《世界经济研究》，2015年第1期，第3~23页。

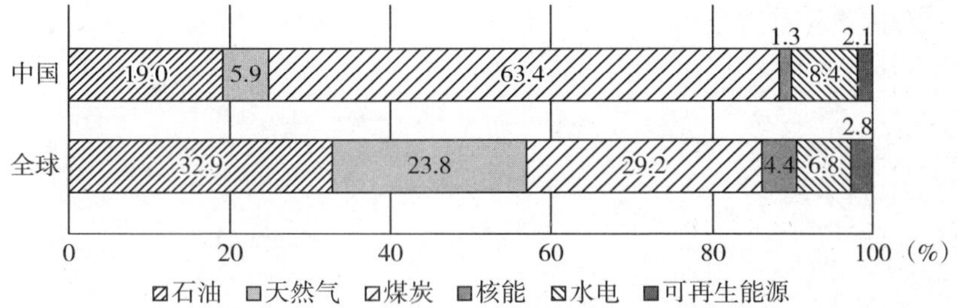

图1　2015年全球与中国的能源消费结构

数据来源：《BP能源统计年鉴2016》。

二是全球能源生产率[①]与人均能源消费均逐年提高。2013年，世界能源生产率达到7.6美元/千克标准油。全球人均能源消费量从1970年的1336千克标准油增长至2013年的1894千克标准油，年均增长0.9%。这期间，中国的能源生产率和人均能源消费量也在快速提升。1990年中国能源生产率为2.2美元/千克标准油，到2013年增长至5.3美元/千克标准油，年均增速4.5%；中国人均能源消费量从2011年开始超过全世界平均水平，增长至现在的2226千克标准油。

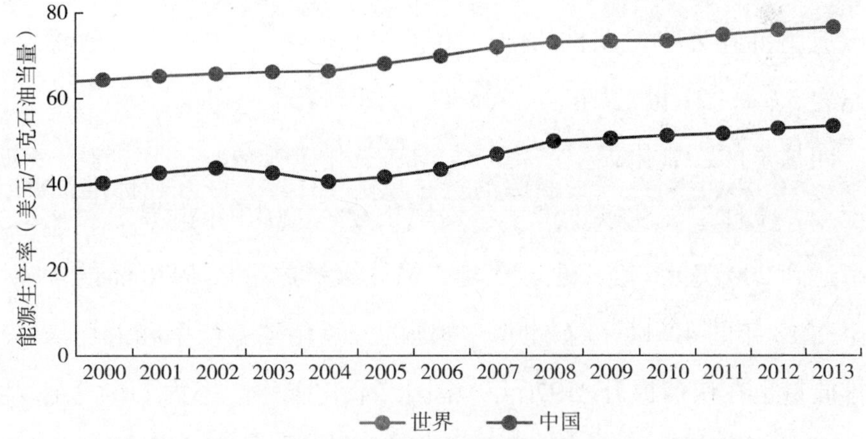

图2　全球与中国的能源生产率

数据来源：世界银行。

① 能源生产率=能源消费量/经济生产总值。

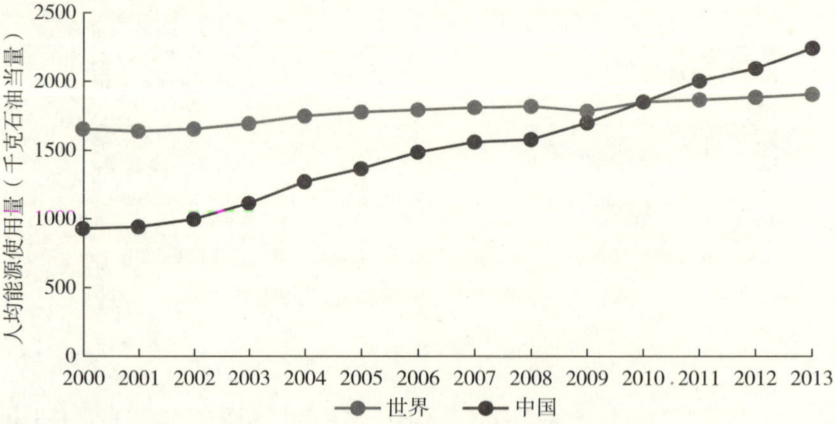

图3 全球与中国的人均能源消费量

数据来源：世界银行。

三是全球二氧化碳排放量趋稳。21 世纪头十年，全球温室气体增长较快，年均增速从 20 世纪的 1.3% 扩大至 2.2%。近几年，全球二氧化碳排放量趋于稳定。据 IEA 估计，2014 年和 2015 年全球二氧化碳排放量与 2013 年基本持平，约为 323 亿吨。中国二氧化碳排放占全球的比重从 1978 的 7.9% 增长至 2011 年的 26%，并于 2006 年超过美国成为世界第一大碳排放国。20 世纪 90 年代，中国碳排放量年均增速为 5.0%，21 世纪则增长至 8.4%，高于全球平均水平[①]。

四是全球二氧化碳生产率与人均二氧化碳排放均逐年提高。1970 年至今，全球二氧化碳生产率年均增长 6%。2013 年世界二氧化碳生产率达到 200 美元 / 吨。全球人均二氧化碳排放量从 1970 年的 4 吨增长至 2013 年的 4.9 吨。这期间，中国的二氧化碳生产率和人均二氧化碳排放量也在快速提升。1970 年，中国二氧化碳生产率为 119 美元 / 吨，到 2013 年增长至 831 美元 / 吨，年均增速 4.5%；而人均二氧化碳排放量从 1970 年的 0.9 吨增加至 2011 年的 6.7 吨，并于 2006 年超过全

① 数据来源：IEA二氧化碳排放.世界银行数据库，2015。

球平均水平。

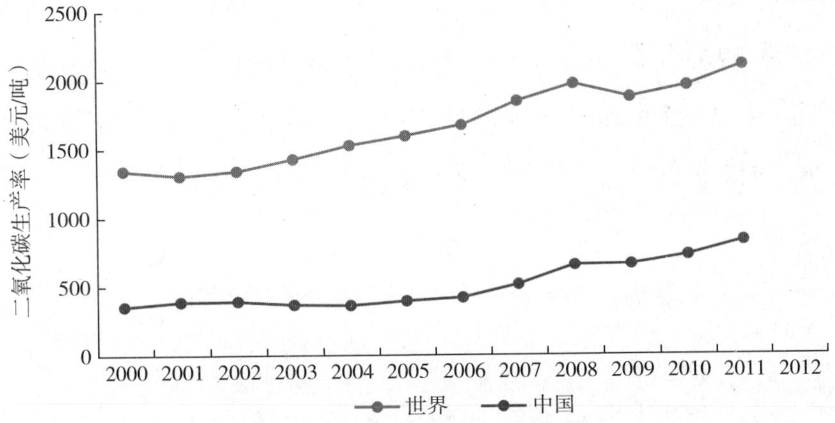

图4　全球及中国的二氧化碳生产率

数据来源：世界银行数据库。

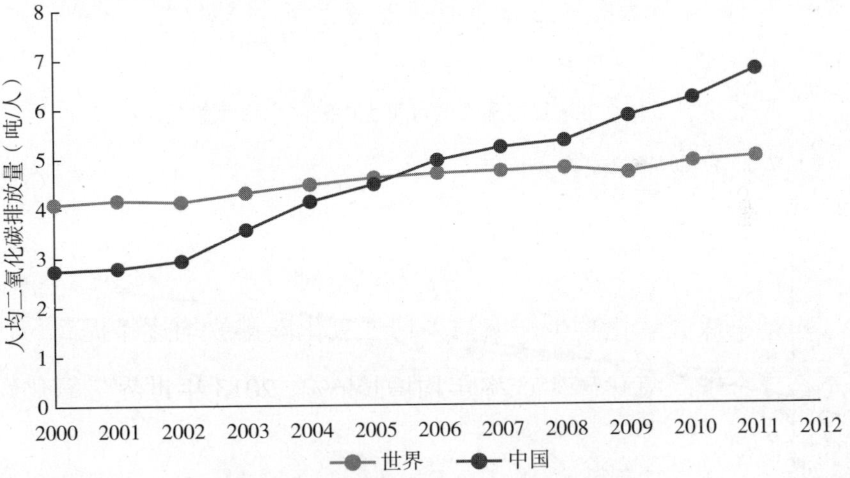

图5　全球及中国的人均二氧化碳排放量

数据来源：世界银行数据库。

2. 全球自然资产存量的变化情况

全球可再生淡水资源增加，人均可再生淡水资源减少。1972 年至今，全球内陆可再生淡水资源为 374135 亿立方米。到 2014 年，全球可再生淡水资源增长至428008亿立方米，年均增长0.3%。然而，在可再生淡水资源增加的同时，人均淡水资源以每年1.4%的速度在减少，从1970年的10685立方米减少至2014年的5925立方米，减少了近一半。与此同时，中国的人均内陆可再生淡水资源量也在减少。从1972年的3263立方米减少至2014年的2062立方米，减少了1/3。

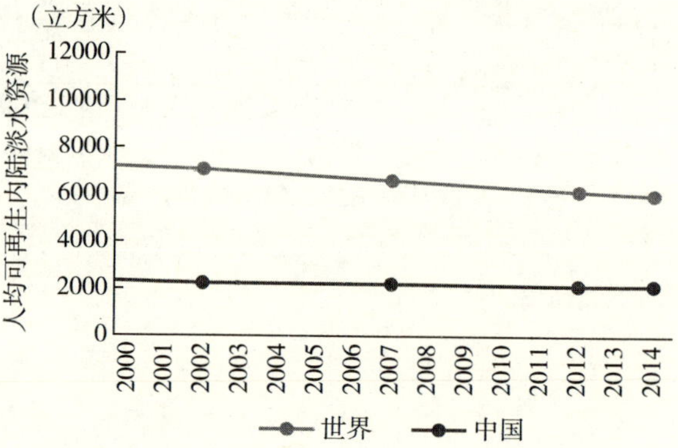

图6 全球及中国人均可再生内陆淡水资源量

数据来源：世界银行数据库。

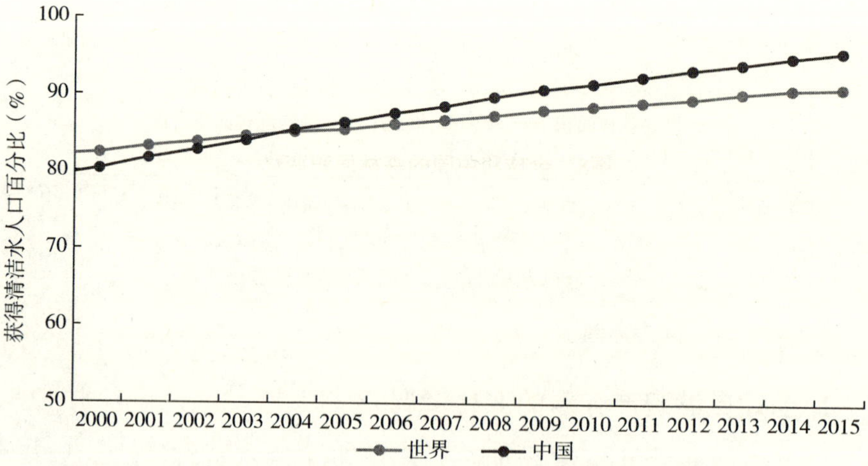

图7 全球及中国清洁水获得人口的百分比

数据来源：世界银行数据库。

全球获得清洁水的人数逐年增加。1990 年，全球获得清洁水的人口占总人口的 76.7%，2015 年，这一比例提高至 91%，中国能够获得清洁水人口占比的增速远高于全球平均水平。1990 年，中国获得清洁水的人口占总人口的 68.3%，2015 年，这一比例提高至 95.5%，平均每年提高 1.1 个百分点。

全球森林面积逐年降低，减少速度逐渐降低。2015 年世界森林总面积仅为 40 亿公顷，森林覆盖率为 31%，人均森林面积为 0.6 公顷。从 1990 年到 2015 年全球森林面积减少了 1.28 亿公顷，年均减少 0.2%。但全球每年损失的森林面积已从 20 世纪 90 年代的 1600 万公顷减少到 21 世纪的 1300 万公顷，植树造林对缓解森林面积减少起到了重要作用。

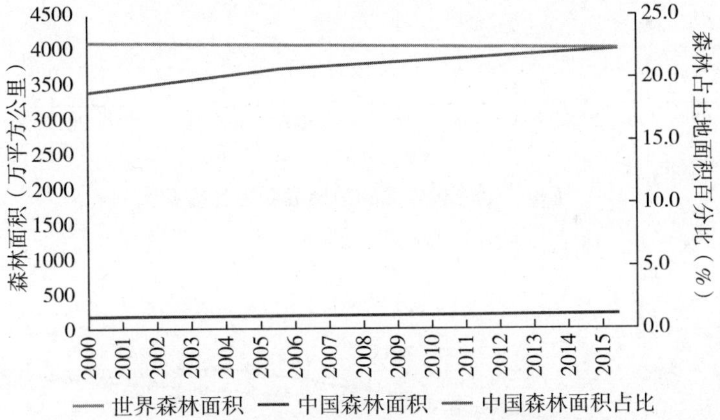

图8　全球和中国的森林面积变化

数据来源：世界银行数据库。

全球耕地面积总量基本稳定，人均耕地面积持续下降。据世界银行统计，2013 年全球耕地面积共 14.1 亿公顷，占全部土地面积的 10.9%，与 1992 年相比基本持平。但伴随人口的持续增长，人均耕地面积呈下降趋势。2013 年人均耕地面积为 0.2 公顷 / 人，与 1992 年相比人均耕地面积降低了 0.06 公顷。中国 2013 年耕地面积为 1.06 亿公顷，占全部土地面积的10.3%，与1992年相比耕地面积减少了0.17亿公顷，耕地面积占比降低了1.8个百分点。2013年中国人均耕地面积仅为0.08公顷，与1992年相比下降近0.03公顷。中国人均耕地面积与世界平均水平之间的差距进一步加大。2013年中国人均耕地面积为世界平均水平的39.6%，比1992年下降了1.1个百分点。

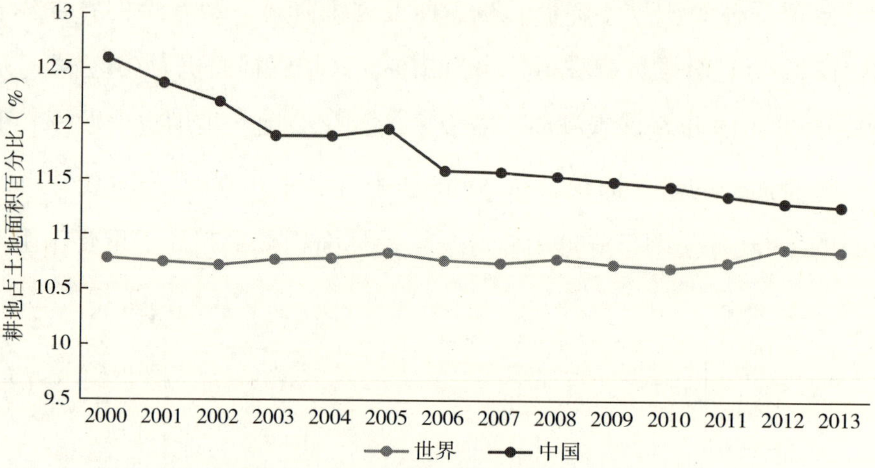

图9 全球和中国的耕地面积占比变化

数据来源：世界银行数据库。

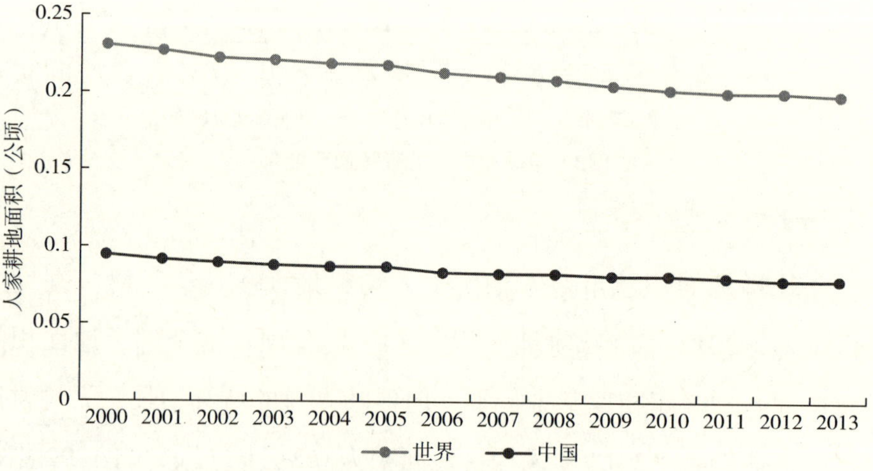

图10 全球和中国的人均耕地面积变化

数据来源：世界银行数据库。

3. 全球生活环境质量方面的改善情况

全球PM2.5浓度逐年增加，中国呈急速恶化趋势（1990～2013年）。全球PM2.5浓度从1990年的26微克/立方米增长至2013年的31微克/立方米，过去20年增长了19%。同期OECD国家PM.25浓度有所下降，其中暴露在超过35微克/立方米的人口比例从1990年的6.82%下降到2013年的1.08%，暴露在超过10微克/立方米的人口比例从1990年的91.25%下降到72.27%。中国的PM2.5的浓度从1990年的39微克/立方米增长至2013年的54微克/立方米，过去二十年增长了38%。中国的大气环境呈现急速恶化趋势。在全球103个国家和地区的3000多个监测空气质量的城市中，80%以上城市空气中颗粒物（PM10）和细颗粒物（PM2.5）污染水平超过世卫组织空气质量建议限值。

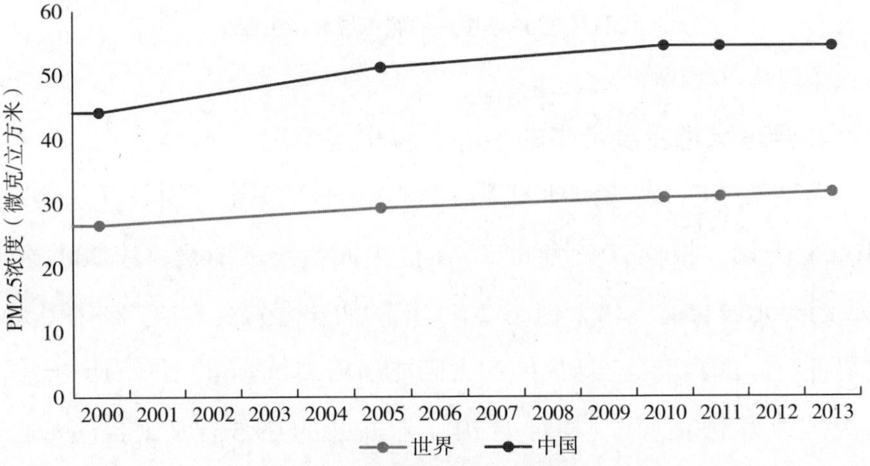

图11　全球和中国的PM2.5浓度

数据来源：世界银行数据库。

全球城市垃圾产生量巨大，垃圾循环利用率不断提高。根据OECD数据库，OECD国家2012年城市垃圾产生量达到6.57亿吨，比 1990 年增长了 1.18 亿吨，但在 2007 年达到峰值后，近些年来整体呈现缓慢下降的趋势。同时，OECD 国家的城市垃圾再利用率不断提高，从 1995 年的 19%，增加至 2012 年的 33%。与之相比，中国城市垃圾生产量则持续增加，从 1990 年的 0.78 亿吨，增长至 2012 年的 1.71 亿吨，增长了 1.5 倍，而城市垃圾的再利用率仍然相对较低。

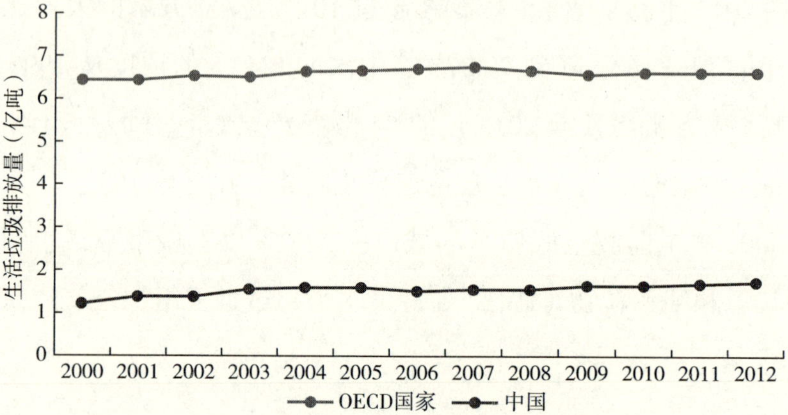

图12　全球和中国的城市垃圾产生量

数据来源：OECD数据库。

4. 全球绿色发展带来的经济发展机遇情况

全球清洁能源投资增长迅猛。2014 年全球清洁能源投资总额达到 3100 亿美元，相较 2013 年的 2681 亿美元增长了 16%，较 2004 年的 602 亿美元增长逾 5 倍，但与 2011 年的历史最高纪录 3175 亿美元相比仍低 2%。2014 年，全球风能和太阳能新增装机容量均创下历史纪录，总规模约为 100 吉瓦。相对于 2011 年安装的 69.5 吉瓦，目前每吉瓦的项目造价显著降低[①]。太阳能投资占 2014 年总清洁能源投资几近一半，投资额也创历史新高。

全球环境技术和环境产品快速发展。以 2000 年以来 OECD 国家

---

① 严兵："日本发展绿色经济经验及其对我国的启示"，《企业经济》，2010年第6期，第57~59页。

环境相关技术发展为例，近十余年来环境相关技术占全部技术的比重快速提高，从 2000 年的 6.71%升高到 2012 年的 10.75%；人均环境技术保有量从 2000 年的 8.9 个增长到 2012 年的 13.48 个。环境相关技术的快速发展一方面说明了 OECD 国家对环境领域和绿色发展日益重视，同时也表明环境技术领域发展迅速、潜力巨大，环境领域正逐渐成为 OECD 国家发展的重要动力。

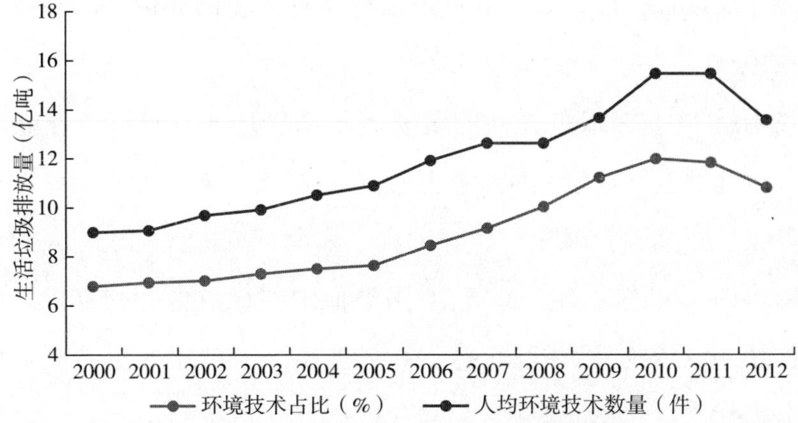

图13　OECD国家环境相关技术变化情况

数据来源：OECD数据库。

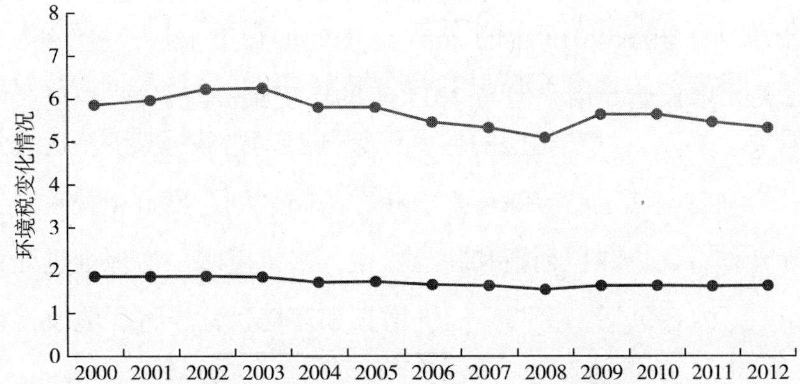

图14　OECD国家环境税变化情况

数据来源：OECD数据库。

全球环境税占比稳步下降。OECD 国家环境税占 GDP 总量的比重从 2000 年的 1.83% 下降到 2014 年的 1.60%；环境税占税收总量的比重从 2000 年的 5.85% 下降到 2014 年的 5.19%。环境税占比下降在一定程度上反映出由于经济发展所导致的资源环境压力呈下降态势，由资源环境投入换取的经济增长的比例有所降低。

全球环保产品与绿色食品消费市场加快发展。美国是当今世界上出口环保技术、设备最多的国家。据统计，美国环保产品与技术的出口在 1995 年是 142 亿美元，1999 年已增长到 213 亿美元，每年平均增长 10% 以上。绿色食品的贸易近年来发展非常迅猛，在欧洲几个国家相继发生口蹄疫和疯牛病后，人们对无污染、无公害绿色食品日益青睐，并已成为国际贸易的主流。如今，有机食品成了人们追求的目标。1998 年美、日、德等 10 国类似中国绿色食品的有机食品、生态食品、自然食品贸易额达到 10 亿美元，1999 年的贸易额猛增到 200 亿美元。

（三）全球绿色发展的主要经验

2008 年金融危机后，国际社会开展了多种体制机制以及政策创新促进绿色发展。2012 年全球里约峰会提出“绿色经济是可持续发展的一种重要工具”，发布相应的体制框架与行动措施框架[①]。近几年，国际社会和各国通过制定绿色发展相关战略规划，出台相关政策，加强国际合作，促进绿色创新和绿色投资，多维度多层次地推进绿色发展[②]。主要内容包括：①调整经济增长和环境目标，将环境改善目标

---

① Ministry of Foreign Affairs PRC, Report on China's Implementation of the Millennium Development Goals（2000~2015）, 2015.

② OECD, What have we learned from attempts to introduce green-growth policies? 2013.

与经济改革政策联系起来；②实施绿色发展政策框架，制定污染定价和资源有效利用激励等一揽子计划；③解决绿色发展的社会影响，解决分配影响，促进改革和包容性发展；④对绿色发展绩效进行评估和监测[①]。

1. 将绿色发展上升为国家战略

各国正努力将绿色发展融入本国经济社会发展战略。绿色发展政策不仅仅是资源和环境保护部门的政策，而是涉及整个经济发展体系，因此，将绿色发展政策纳入国家经济政策全局、使之成为主流经济政策的有机组成部分，是推进绿色发展的首要政策安排。国际社会一直朝该方向努力，不少国家制定了绿色发展国家战略。美国于2009年制订了绿色经济复兴计划，从节能增效、开发新能源、应对气候变化等多方面展开。国际金融危机爆发后，政府推出近8000亿美元的经济复兴计划，其中1/8用于清洁能源的直接投资及鼓励清洁能源发展的减税政策，重点包括发展高效电池、智能电网、碳储存和碳捕获、可再生能源等。2009年，欧盟启动了整体绿色经济发展计划，投资1050亿欧元支持绿色发展计划在各欧盟成员国的推行，用来帮助各国执行欧盟环保法规、研发和推广新能源、新材料、新产品和废弃物处理等技术。2007年，日本审议通过《21世纪环境立国战略》，确定中长期环境政策发展目标——建立低碳社会。同年发布《环境与循环型社会白皮书》，强调绿色技术开发创新，促使日本汽车制造业进入电动驱动阶段。2009年，日本政府公布《绿色经济和社会变革》草案，通过实行削减温室气体排放等措施，强化日本的“绿色经济”[②]。众

① OECD, Four years of the green growth strategy. OECD Green Growth Studies- Towards Green Growth, 2015.

② 秦书生、杨硕:“习近平的绿色发展思想探析”，《理论学刊》，2015年第6期，第4~11页。

多国家的绿色发展战略也取得了很大的成果。以美国为例，其在绿色金融、绿色保险、绿色能源等方面都得到了大力发展[①]。2009 ~ 2015年，美国绿色经济复兴计划每年提供90万个工作，创造了约2% ~ 3%的美国GDP，并使得美国太阳能发电和风电分别比2008年增长了8倍和3倍。该计划对于新技术的支撑使得光伏系统的成本从2008年的4.1美元/瓦降低到2014年的2美元/瓦[②]。

中国提出五位一体的总体布局和包括绿色发展在内的五大发展理念。十八大以来，绿色发展在中国发展战略中的地位显著凸显[③]。2012年，十八大报告明确提出“要把生态文明建设放在突出地位”。相对于发达国家以发展绿色能源为核心的绿色新政模式，中国绿色发展的内容更加广泛，其担负的促进中国经济发展方式转变的重任也被给予更多期望。中国共产党十八届五中全会，将绿色发展同创新发展、协调发展、开放发展、共享发展并列为新时期的五大发展理念，表明了我们加强生态文明建设的坚定意志和坚强决心。2013年联合国环境规划署（UNEP）第27次理事会议，把中国倡导的生态文明理念正式写入决定草案[④]。除此之外，中国还制订了多项国家层面的绿色行动计划，包括《能源发展战略行动计划》《大气污染防治行动计划》《水污染防治行动计划》和《土壤污染防治行动计划》等。这些行动计划为全面落实中国加快推进生态文明建设和绿色发展提供了行动指南。

2. 建立促进绿色发展的综合协调机制

绿色发展涉及多个部门，包括经济、环境能源等。各国在落实绿

---

① 郝栋：《绿色发展的思想轨迹》，从浅绿色到深绿色. 科学技术出版社2013年版。

② Executive Office of the President of the United States, A Retrospective Assessment of Clean Energy Investments in the Recovery Act, 2016.

③ UNDP, China Human Development Report, 2013.

④ OECD, Putting Green Growth at the Heart of Development, OECD Green Growth Studies, OECD, Publishing.http://dx.doi.org/10.1787/9789264181144-en, 2013.

色发展战略时，建立了完善的管理机制用以提高政策实施的有效性，包括独立协调机构和完整监管体制两类的实现[①]。一是成立专门协调机构，以保障资源环境政策能够纳入主流经济政策，实现跨部门的协调。美国的绿色经济复兴计划涉及政府的15个部级行政机构和41个独立行政机构，不仅涉及政府内部多部门的协调，还会影响相关的企业和个人。美国于2009年通过设置独立协调机构和专门官员均衡各方力量，保证可持续战略目标的实现。专门的协调机构——联邦环境执行官办公室负责监督主管部门执行情况，协调环保署与其他部门间的环境事务和冲突。由环境质量委员会和管理与预算办公室承担该规划跨部门指导委员会的职能[②]。在韩国，总统办公室的高层领导人及绿色增长总统委员会的部委代表在整个政府内部发出了明确指示，绿色增长规划和实施是一项重中之重[③]，需统筹各部门积极参与落实。二是完整绿色发展监管体制。2009年，日本公布了《绿色经济与社会变革》草案。在对企业执行国家节能环保标准的监督管理方面，日本有一套完整的“四级管理”模式：首相→经济产业省→其下属的资源能源厅→各县的经济产业局。以首相为首的国家节能领导机构负责宏观节能政策的制订；经济产业省及其下属的资源能源厅和各县的经济产业局为节能的指挥机关，具体负责节能和新能源开发等工作，起草、制订涉及节能的详细法规方案。受政府委托的近30家节能中心，负责对企业的节能情况进行检查评估，提出整改建议，并负责能源管理员资格考试等工作。在政府的引导下，日本企业纷纷将节能视为企业核心竞争力的表现，重视节能技术的开发[④]。三是加强法律保障。在

---

① the World Bank, Inclusive Green Growth–The Pathway to Sustainable Development, 2012.

② OECD, Towards green growth :A summary for policy makers, 2011.

③ UNESCAP. Republic of Korea's Presidential Committee on Green Growth.UNESCAP. 2012b.

④ 严兵：“日本发展绿色经济经验及其对我国的启示”，《企业经济》，2010年第6期，第57~59页。

确保绿色发展的顺利落实，不少国家通过绿色执法和绿色司法等法律途径强制实施。丹麦建立了自然诉讼委员会、环境诉讼委员会、能源申诉委员会等独立部门的诉讼委员会；瑞典建立了由地区环境法庭、高等环境法庭和最高法院组成的环境法庭体系。

中国绿色发展的机构保障得到加强。机构建设上，中国在2008年及十八大之后加强了中央对绿色发展的协调力度，建立了多个领导小组协调绿色发展。比如，国务院牵头的节能减排领导小组、中央财办负责的生态文明体制改革小组等。其中，最具影响力的是2013年底成立的由习近平总书记牵头的"中央全面深化改革领导小组"，该小组下设的六个专项小组之一即为推进绿色发展的经济体制和生态文明体制改革小组。深改组成立1000天以来，共召开了27次会议，审议了12个有关生态环境的文件。审议通过的重要顶层设计包括《环境保护督察方案（试行）》《党政领导干部生态环境损害责任追究办法（试行）》《关于开展领导干部自然资源资产离任审计的试点方案》《生态文明建设目标评价考核办法》等。这些顶层设计推动我国的绿色发展向纵深方向进行。

此外，2016年9月中国发布了《关于省以下环保机构监测监察执法垂直管理制度改革试点工作的指导意见》，该建议提出，本省（自治区、直辖市）及所辖各市县生态环境质量监测、调查评价和考核工作由省级环保部门统一负责，实行生态环境质量省级监测、考核。省级环保部门直接管理市级环境监测机构，确保生态环境质量监测数据真实有效；县级环保局改为市级环保局的派出分局，市级统一管理行政区域内的环境执法力量，依法独立行使环境执法权[①]。

① 《关于省以下环保机构监测监察执法垂直管理制度改革试点工作的指导意见》（以下简称《意见》）。

中国成立了环保法庭。确保违法环境违法行为的要收到追责。据初步统计，自2007年至今，已有16个省（区、市）设立了134个环境保护法庭、合议庭或者巡回法庭，依法审判了一批有影响的环境资源类案件，取得了良好的法律效果和社会效果。2011年以来，中国总计颁布、修订、修正了14部与生态文明建设和绿色发展直接或间接相关的法律，其中资源能源领域2部，环境保护领域4部，清洁生产领域1部，环境立法与执法程序领域4部，环境司法领域3部。其中，《环境保护法》和《大气污染防治法》的修订引起高度关注。2014年修订、2015年生效的《环境保护法》被誉为“史上最严环保法”，增加了按日计罚、查封扣押、行政拘留等条款。2015年修订、2016年生效的《大气污染防治法》对大气污染防治标准和限期达标规划、大气污染防治的监督管理、大气污染防治措施、重点区域大气污染联合防治、重污染天气应对等内容做了规定。《环保法》和《大气污染防治法》的修订，集中体现了十八大以来党中央国务院对推进绿色发展、加强环境污染防治、改善环境民生的高度重视。

3. 建立促进绿色发展的公众参与机制

世界各国都很重视绿色发展宣传和推广，尤其是通过广泛深入的校园绿色教育和户外绿色教育实践，培养国民绿色发展的意识和行为，进而为绿色发展营造良好的社会氛围。世界经济合作与发展组织（OEDC）在环境方面有比较完善的立法，能够确保公众及时获得信息，并且其表达意见的权力也将得到尊重。OECD的34个国家的政府正在努力地发展一个网络，用来收集公众言论。并且，所有的国家都在用不同的方式进行参与。例如，在法国还专门成立了一个咨询委员会。此外，为了保障公众参与，还需要具备大量的公众开支资金。例如，韩国利用国民预算的2%来和民众进行沟通，并通过一些公共宣传项目让韩国公众能够参与环境、绿色标准的制定当中[①]。欧洲一直非常努力地保证信息公开和公众参与，主要经验包括：利用环境影响评估，来鼓励公众参与决策；环境保护组织在宣传、鼓励公众参与，提供信息方面起到了关键作用；重视强化企业的社会责任。瑞典教育大纲大都包含环境保护、绿色发展、可持续发展等内容，相关管理部门还颁布《环境学校的特性》《绿色学校奖条例》等办法引导学校绿色建设。挪威相关部门为教师编写《消费教育资源手册》，内容涉及详细的绿色消费教学指导性建议，为教师有效开展绿色消费教学起到了重要作用。韩国[②]于2009年设立了绿色教育事业团，负责制定环境和绿色成长的教育课程、编排教科书、培训教师，并设立绿色教育资源中心。次年，韩国中小学开设了绿色成长相关科目，并设立了绿色成长研究学校、气候保护实验学校、环境体验学校等。通过教育学生了解绿色成长、亲身体验绿色成长、具体实施绿色成长，使学生从小养成不浪费资源、能源的好习惯。

中国在公众参与和政府信息公开方面取得了比较明显的进展，包括制定了相关的法律法规和制度为公众参与环境决策提供了法律保障。我国《环境保护法》已经确立了公益诉讼的主体范围，但目前规定的范围过窄，如果仅仅限定为几个团体才有资格提起诉讼，对地域辽阔、人口众多的中国而言，显然数量太少。中国政府牵头带动生态文明建设并推动绿色发展。党的十八大《报告》和十八届三中全会《决定》对充分发挥群众参与社会管理的基础作用做了总体部署。2015年，新修订的《环境保护法》为公众参与提供了法律基础，环境保护部颁

① 中国环境与发展国际合作委员会委员和专家："论坛二:公众参与和绿色发展"，《环境与可持续发展》，2014年第4期，第104~106页。

② Global Green Growth Institute, Korea's Green Growth Experience: Process, Outcomes and Lessons Learned. 2015.

布《环境保护公众参与办法》、以推动公众参与依法有序发展。在生产领域，建立国家循环经济教育示范基地等生态文明各领域的各类示范工程，在消费领域，率先进行政府绿色采购。加强思想宣传，发动各类媒体进行生态文明与绿色低碳主体宣传。重视社会参与，积极引导社会组织开展生态文明行动。

4. 建立促进绿色发展的市场机制

国际上在推进绿色发展时主要围绕价格制度展开，包括绿色投资、碳税、资源税等。为了确保绿色发展的顺利推进，发达国家出台了一系列配套的财税政策，促进减排理念从“谁污染，谁付费”到“谁环保，谁受益”的转向。目前已有30多个发达国家和17个发展中国家实施了保购电价激励清洁能源的发展[①]。比如，瑞典实施了约70项以市场为基础的手段。20世纪90年代早期到21世纪初，瑞典先后开征二氧化碳税、硫税、氮氧化物税、天然沙砾税、垃圾填埋税等环境税和绿色税收改革。丹麦政府为实现绿色发展，征收名目繁多的绿色税，包括普通能源税、污染排放税、垃圾税及自来水税、杀虫剂税、车用燃油税、氯化溶剂税、生长促进剂税、镍镉电池税、特定零售商品包装税、一次性使用餐具税等[②]。“十二五”尤其是十八大以来，中国促进绿色发展的手段不断创新，建立了系统完整的生态文明制度体系。新的制度体系框架中有十多项细分制度涉及资源环境及生态产品的价格、税费、补偿、交易等，这将利于把生态优势转换为经济优势，真正实现“绿水青山就是金山银山”。例如，自然资本定价制度尝试用意愿

① 车巍：“丹麦绿色发展经验对我国生态文明建设的借鉴意义”，《世界环境》，2015年第5期，第28~31页。

② Greene, J. and N. A. Braathen, “Tax Preferences for Environmental Goals: Use, Limitations and Preferred Practices”, OECD Environment Working Papers, 2014, No. 71, OECD Publishing.http://dx.doi.org/10.1787/5jxwrr4hkd6l-en.

支付法、市场价值法、固有价值法等给自然资本定价，哥斯达黎加政府已经开始为森林资源和水资源建立资产账户并积极推动对自然资本和生态系统服务的评估[①]。十八大以来，中国在绿色投资、环境信用、绿色财政、绿色基金、绿色税费、绿色信贷政策、环境污染责任保险、绿色证券、绿色价格、生态补偿、排污权交易、碳排放交易、发电权交易、环境污染第三方治理等政策领域出台了系列规范性文件和部门规章，占1980年以来基于市场机制的资源环境经济政策规范性文件的59%，绿色税费、绿色财政、绿色价格政策颁布的规范性文件数量最多。

5. 建立促进绿色发展的监管体制

继续采用标准、准入等命令控制手段促进绿色发展，加强政府对绿色发展的监管，是国际社会通行做法。2008年以来，国际社会为了促进本国绿色经济发展，采用了提高排放标准等做法。比如，美国收紧了重型车辆温室气体排放和燃油效率新标准，旨在提高燃油效率和减少碳排放。

中国则是建立了系统完整的生态文明制度体系，强调从源头、过程、后果的全过程控制，突出自然资源资产产权制度、生态文明绩效评价考核和责任追究制度。绿色发展评价考核机制是对各级党委政府在绿色发展或转型发展方面应当履行的职责进行考核，以调动各级党委政府加快绿色转型发展的积极性[②]。此外，还有以问责制度为重点的绿色发展监管制度，具体包括党政同责制度、环境损害责任终身追究制度、领导干部自然资源资产和环境保护责任离任审计制度、生态环境损害评估和赔偿制度、环境公益诉讼制度、环境污染监管执法制

---

① 联合国粮食和农业组织，2014。

② 谷树忠、谢美娥、张新华：《绿色转型发展》，浙江大学出版社2015年版。

度等[①]。

中国实行了党政同责的环境损害终身追责制度。这一制度于2015年在《关于开展领导干部自然资源资产离任审计的试点方案》和《党政领导干部生态环境损害责任追究办法（试行）》予以体现。这是我国首次针对党政领导干部开展生态环境损害追责所设立的制度性安排。因生态资源环境被追责的干部可被“一票否决”，并且“终身追究”将作为生态环境损害责任追究的一项基本原则，不论是否调离、提拔或者退休。

6. 加快绿色技术创新和应用

全球绿色技术创新步伐加快。绿色技术是有利于资源节约、环境治理、生态保护的新技术。北欧国家重视技术创新与推广，充分利用其比较优势，选择不同领域进行重点技术突破。如，瑞典重点选择发展环境技术，丹麦重点选择发展能源技术等。绿色技术创新需要制度的保障，它是指在全社会制定或形成的一切有利于鼓励、推动和保障绿色技术创新的各种引导性、规范性和约束性规定及准则的总和。官产学研合作创新制度更加完善。世界上许多国家和地区积极推动官产学研合作，如美国的新一代汽车合作计划、环境技术出口技术，英国的法拉第合作伙伴计划等。日本以搞活经济为目标，服务于企业技术合作战略，通过以技术突破为目标的官产学研合作来发现和确定研发课题，促进研究成果的社会转化，采用公开招聘制和任期制选拔和吸引人才。美国颁布的《国家制造业创新网络：一个初步设计方案》，意味着美国的“官产学研”结合进入了新阶段，加快了绿色技术创新的步伐。绿色技术创新管理制度更加健全。为适应全球绿色新趋势，

---

① 李佐军:“十三五”我国绿色发展的途径与制度保障。

各国纷纷加强绿色技术创新管理制度建设。绿色管理制度更加强调人性化和柔性化管理，实现组织结构扁平化，减少管理层级，把内耗降到最低，把效率提到最高。军民两用技术推广制度更加系统。部分军用技术“绿化”为民用技术，不断加强统筹协调机制和政策法规体系建设，打造军民融合开放共享的格局，实现军民领域技术、信息、人才、产品、标准等要素的全方位融合，提高军民融合公共服务水平，为绿色技术创新注入新的能量和活力，推动军民融合向更广范围、更高层次、更深程度发展。

中国加快绿色技术创新。技术进步和创新已成为直接推动经济和社会发展的核心原动力。国家出台了《国家产业技术政策》以推进我国相关产业的自主创新能力提高，实现产业结构优化和产业技术升级。一方面，搭建技术研发平台，加强产学研结合，建立以企业技术联盟、企业技术中心、工程中心、工程实验室、高等院校和科研院所为骨干的共性技术、关键技术研发平台，发挥大型企业技术联盟的骨干作用，加强对产业技术开发基地的扶持；另一方面，规范和完善产业技术评估评价体系，协调技术创新与产业应用和技术标准的关系，加强技术标准的贯彻实施，促进技术创新成果的推广应用，推进产业结构调整和技术升级。除此之外，中国还通过《国家产业技术发展指南》《淘汰落后技术》《最佳可行技术清单》等多种指导性文件引导绿色技术的创新房展。

7. 建立全球绿色发展合作机制

巴黎气候协定成为气候变化国际合作的新起点。2015 年，巴黎气候大会上达成了历史上首个关于气候变化全球性协定《巴黎协定》，规定要“将全球平均气温升幅与前工业化时期相比控制在 2℃以内”，并且协议设立了一个自下而上的各国设立目标的机制，即各国的自主贡献。2016年，杭州G20峰会前，中国率先批准《巴黎协定》，为全球应对气候变化做出了重要的表率作用。

绿色贸易快速发展。全球环境产品每年的贸易额已近1万亿美元，预计到2020年将增加至近3万亿美元。近年来，世界各国大力推动绿色发展，把发展环境产品与服务作为新的经济增长点以及提高国际竞争力的重要途径[①]。中国与美、欧等14个世贸组织成员在2014年7月正式启动了世贸组织《环境产品协定》谈判，以亚太经合组织（APEC）2012年达成的54项环境产品清单为基础，进一步扩大谈判成员和产品范围，实现环境产品贸易自由化[②]。谈判成果将按照最惠国待遇原则实施，惠及所有世贸组织成员[③]。预计2016年年底达成的《环境产品协定》致力于将一系列与环境产品相关的关税削减至零，促进从风力发电到水处理，再到空气污染控制等设备的全球贸易，创造更多的绿色就业岗位[④]。

全球绿色发展的区域合作加强。比如，北欧部长委员会是北欧国家开展绿色合作的重要机构。北欧部长委员会是北欧各国绿色合作的重要平台，推动北欧地区实现绿色发展。在北欧各国绿色合作过程中，形成了以绿色立国、绿色发展、绿色保障、绿色幸福为特色的“北欧模式”。

中国深度参与全球绿色发展的合作机制不断加强。中国于2013年提出“一带一路”的顶层战略构思，通过“一带一路”的战略规划，促进海上和路上两条丝绸之路区域（包括东盟、南亚、西亚、北非和欧洲五个区域）的绿色发展是应有之义，也是传播中国关于生态文明

① OECD, Jodie Keane and Zhenbo Hou, Trade in Environmental Goods and Services: Issues and Interests for Small States, 2015.

② 马涛：“中国对外贸易绿色发展的挑战和应对”，《生态经济》，2015年第7期，第172~174页。

③ 商务部：世贸组织《环境产品协定》谈判正式启动. http://sms.mofcom.gov.cn /article/hjtp/201410/20141000762053.shtml, 2014。

④ the World Bank, Brian R.Copland, International Trade and Green Growth, 2012.

建设和绿色发展的关键渠道。

8. 夯实绿色发展的统计监测体系

全球绿色发展统计监测体系向数据全球共享方向发展。推动绿色发展很重要的一点在于数据的及时统计共享。一方面，数据共享有利于及时评估绿色发展的效果；另一方面，数据共享也有利于进行相互的比较与学习。现阶段，全球资源环境数据的数据共享主要通过国际组织搜集各个国家的数据，比如联合国气候变化框架公约搜集各个国家的温室气体排放数据、OECD、UNEP、WB 等国际组织搜集数据，全球气象组织建立全球气象数据共享体系。在数据共享做得最为突出的是美国启动的国家级分布式最活跃数据档案中心群（DAACs）。美国国家级科学数据共享主要分为两个阶段：第一阶段的主要任务是数据整合并提供共享；第二阶段的主要任务是全面铺开和政策协调。国家主要的任务是统筹规划数据共享机制和数据共享体系，数据共享工作预算和投资保障和数据共享政策法规的制定、完善和监察。在这些政策的引导下，美国的科学数据共享实现了“完全—开放”目标[①]。欧盟发布了“欧盟 2020 年战略——智慧、可持续和包容性经济”，提出了监测绿色增长进展计划，旨在监测促进绿色增长变革和公共财政的宏观经济因素。

中国生态环境监测网络体系建设取得积极进展。“十二五”以来，我国已经初步建立了针对不同资源环境生态主题的统计数据搜集体系，在当前生态文明建设管理中已经发挥了重要作用。基于政府职能部门分散统计发布的与生态文明建设相关的统计数据搜集体系已经初步形成；生态文明建设相关的资源环境生态的统计与监测能力得到较

① Stanford University, China, the U.S., and Sustainability: Perspectives Based on Comprehensive Wealth.

大提升，形成了较为完善的统计与监测网络；统计与监测的指标数量日益增多，覆盖范围与频率逐步提高。为加快建立与绿色发展相适应的生态环境统计、监测体系，国家有关部门出台了一系列促进生态环境监测体系发展的配套政策文件[①]。

2015年《促进大数据发展行动纲要》（国发〔2015〕50号）印发，明确提出要充分运用大数据，不断提升资源环境等领域数据资源的获取和利用能力，围绕服务型政府建设，在城乡环境等领域全面推广大数据应用，形成公共数据资源合理适度开放共享的法规制度和政策体系。同时，2018年年底前建成国家政府数据统一开放平台，率先在资源、环境、气象、海洋等重要领域实现公共数据资源合理适度向社会开放。2016年《“互联网+”绿色生态三年行动实施方案》（发改办环资〔2016〕70号）印发，要求形成覆盖主要生态要素的资源环境承载能力动态监测网络，实现生态环境数据的互联互通和开放共享。在资源能源领域，出台了《关于加强应对气候变化统计工作的意见的通知》（发改气候〔2013〕937号）、《工业企业温室气体排放核算和报告通则》（中华人民共和国国家标准公告2015年第36号）、《地质环境监测管理办法》（2014年4月10日国土资源部第2次部务会议通过）、《气象信息服务管理办法》（2015年中国气象局令第27号）等文件，进一步规范了我国在温室气体排放、地质环境监测、气象监测等方面的监测管理和监测信息共享公开。在环境污染治理领域，《生态环境大数据建设总体方案》（环办厅〔2016〕23号）印发，提出通过生态环境大数据发展和应用，推进环境管理转型，提升生态环境治理能力，为实现生态环境质量总体改善目标提供有力支撑；出台了《关

① 王海芹、高世楫：“我国绿色发展萌芽、起步与政策演进：若干阶段性特征观察”，《改革》，2016年第3期，第6~26页。

于支持环境监测体制改革的实施意见》（财建〔2015〕985号）提出，上收国家环境质量监测事权，到2018年建立健全国家直管的大气、水、土壤环境质量监测网。国家环境质量监测事权的上收，实现了“国家考核、国家监测”，为执行落实大气污染防治行动计划奠定基础。《关于推进环境监测服务社会化的指导意见》（环发〔2015〕20号）对规范环境监测市场管理做了规定；《环境监测数据弄虚作假行为判定及处理办法》（环发〔2015〕175号）对加强环境监测数据质量管理做出明确规定。

（四）全球绿色发展对中国的若干启示

1. 推进绿色发展需要结合不同发展阶段的特点

发达国家的环境问题是在一二百年工业化发展过程中逐步显现。以发达国家的大气污染为例，20世纪五六十年代主要是煤烟型污染造成的酸雨问题，70年代以后比较突出的是机动车尾气和挥发性有机物污染，2000年至今的主要问题跟中国一样，是PM2.5以及地面臭氧问题。与发达国家的污染历程相比，中国在相同发展阶段面临的环境问题要复杂得多。中国传统的煤烟型污染、臭氧污染、PM2.5污染、挥发性有机物污染等问题一起出现，生产与生活、城市与农村、工业与交通环境污染交织在一起。中国面临的环境压力比世界上其他国家都大，况且中国需要在短时间内在保持快速经济发展的同时，有效解决环境问题的难度就更大。中国的绿色发展目标将更加多元化，绿色发展路径也更加复杂[①]。

2. 绿色发展的推进有赖于适宜的体制安排和制度设计

绿色发展有助于政府共同实现经济增长、环境保护及脱贫减贫的

① 陈吉宁：“十二五”生态环境保护成就报告，2015。

短期效益和长期效益[①]。建立系统完整的促进绿色发展的制度体系非常重要，包括促进绿色发展的自然资源资产产权制度、能源体制与绿色能源政策、环境监管体制、法治保障、绿色产业政策、绿色发展考核制度。同时，要建立促进绿色发展关键制度执行和落实的实施机制，对制度的实施开展督察、评估、监测、反馈。对各级政府促进绿色发展进行激励、考评、问责，尤其要建立地方政府促进绿色发展的内生动力机制。无论绿色发展由国家领导人发起还是通过地方政府层面的行动发起，成功的绿色发展战略要具备以下考虑因素：各级政府之间的规划要协调，政府之间要建立激励相容的实施机制；制度和政策要经过充分实证和分析；制度体系要连贯，财政保障要连续保障；各级政府要与私营部门及其他利益相关方建立强有力的合作伙伴关系；促进绿色发展制度体系持续完善的有效统计监测评估体系。

3. 绿色发展的推进需要获得全社会的广泛支持

绿色发展理念和战略只有在获得政府和利益相关方的广泛支持，其美好愿景才能最大程度地实现。推进绿色发展，需要建立面向企业的激励机制，在对排污企业加强环境监管的同时，要积极利用价格、税费、交易、信用等手段，引导企业自主推进绿色发展。推进绿色发展，需要对由于改变自然资源管理、环境污染防治、产业结构转型升级、清洁技术应用、生活方式转变等活动而造成的落后产能淘汰、人员就业、收入分配等变化，进行相应的引导乃至适当补偿，并提供配套的教育和培训机会，使得各社会主体以及社会保障政策能为绿色发展实施提供“兜底”，给社会公众建立绿色发展带来的经济发展、保护环境和提供就业的预期，形成全社会支持绿色发展、自觉践行绿色发展

① GGBP, Green Growth in Practice: Lessons from Country Experiences, 2014.

的良好氛围。

4. 绿色发展的收益仍需加强评估和研究

尽管越来越多的证据证实了绿色发展的价值，但相关信息比较分散，仍不足以确定绿色发展的长期经济、社会和环境影响，及其是否能达到理想的转型规模。此外，还应额外注意对各国、各地区的相关长期影响进行持续严格评估。绿色发展代表着有望维持（面临全球环境风险和资源约束威胁的）全球社会财富创造与繁荣的一种经济社会发展路径。各级政府面临以下艰巨挑战：在避免当前公共产品、自然资产和社会平等风险的同时，促进向绿色发展（有助于持久的经济增长和社会发展）的过渡。尽管无法涉及方方面面，本绿色发展最佳实践评估将为国家和地方政府应对这一重要挑战、实现可持续发展目标提供有力借鉴。

二、中国绿色发展的积极进展

（一）能源结构持续优化，资源利用效率不断提升

①能源消费总量增速趋缓，结构不断优化。“十二五”期间，我国能源消费总量依然保持增长态势，但增速较“十一五”时期放缓。据国家统计局数据，2011 ~ 2015 年，我国能源消费平均增速为 2.66%，比 2006 ~ 2010 年和 2001 ~ 2005 年分别降低 3.25 和 11.19 个百分点。与此同时，能源结构持续优化，煤炭占一次能源消费总量比重逐年降低，到 2015 年已降至 64%，比 2010 年、2005 年分别下降 5.2 和 8.4 个百分点；天然气占一次能源消费总量的比重有所上升，从 2005 年的 2.4% 上升到 2010 年的 4% 和 2015 年的 5.7%，如考虑水电、核电、风电，2015 年我国清洁能源消费占比已达到 17.9%，比 2010 年、

2005 年分别高出 4.5 和 8.1 个百分点。

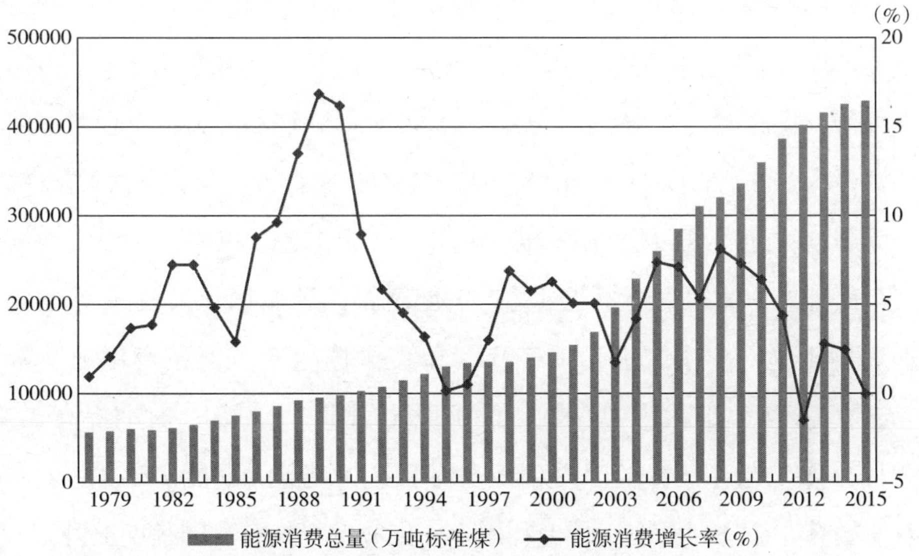

图15　1978～2015年我国一次能源消费及增速变化趋势

数据来源：中国统计年鉴。

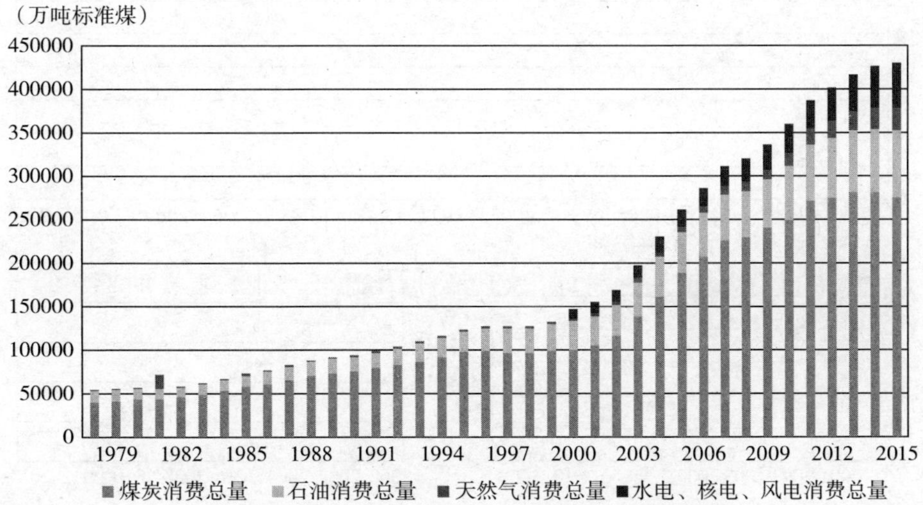

图16　1978～2015年我国一次能源结构变化趋势

数据来源：中国统计年鉴。

②资源利用效率持续改善。能源利用效率不断提高，2015 年万

元GDP能源消费量为0.64吨标准煤，比2010年和2005年分别下降27.3%和54.5%（分别减少了0.24吨标准煤和0.77吨标准煤）。同时，万元GDP水耗也有明显下降。2015年，我国万元GDP用水量为104立方米，比2010年、2005年分别下降45.4%和70.9%；万元工业增加值用水量为58立方米，比2010年下降44.8%；2015年，新增节水灌溉面积为新增耕地灌溉面积的1.6倍。此外，“十二五”以来，土地集约利用全面开展，节约集约模范县（市）创建促进了城镇化过程中更加合理利用土地。“十二五”前四年，单位国内生产总值建设用地下降20.7%。全国土地供应中存量建设用地比例比“十一五”时期提高3.2个百分点。此外，伴随国内环境友好型矿区建设，非能矿产利用效率有所提高，循环利用率、再生利用率、回收率等均有不同程度上升。

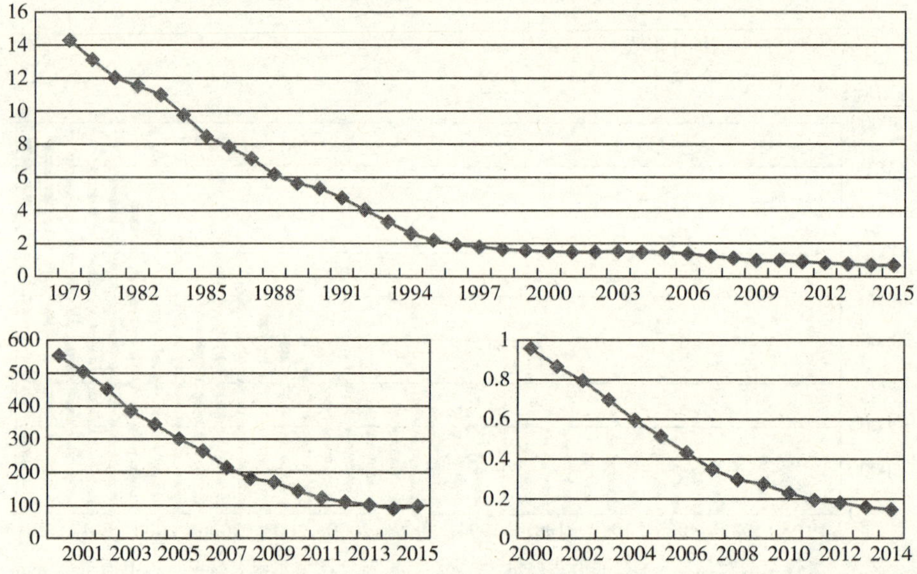

图17 1978～2015年我国能源、水、土地利用强度变化趋势（单位分别为：吨标准煤/万元、万立方米/万元、公顷/万元）

数据来源：中国统计年鉴、中国环境统计年鉴。

（二）产业转型升级取得初步进展，循环经济得到较快发展

①工业比重加速下降，第三产业比重快速上升。国家统计局数据显示，全国二次产业增加值比重已从2005年的41.4%，下降至2010年的39.7%，到2015年更是降至33.8%。与此同时，第三产业比重快速上升，并在“十二五”期间首次超过第二产业，到2015年更是占据全年国内生产总值的半壁江山，比重为50.5%，比2010年和2005年分别扩大6.3和9.1个百分点。

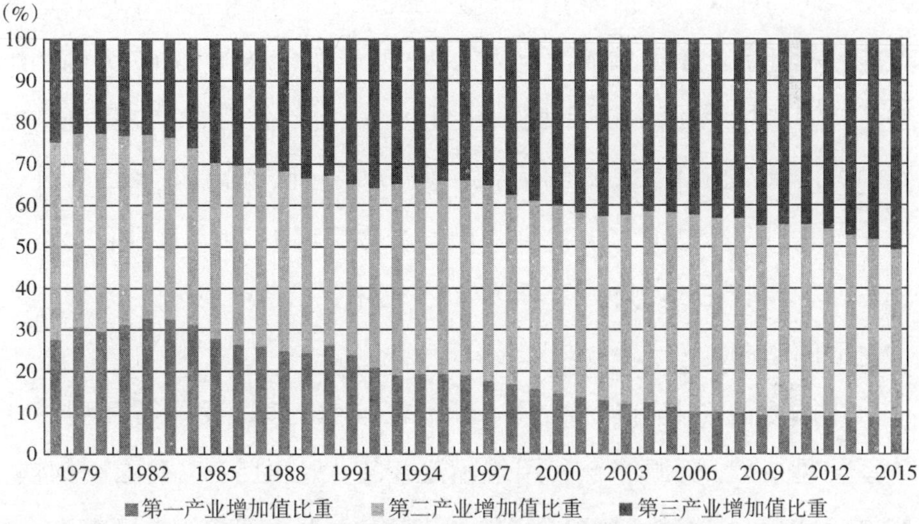

图18　1978～2015年我国经济结构变化趋势

数据来源：中国统计年鉴。

②淘汰落后产能成效显著。早在“十一五”以来，各地区、有关部门就采取了一系列强有力的政策措施，综合运用法律、经济、技术及必要的行政手段，大力推动落后产能淘汰工作并取得积极进展。其中，上大压小、关停小火电机组7682.5万千瓦，淘汰落后炼铁产能12000万吨、炼钢产能7200万吨、水泥产能3.7亿吨等，在关闭造纸、化工、纺织、印染、酒精、味精、柠檬酸等重污染企业方面都取得积

极进展，圆满完成了“十一五”目标。到“十二五”时期，淘汰落后产能工作继续取得积极进展。在2016年2月18日国务院新闻办举行的大气污染治理和环境保护情况中外媒体见面会上，环境保护部部长陈吉宁表示，2011～2014年，我国累计淘汰火电装机2365万千瓦，淘汰炼铁产能7700万吨、炼钢7700万吨、水泥6亿吨、造纸2900万吨、制革3200万标张、印染100亿米，“十二五”重点行业淘汰落后产能任务均提前一年完成。据工信部、国家能源局公告称，经考核，电力、煤炭、炼铁、炼钢等16个行业均完成了2015年淘汰落后和过剩产能目标任务。全国共淘汰电力527.2万千瓦、煤炭10167万吨、炼铁1378万吨、炼钢1706万吨、焦炭948万吨、铁合金127万吨、电石10万吨、电解铝36.2万吨、铜冶炼7.9万吨、铅冶炼49.3万吨、水泥（熟料及粉磨能力）4974万吨、平板玻璃1429万重量箱、造纸167万吨、制革260万标张、印染12.1亿米、铅蓄电池（极板及组装）791万千伏安时。

③循环型产业有所发展。“十二五”以来，我国循环型工业体系初见成效，资源综合利用规模逐年扩大。2015年，我国废钢铁、废有色金属、废塑料、废纸、废轮胎、废弃电器电子产品、报废汽车、报废船舶、废玻璃、废电池十大类别的再生资源回收总量约为2.46亿吨，同比增长0.3%；回收总值5149.4亿元。2013年8月，国务院针对七大战略性新兴产业之首的环保产业专门下发了《关于加快发展节能环保产业的意见》。来自全国工商联环境商会的研究报告显示，其实，自“十一五”以来，我国节能环保产业的年均增速就超过了15%，进入快速发展阶段；根据国家发改委统计，截至2015年年底，我国节能环保产业产值已经达到4.5万亿元。

（三）绿色城镇化开始启动，绿色交通与绿色建筑稳步推进

①城市人居环境有所改善。随着经济实力的增长和生活水平的提高，人们对城市在景观、人文、经济、建筑、交通、环境和生活质量方面的要求越来越高。城市建设不仅要体现科技进步，更要注重以人为本，创造更多的适宜环境，满足城市居民的生理心理需要和人居环境的可持续发展。“十一五”以来，我国始终坚持生态优先战略，扎实推进生态文明建设，着力改善生态状况，不断提高环境容量，积极构建优美人居环境，为广大人民群众提供良好的生活环境。主要表现在：一是发展绿色空间。人居环境的改善，主要依赖绿色事业的发展。扩大绿色空间不但有益于居民的身心健康，使居民心理上产生舒适愉悦感，提高居民的生活质量，还能改善市容市貌，提升城市的整体形象和区位竞争力、发展力。据统计，2015 年，我国城市建成区绿化覆盖率达到 36.3%，比 2005 年提高了 3.3 个百分点。二是城市垃圾处理无害化。近年来，我国通过制定相关政策法规，加强对垃圾排放、处理回收利用的管理，引进、开发和推广垃圾减量化、无害化和资源化的先进处理技术，同时运用市场机制，实行垃圾排放收费制度，培育垃圾处理产业，使城市垃圾处理基本实现无害化。2015 年，城市生活垃圾无害化处理率达到 92.5%，比 2010 年和 2005 年分别扩大了 14.6 和 40.8 个百分点。同时，污水集中处理率不断提高。城市污水处理率达到 91.0%，较 2010 年和 2005 年分别提高了 14.1% 和 42.6%。

②绿色交通发展迅速。全国道路交通规划不断完善，重大工程进展顺利，公路交通能耗强度有所下降。主要城市加大对内部交通管理，优化城市路网，大力发展公共交通，倡导低碳出行。我国机动车污染防治体系与监管能力基本形成。机动车能效有所上升，污染物排放控

制良好。乘用车燃油经济性改善第二阶段已全面取得成效，与计划于2015年实施的《乘用车燃料消耗量限值》提前接轨，该标准相当于同期美国加州的水平，约为日韩同期水平的86%左右。2015年，全国机动车污染物排放4532.2万吨，机动车保有量达到2.79亿辆，比2014年增长了5.8%，但污染物排放量削减了0.3%。

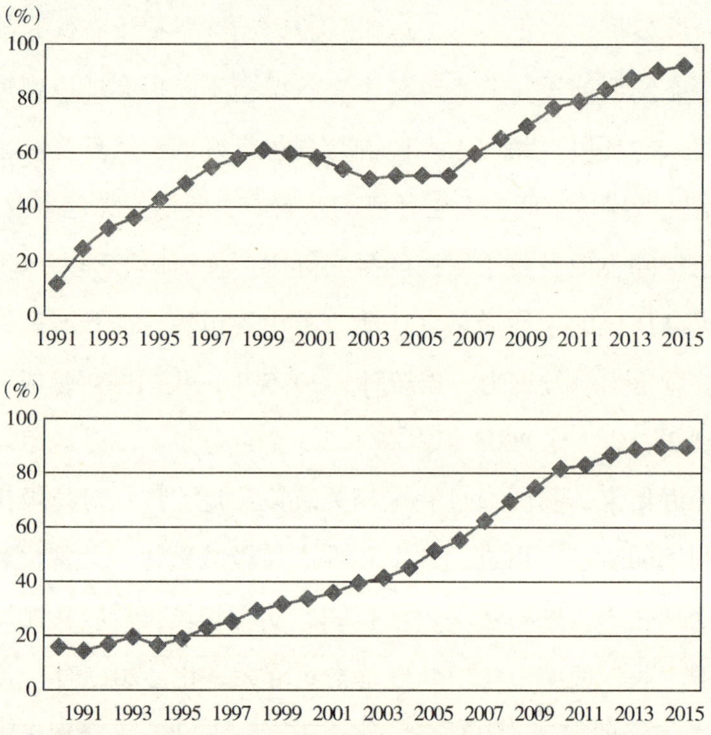

图19 我国城市生活垃圾无害化处理率和污水集中处理率

数据来源：中国环境统计年鉴。

③绿色建筑发展快，节能减排效果初显。自2007我国已出台多项规范性政策引导绿色低碳建筑发展，其中建筑设计、施工阶段的标准与规范起到了重要作用。2011～2014年，绿色建筑标识项目和面积基本上呈线性增长的态势。截至2016年3月底，全国已评出4195个绿色建筑标识项目，累计建筑面积达到48728万平方米。

（四）环境治理力度加大，主要污染物减排取得积极进展

①主要大气污染物排放量下降较快，大气治理成效开始显现。空气质量事关民生幸福、国家形象。“十一五”以来，我国以节能减排和控制能耗为抓手，大力推进产业结构升级，积极改善空气质量，落实严格节能减排制度，以更大力度、更高标准、更实举措推进节能减排工作，推动我国部分空气质量指标得到改善。2015 年按照空气质量新标准监测的全国 338 个地级以上城市环境空气质量平均达标天数为 76.7%。可吸入颗粒物（PM10）年均浓度为 87 微克 / 立方米，细颗粒物（PM2.5）年均浓度 50 微克 / 立方米，比 2010 年和 2005 年减少了 0.017 毫克 / 立方米。2015 年二氧化硫排放总量为 1859.1 万吨，比 2014 年和 2010 年下降 5.8% 和 18.0%；氮氧化物排放总量为 1851.8 万吨，比 2014 年下降 10.9%，比 2010 年下降 18.6%。

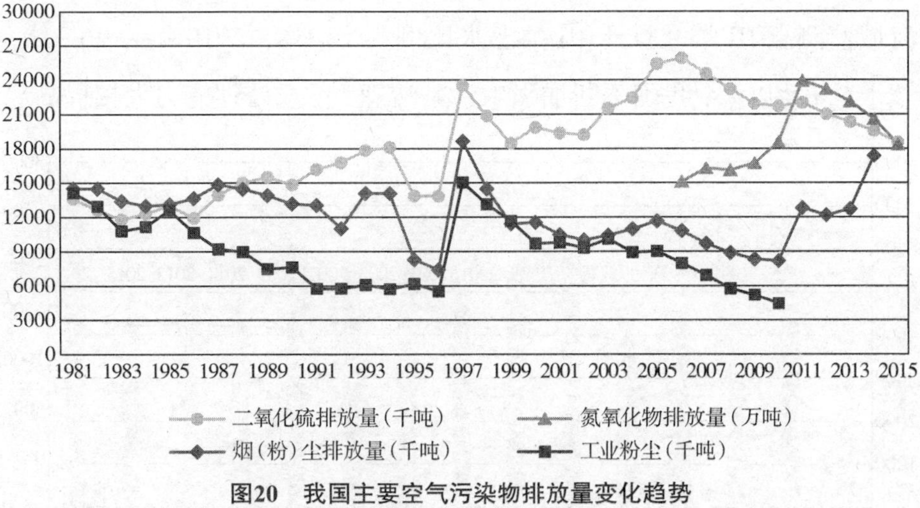

图20 我国主要空气污染物排放量变化趋势

数据来源：中国环境统计年鉴、中国环境状况公报。

②水主要污染物排放量略有下降，地表水水体质量有所改善。水是生命之源，在我国经济建设取得辉煌成就的同时，一些江河湖泊污

染严重。恢复重点流域江河的自然风貌，逐渐成为我国生态文明建设和环境保护工作的重点。近年来，诸多江河湖泊水污染防治规划和水环境综合治理总体方案陆续出台，中央财政也有针对性地设立了水污染治理专项资金，并且不断加大专项资金安排力度。经过不懈努力，我国地表水体质量在一定程度上得到改善。2015 年，废水主要污染物排放总量略有下降。化学需氧量排放总量为 2223.5 万吨，比 2014 年下降 3.1%，比 2010 年下降 12.9%；氨氮排放总量为 229.9 万吨，比 2014 年下降 3.6%，比 2010 年下降 13.0%。2015 年，全国城市污水处理能力达 1.4 亿立方米 / 日，全年累计处理污水量达 410.3 亿立方米，全国城市污水处理率达到 91.97%，完成“十二五”规划目标要求。地表水国控断面达到或好于 III 类水质的比例占 64.5%，重点湖泊（水库）达到或好于 III 类水水质比例达到 69.4%，而 2010 年这两项指标分别为 59.9% 和 23.0%。地表水劣五类分别减少 7.6% 和 30.4%。近岸海域监测点 III 类及优于 III 类海水比例为 78.1%，2010 年为 76.8%。

“十二五”以来，我国不断加强水污染治理，污水处理能力大幅提高。

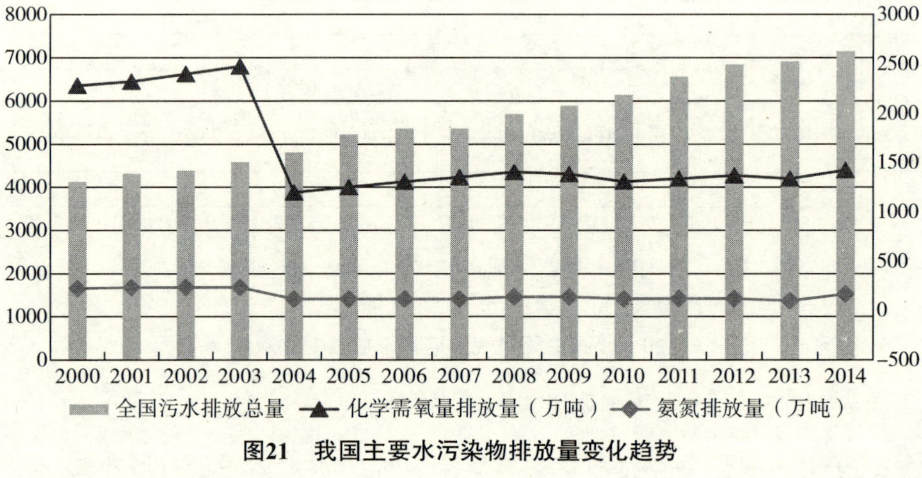

图21 我国主要水污染物排放量变化趋势

数据来源：中国环境统计年鉴、中国环境状况公报。

③固废产生量增速下降，综合利用率总体上升。固体废弃物产生量依旧较大，但增速已较“十一五”时期有所下降。2014 年，工业固体废物产生量为 329254 万吨，增速较“十一五”时期下降 12.9%。与此同时，固废综合利用率连续小幅上升。2014 年，工业固废综合利用率达 62.1%，比 2011 上升 2.3 个百分点；工业危险废物综合利用处置率为 81.2%，比 2011 年上升 4.7 个百分点。

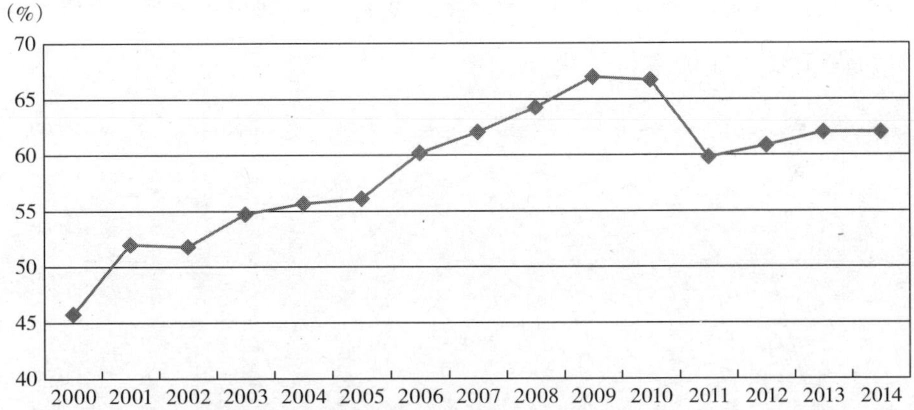

图22　我国固体废弃物排放量综合利用变化率

数据来源：中国环境统计年鉴。

（五）生态环境有所改善，应对气候变化有新的进展

①部分生态环境指标持续向好，生态用地比率稳步提高。2014 年，2591 个县域中，生态环境质量为“优”“良”的县域分别占 21.8% 和 39.9%。全国生态环境“优”和“良”的县域占国土面积的 45.1%。森林覆盖率稳步小幅提升，第八次全国森林资源清查（2009 ~ 2013 年）结果显示，我国森林覆盖率为 21.63%，全国森林面积 2.08 亿公顷，比第七次清查（2004 ~ 2008 年）相比上升 1.27 个百分点。活立木总蓄积和森林蓄积分别增加 15.20 亿立方米和 14.16 亿立方米。2015 年，草原天然草原鲜草总产量 102805.65 万吨，“十二五”期间鲜草总产

量增长率年均1.1%。截至2015年年底，全国共建立各种类型、不同级别的自然保护区2740个（总面积约14703万公顷），比2010年增加了152个。根据第一次全国水利普查水土保持情况普查结果，我国现有土壤侵蚀总面积294.9万平方千米，2015年，全国共完成水土流失综合防治面积7.4万平方千米，实施生态修复面积2万平方千米，建设生态清洁型小流域300多条。此外，“十二五”以来，沿海各省市如辽宁、山东、浙江、江苏、福建、广东等地均划定了海洋生态红线，对自然岸线的保护进行了规划。

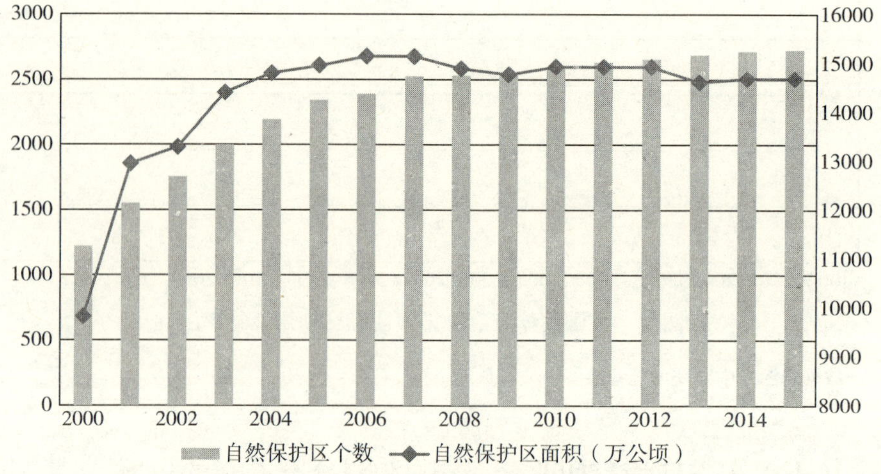

图23 我国自然保护区个数及面积

数据来源：中国统计年鉴。

近年来，为促进生态恢复和建设，国家继续加大力度推进和实施一系列以植树造林为重点的国土绿化和生态建设工程，如“三北”防护林工程、天然林保护工程、退耕还林工程、京津风沙源治理工程等，通过实施这些生态重点工程提速了生态建设，森林面积和蓄积实现双增长，生态状况得到一定程度改善。我国草原总面积占国土面积的比例为40.93%，我国第二次湿地调查（2009 ~ 2013年）资料显示湿地面积占比 5.6%，较上次调查增加 39.3%。第八次全国森林资源清查（2009 ~ 2013 年）数据表明，我国林业用地面积占比 32.6%，比上次清查（2004 ~ 2008 年）增加 2.18%。此外，为确保当前城市生态用地规模，通过实行严格的土地利用管理和利用格局调整等政策，逐步实现土地资源优化配置和区域生态安全保障。

②积极主动应对气候变化，更深程度参与全球治理。一方面，开展碳市场试点并取得初步进展。近年来，中央政府关于碳市场的政策集中出台，地方政策及时跟进；试点地区稳步推进，非试点地区积极探索；中国碳市场建设开始加速发展、全面推进。以北京为例，截至 2014 年 9 月 22 日，北京市碳市场共成交 676 笔，累计成交量约 204.8 万吨，累计成交额突破亿元。不断加强基础能力建设，包括加强温室气体统计核算体系建设。另一方面，建设性参加国际谈判，维护了联合国多边谈判进程的有效性，积极参加公约外气候变化会议和进程，广泛开展双边多边气候变化对话与磋商，深化与发展中国家合作，更深程度参与全球治理。习近平主席在 2015 年气候变化巴黎大会上提出将于 2030 年左右使二氧化碳排放达到峰值并争取尽早实现，2030 年单位国内生产总值二氧化碳排放比 2005 年下降 60% ~ 65%，非化石能源占一次能源消费比重达到 20% 左右，森林蓄积量比 2005 年增加 45 亿立方米左右。

三、中国绿色发展的主要问题

（一）能源结构调整任务仍艰巨，资源能源利用效率差距仍较大

①能源结构调整任务大。由我国“富煤贫油少气”的能源资源禀

赋特征所决定，煤炭作为我国主体能源的地位在短期内难以发生根本改变。国家统计局数据显示，2015 年我国煤炭消费量占能源消费总量的比重高达 64%，煤炭仍是我国的最大能源支撑；非化石能源占能源消费总量比重仅为 11.15%，比 2010 年和 2005 年仅增长 1.75 和 3.75 个百分点，按此速度，距离《能源发展战略行动计划（2014 ~ 2020 年）》确定的 2020 年目标 15% 仍有不小差距。同时，由于区域经济发展不平衡、能源生产与消费中心逆向分布等多重问题，我国清洁能源发展在体制机制、统筹规划、消纳和输送通道、国内应用市场培育以及城镇化过程中的清洁能源开发利用等方面，仍面临一些困难，能源结构调整的任务仍十分艰巨。

②资源能源利用效率提高较慢，与国际先进水平差距大。我国多年来坚持的是一种高投入的数量扩张式经济增长方式，而这种发展模式以高成本积累为代价，必然会导致能源资源的过度消耗和需求量持续扩大。国际货币基金组织数据显示，按市场汇率计算，2015 年我国国内生产总值约占世界经济总量的 15%，但消耗了全世界的 21.3% 的能源、54% 的水泥、45% 的钢。首先，由于长期粗放增长，导致我国能源资源保障能力快速降低，资源制约瓶颈凸显，若不改变这种高消耗的经济发展模式，我国将面临更为严重的资源危机。其次，资源的高消耗必然引起废弃物的高排放和生态环境的高污染。我国每单位 GDP 的废水排放量比发达国家高 4 倍，二氧化硫排放量达 2000 多万吨，居世界第一。目前，世界上污染最严重的 20 个城市里，中国占有 16 个。最后，在经济建设过程中，与产值的高速增长相伴的是经济效益的缓慢增长。我国仍处于资源产出率最低的国家之列，与世界水平差距很大，土地、淡水、能源、矿产资源和环境状况已对经济发展构成严重制约。根据 OECD 测算，2014 年中国能源产出率为美国的 75%，德

国的49%，日本的55%；2012年我国非能源资源产出率仅相当于美国的21%，德国的16%，日本的9%。

（二）淘汰落后产能仍面临诸多挑战，绿色产业发展尚不能满足需要

①产业结构调整和转型升级进程仍较缓慢。受粗放型经济增长方式的制约，尽管经过近年来的调整，我国产业失调状况得到一定程度改善，但总体来看，以“两高一低”为特征的落后产能问题依然严重，产业结构远未达到优化。种种迹象表明，我国资源枯竭和环境成本加大，严重制约着我国经济增长，问题的要害就是粗放型经济增长方式仍未得到根本改变，“两高一低”问题依然突出。同时，工业发展速度较快，比重仍较高，经济增长过度依赖第二产业带动的局面并未发生根本性改变。国家统计局数据显示，2015年我国第二产业占比40.5%，高于发达国家约10个百分点，加之一些高耗能、高污染行业的市场准入门槛较低，缺乏必要退出机制，导致产能过剩问题严重，直接加剧了能源消耗和环境污染。“三高”企业退出并非易事，涉及职工安置、债务处置和奖补资金使用等棘手问题，尤其是资源型城市仍然面临增速放缓、地方债务、社会就业等突出风险。少数地区对去产能工作的重要性、紧迫性认识不足，担心去产能会影响经济发展；一些地方虽然称要严格治理高污染、高能耗企业，但大量被治理的都是小企业、小作坊，很少有大企业、上市公司这种真正的排污大户关停并转；面对工作中的困难和挑战，信心不足，办法不多，存在畏难情绪；有的地区和企业因为钢铁煤炭价格回升，去产能的决心出现了动摇，这些情况必须引起高度重视。此外，产业结构布局不合理也对生态环境造成了巨大影响。我国轻重工业区域分布没有充分考虑特殊

的地理位置和气候特点，加剧了污染的空间转移。

②绿色产业发展仍较缓慢。绿色产业规模小、增长慢，绿色产业发展不能满足需要。受粗放型经济增长方式的制约，尽管经过近年来的调整，我国产业失调状况得到一定程度改善，但总体来看，产业结构远未达到优化，以绿色产业为代表的三产比重较发达国家仍然偏低，尤其是金融、物流、咨询、保险等现代服务业发展十分缓慢。2015 年三产比重仍比发达国家低 10 个百分点；节能环保年总产值虽然达到 4.5 万亿，但增加值大概仅相当于 GDP 的 2% 左右。这其中原因很多，但和资本相关的一系列问题仍然在困扰着我国绿色产业做大做强。中国未来每年需要约 2 万亿元绿色投资。但是，中国的绿色金融尚处于初级阶段，尚未建立激励绿色投资的政策体系。中国银监会发布的《绿色信贷指引》刚刚开始实行，大型银行在执行“赤道原则”上也面临盈利不足的挑战。另外，中国尚未建立有效的资产评价体系、会计体系。如果不能为碳和其他风险定价，会造成高碳及自然资源密集型的资产估值过高，从而引导投资者偏好投资高污染行业。同时，环境责任未纳入中国的企业评级体系。上市公司在国际上通常被要求披露其环境责任信息，披露内容包括企业投资对环境产生了或可能产生何种影响，而我国目前缺乏这种强制性评估体系。

（三）国土空间优化开发刚刚起步，绿色城镇化发展遇到诸多制约

①国土空间开发格局有待优化。生态红线的作用未能得到充分体现。由于经济社会活动对自然利用强度不断加大，我国自然生态系统受挤占、破坏的情况日趋严重，呈现出由结构性破坏向功能性紊乱的方向发展。集中表现为耕地作为国家粮食安全的资源基础，其面积呈

持续减少、质量呈不断下降之势；森林、草场、湿地等生态空间持续受到挤占而出现数量、质量性状的下降，生态系统服务功能持续下降。同时，国土空间开发失衡，区域和城乡差距继续扩大，国土空间开发利用质量不高，城镇空间分布和规模结构不合理，工业化城镇化建设空间与优质农用地资源高度重叠，空间开发政策面临艰难抉择，一些地区过度开发，生产空间挤占生活、生态空间趋势加强。一些城市用地扩张过快，部分工业园区重复布局，低价供地问题依然存在，用地产出效率普遍不高。此外，陆海开发统筹协调不足。深海资源开发利用不足，而海岸带和近岸海域过度开发导致生态环境恶化趋势明显。

②绿色城镇化发展面临诸多挑战。一是城市发展呈现出蔓延态势，高耗能空间布局正在形成。目前全国人均城市建设用地早已超过《城市用地分类与规划建设用地标准》所规定的上限（120平方米/人），远远高于发达国家和发展中国家人均水平，实际上城市生态资源如城市绿地正在不断被蚕食。同时，受政治经济和社会传统等影响，我国城市空间结构的不合理易于造成交通拥堵，形成高能耗的空间发展模式。二是建筑能耗大，加之北方城镇采暖面积、公共建筑面积等的增加，使得城镇建筑总能耗快速持续增长。与气候相近的发达国家相比，我国建筑舒适标准较低，但每平方米采暖能耗约是发达国家的3倍。同时，从国际比较的角度来看，中国目前的人均建筑面积和单位建筑面积仍处于较低水平上，按照目前的发展趋势，2020年的中国的建筑总能耗将超过15亿吨标准煤，在能源消耗中的比例将超过30%。三是交通逐步转向私人交通模式，能源消耗快速上升。从全国范围看，北京的公共交通基础设施建设位居前列，但公共交通占机动化出行的比例仅为40%。若按照目前的发展趋势持续下去，我国公路交通能源消耗仍将大幅增加，预计到2020、2030年将分别比2010年增长约

87.0% 和 177.1%。其中，私人轿车能源消耗将是推动公路交通能源消耗增加的主要动力，预计到 2020 年占公路交通能源消耗总量的比重提高至 43.5%；到 2030 年这一比重进一步提高至 48.9%。

（四）大气、水、土壤污染治理形势依然严峻

①大气细颗粒物（PM2.5）污染问题仍然严峻。通过“大气十条”的实施，这几年空气质量改善已经取得了一定的成效，一些城市颗粒物的年均浓度降幅显著。在“大气十条”冲刺的最后两年和后续治理中，城市要想取得持续或者更大的改善幅度，必须依赖科学决策，精准治霾。对中国的大部分城市来说，“大气十条”中设定的 2017 年颗粒物（PM2.5 和 PM10）改善目标距离中国国家标准和世界卫生组织指导值仍有较大的距离。2015 年全国城市整体保持了空气质量改善的趋势，但中国空气污染状况仍不容乐观，PM2.5 问题还没有解决，臭氧问题开始显现。亚洲清洁空气中心公布的《大气中国 2016：中国大气污染防治进程》报告显示，2015 年，报告覆盖的 161 个城市的平均超标天数为 99 天，其中 74 个重点城市的平均超标天数为 105 天。城市空气质量超标情况依然普遍，特别是冬季重度污染频发。京津冀及周边地区（山西、山东、内蒙古、河南）仍是全国空气超标最严重、重污染发生频率最高的地区。161 个城市中超标天数最多的前 20 个城市全部集中在此区域，且该区域内 70 个地级及以上城市共发生 1710 天次重度及以上污染，发布重污染天气预警 154 次。PM2.5 仍旧是大部分城市面临的首要问题，特别是首批开展监测的 74 个重点城市，PM2.5 年均浓度仍显著高于国家二级标准，整体均值达到标准值（35 微克 / 立方米）的 1.5 倍。同时，2014 年开始显现的 O_3 污染问题进一步加剧，74 个重点城市年均浓度继续上升，上升比例为 3.4%，达标

城市比例继续下降，下降比例为 5.4%。在京津冀地区，O_3 成为首要污染物的天数已超过 PM10，仅次于 PM2.5；在长三角地区，O_3 成为唯一不降反升的污染物。

②水污染形势依然严峻。全国地表水总体为轻度污染，部分城市河段污染较重，且全国近岸海域水质一般。根据《2015 年中国环境状况公报》，长江、黄河、珠江、松花江、淮河、海河、辽河等七大流域和浙闽片河流、西北诸河、西南诸河等十大流域的国控断面中，Ⅰ～Ⅲ类、Ⅳ～Ⅴ类和劣Ⅴ类水质断面比例分别为 72.1%、19.0% 和 8.9%。与上年相比，水质无明显变化。但是，近岸局部海域海水环境污染依然严重。一、二类海水点位比例为 70.5%，比上年上升 5 个百分点；三、四类海水点位比例为 11.3%，比上年下降 3.6 个百分点；劣四类海水点位比例为 18.3%，比上年下降 0.3 个百分点。9 个重要海湾中，北部湾水质优，黄河口和胶州湾水质一般，辽东湾、渤海湾和闽江口水质差，长江口、杭州湾和珠江口水质极差。与 2014 年相比，北部湾水质变好，黄河口水质变差，其他海湾水质基本稳定。入海河流 195 个监测断面中Ⅰ～Ⅲ类水质断面占 41.5%，比 2014 年下降 0.9 个百分点；Ⅳ、Ⅴ类占 36.9%，比 2014 年下降 2.5 个百分点；劣Ⅴ类占 21.5%，比 2014 年上升 3.3 个百分点。部分直排海污染源排放汞、六价铬、铅和镉等重金属。与 2014 年相比，海洋天然重要渔业水域和海水重点养殖区的活性磷酸盐的超标范围有所扩大。

③局部区域土壤污染依旧严重。据《全国土壤污染状况调查公报》，2005 年 4 月至 2013 年 12 月进行的调查显示，全国土壤总的超标率为 16.1%，其中中度和重度污染点位比例分别为 1.5% 和 1.1%。耕地的点位超标率是 19.4%，其中中度污染占 1.8%，重度污染占 1.1%。全国耕种土地面积的 10% 以上已受重金属污染。其中，南方土壤污染

重于北方，长三角、珠三角、东北老工业基地等部分区域土壤污染问题较为突出，西南、中南地区土壤重金属超标范围较大。镉、汞、砷、铅 4 种无机污染物含量分布呈现从西北到东南、从东北到西南方向逐渐升高的态势。农业化学品的使用、农田区周边污染企业的三废排放等是农田区土壤污染物超标的主要原因。据国家统计局数据，“十二五”以来全国年化肥施用强度逐年增大，到 2013 年已增至 0.93 吨 / 公顷，比 2006 年每公顷增加了 0.04 吨。此外，据《2015 中国环境状况公报》，2015 年，480 个监测降水的城市中，出现酸雨的城市比例为 22.5%，酸雨频率平均为 14.0%，酸雨导致的土壤污染仍较为严重。

（五）自然生态建设进展缓慢，应对气候变化依然困难重重

①自然生态系统退化、生态布局不平衡、生态承载力低等问题依然十分严峻。一是森林分布碎片化和质量不高、功能不强的问题尤为突出，森林作为陆地生态系统主体的功能没有充分发挥。根据国家林业局第八次全国森林资源清查，目前全国森林覆盖率为 21.63%，仍低于世界平均水平；全国森林蓄积 151.37 亿立方米，人工林蓄积 24.83 亿立方米，仍属少林国家。而且，我国大部分森林生态系统处于退化或不成熟阶段，稳定性差，一旦受到外来因素侵扰很容易遭到破坏。二是湿地生态系统还有一半尚未得到保护，面积减少、功能退化的趋势依然在持续。两次全国湿地资源调查结果显示，全国湿地总面积减少率为 8.82%；生态状况评级为差和中等档次的湿地面积占到全国湿地总面积的 87% 左右。三是资源利用过度、气候变化、环境破坏、工程项目建设等问题，仍在严重影响着物种生存及资源的可持续利用。据全国物种调查结果显示，部分生物物种资源丧失态势并未得到有效控制，资源利用过度、气候变化、环境破坏、工程项目建设等问题，

仍在严重影响着物种生存及资源的可持续利用。从自然保护区占辖区面积比例这一指标也可侧面看出，我国生物多样性依然面临严峻形势。据统计，2006 年，全国自然保护区占辖区面积比重的 15.8%，而之后一直持续下降，到 2015 年年底这一比重降为 10%。四是土地荒漠化和水土流失依然严重。第五次全国荒漠化和沙化监测结果显示，截至 2014 年，全国荒漠化土地面积 261.16 万平方千米，沙化土地面积 172.12 万平方千米。分别占到国土面积的 27.2% 和 17.9%；局部地区盲目开垦、超载放牧、滥采滥挖等人为活动的负面影响依然存在。

②应对气候变化困难较多。一是自然灾害频发增加应对气候变化的难度。2013 年全国共发生各类地质灾害 15374 起，造成人员伤亡 929 人，直接经济损失约 104.4 亿元，无论是灾害起数还是人身财产损失均持续增加；2014 年地震灾害发生 20 次，人员伤亡 3666 人，直接经济损失 332.6 亿元。全海域海洋灾害发生 100 次，直接经济损失 136.14 亿元。二是工业化、城镇化快速推进的发展阶段以及以煤为主的能源结构，使得我国完成碳减排目标面临巨大压力。

（六）生态社会建设亟须进一步加强

①人居环境整体水平不高。在城市人居环境方面，根据北京工商大学世界经济研究中心、遂宁绿色经济研究院、联合国工业经济发展组织国际环境资源监督管理机构等组织联合发布的《中国 300 个省市城市管理与人居环境指数》（CCMREI）报告显示，我国城市管理与人居环境较差，与我国城市人居环境明显改善的目标还有较远差距。在农村人居环境方面，尽管近年来国家致力于解决“三农”问题，农居环境有了很大改观，但与城市和发达地区相比，差距仍不小。部分村落集中供水、排水沟渠和污水处理及消防设施短缺，垃圾随处堆放

等现象严重。

②重大环境突发事件未能得到有效遏制。近年来，我国频发环境突发事件。尽管事故起数出现下降，2015年全国突发环境事件330起，比2010年减少90起，但事故总数仍然处于高位，尤其重大、较大事件仍然频繁发生。其中重大事件3起，一般事件322起。据环保部数据，2015年，全国仍发生重大环境事件3起，较大事件5起。这表明政府的应对能力还需要进一步加强。

四、中国绿色发展的制度障碍

（一）法制保障与标准体系建设亟待加强

①法治制度仍不健全。绿色发展是一项复杂的社会系统工程，法律作为由国家强制力保证实施的行为规范，是促进和保障这项工作顺利进行的有力手段。改革开放以来，我国诸多基本法律中都设置了资源生态环境保护的有关条款，并建立了30多部专门法律，生态文明和绿色发展法律制度体系初见雏形。但由于现行大部分法律法规是在经济体制转轨初期出台的，有些已不适应形势发展需要，再加上一些新的不利于生态、环境和资源保护的因素不断出现，导致现行法律制度体系并不完善，体系散乱、层次较低、理念滞后问题严重；同时，现行体系只是初步建立而已，远未达到完善的程度（如环境监管制度等），一些制度主要体现为行政法规和政策，甚至是临时性措施，没有上升到国家法律层面，包括源头严防、过程严管、后果严惩的系统完整的法律制度体系尚未完全形成；此外，许多法律法规在实际操作过程中，往往原则性的东西居多，可操作性的内容较少、力度仍显不够，在生态文明建设和绿色发展中无法发挥其应有的积极作用。

②司法参与度低、功能受限。传统起诉标准的束缚导致绿色发展司法范围受限。根据传统的诉讼理念，实体权利是诉权的基础。没有实体权利，权便没有真实内容。因此绿色发展诉权的存在也必须以环境实体权利的存在为前提，而我国现行的实体法中不存在清洁空气权和水质权等实体环境权，因此法院不会受理此类案件。同时，传统起诉标准的束缚导致推行环境公益诉讼困难重重。2013年年初实施的新《民事诉讼法》规定了公益诉讼制度，但是自实施以来这一制度未发挥预期的作用，由社会组织提起诉讼并立案的环境公益诉讼案件屈指可数。新《环境保护法》在落实到环境公益诉讼的实践层面，现状与期望仍然存在较大的差距。其中一个重要原因，是大部分社会组织仍存在财力支撑能力、环保专业能力和法律专业能力上的欠缺。其次，环境公益诉讼仍存在来自地方政府的阻力。此外，由于我国环境公益诉讼尚处于起步阶段，环境资源审判庭的法官也亟待提高自身专业能力。除了需要破除立案阶段的阻碍外，审判过程中的环境损害赔偿鉴定和归属的问题也是无法回避的。同时，如何保证判决后的执行，也是必须面对的现实因素。

③执法力度不够。在市场经济条件下，为促进生态文明制定建设顺利进行，必须充分发挥各级政府的监管职能，进行全程化、跟踪化和人性化的监督和管理。目前我国政府执法力度尚不够，部分企业“上有政策、下有对策”，有法不依、违法不究，甚至知法犯法情况时有发生，导致一些有关生态、环境的职能部门原有的执行职责力度不断削弱，再加上生态环境相关的政策和法规手段不配套、力度不够，同时环境监测和执法的技术支撑不足，监测预警和执法的基础能力薄弱，都使得执法部门执法时困难重重，已成为我国生态文明建设过程中一个关键问题。

④部分标准严重缺失。部分标准体系的不健全也在一定程度上制约着我国生态文明建设和绿色发展的进程。如在新形势下以环境质量管理为核心的环境管理模式下，环境空气质量、水环境质量、土壤环境质量、噪声环境质量等标准体系亟待完善；环境实时监测方法和标准，环境信息公开的格式、内容、程序、时限和要求，以及区域一体化的环境标准和排污权、水权指标的分配有待统一等。此外，需要指出的是，目前我国实行的各种政策措施还因缺少具体执行标准而效果有限，如因为缺乏执行细则与统一的考核标准，节能减排、资源再利用等试点项目专项补贴基金被错配、套取的现状在所难免；补贴标准与执行细则的缺失，使得节能家电的补贴也是流于形式，补贴资金被厂家与中间商套取；居民生活垃圾分类设施虽在一些地区布设，但很多居民仍随意投放垃圾，甚至都不了解分类标准等。

（二）管理体制尚不健全

在生态文明建设过程中存在的“上有政策、下有对策”，以及时有发生的有法不依、违法不究，甚至知法犯法等情况，与现阶段我国监管体制的不合理有着很大关系。在市场经济条件下，为解决生态文明建设和绿色发展中环境污染治理等一系列难题，就必须要充分发挥各级政府和各个部门的监管职能，尽快建立起有效保护生态环境的政府监管体系。

①管理职责分散交叉。目前我国资源管理、污染防治、生态保护等职能交叉散落在多个部门，且缺乏部门间的高效协调机制，导致各部门难以形成监管合力。我国各类生态文明与绿色发展监管职能主要散落于三大板块部门，一是发改、经贸等国民经济综合部门，二是国土、农业、林业、水利、海洋等专业监管部门，三是环境保护部门。有关

研究显示，中央政府53项生态环境保护制衡，环保部门承担40%，其他9个部门承担60%；在环保部门承担的21项职能中，其独立承担的职能为52%、与其他部门交叉的占48%。这些部门在政策制定以及开展监管领域存在明显的职能交叉，当前由于部门利益分割和协调机制的缺乏，导致各部门重复建设、信息不共享、信息“打架”等现象，既降低了各部门监管的效能，又严重影响了政府公信力。

②监管组织体系不合理。除监管部门分散外，监管组织体系的不合理也是政府监管工作困难重重的原因。以环境监管为例，在横向上，环境监管统管部门与行业主管部门之间存在职能交叉且缺乏制度化、程序化、规范化、有约束力的沟通协调机制，使得环境监管实际工作中常出现互相推诿或扯皮现象。在纵向上，现行的法律法规体系规定了国家和地方的环境监管权责，将大部分环境监管职责交给了地方，中央只负责统一的监管。根据现行体制，地方环保机构的人事和财政权都在地方政府手中，在环境监管中自然受到当地政府的制约。中央政府层面自身的环境监管力量薄弱，也制约其“从上至下”的控制力，目前环境保护部机关行政编制为311人，加上环境保护部直属的六大环保督查中心、事业单位约3000人，仅为美国联邦政府环保署（EPA）人数的1/6，难以履行繁重的监管工作，难以对地方政府环境监管机构进行有效制约。此外，环境基层监管能力总体仍比较薄弱，如全国区县级环境监测机构平均16人，均低于《全国环境监测站建设标准》中三级标准；全国区县级环境监察机构平均仅为18人；农村基层环境监管几乎处于“空白”状态。

③公众参与仍显不够。有效的政府监管体系也离不开社会和公众的积极参与。生态文明建设公众参与制度是公众及其代表根据国家相关法律赋予的权利参与生态文明建设的制度，是鼓励广大群众积极参

与生态文明建设事业，保护其对污染和破坏环境的行为依法进行监督的权利。世界上许多国家都高度重视公众参与，我国也不应例外。然而，目前由于种种原因，如相关法律规定过于原则抽象，缺乏相配套的实施细则；公众参与缺乏明确具体的参与事项；公众参与环境事务方式单一，缺乏程序上的保障；公众参与缺乏必要的环境信息支持等，导致我国公众参与生态文明建设仍显不够，也已成为我国生态文明建设和绿色发展过程中一个制约问题。

（三）市场化机制并不完善

①自然资源资产市场化机制尚未形成。突出表现在：自然资源资产产权主体结构尚不合理，产权边界不够清晰，权能体系仍不健全，产权转移顺畅度不够，收益分配结构和机制欠合理，管理基础能力薄弱。与此同时，自然资源资产交易机制尚未形成：行政干预色彩过于浓厚，导致价格扭曲、生态恶化、腐败等政府失灵问题；资源价值、生态环境补偿价值没有充分反映在价格中——资源价格构成缺项，破坏了价值规律的作用机理，导致市场价格严重低于价值，从而造成资源过度开采与无效使用，结果就是资源短缺与资源浪费并存。

②排污权交易市场机制不完善。一是法律法规不完善，排污权交易法律依据不足。排污权有偿使用等并无国家层面上的法律依据，没有从法律上确认排污权的市场主体、市场交易制度、市场交易规则和管理机构等，排污权指标核定、分配技术规范、价格制定等具体工作环节还没有国家层面统一、明确的规范与技术方法。二是全国性的排污权交易市场没有形成，排污权交易局限于试点单一区域，试点省份地区之间也无法对所有排污权指标进行跨区域交易，省与省之间更是无法进行跨省交易。三是交易体系不健全，排污权有偿使用定价方法

和依据还不够清晰明确，没有形成一个公开公正的排污权初始分配机制，导致很多地方政府对排污权总量控制不严格、排污权指标分配不够规范。目前各地排污权交易，一级市场基本上靠政府定价，且定价机制尚不完善，二级市场更加难以形成合理的定价机制，价格机制不完善导致无法促成排污权交易。四是企业排污在线监测系统、环保部门实时在线监测系统、企业刷卡排污系统、排污权交易系统等排污权交易技术支撑体系建设不完善。五是市场化交易中排污主体和污染物指标覆盖有限，排污权交易没有覆盖所有排污主体，污染物指标交易仅限于部分污染物，有待进一步规范和提升污染物标准体系。

③碳排放权交易市场尚处于起步阶段。一是缺乏详细的规章制度与法律来监管，中国排放权交易市场离真正意义上的排放权交易市场还较远。政府对定价的干预力度较大，企业并不是作为真正的市场主体参与交易，价格不能通过市场对排污权交易的需求情况正确反映资源的价值，缺乏市场机制的主导作用，无法达到通过价格传导将环境污染问题的外部性内部化的目的。而且出于地方保护主义，政府还可能强行禁止本地企业向其他地区出让排放指标，政府主导排放权交易市场通常也会衍生出“权力寻租”现象，过分的行政干预难以形成统一的全国性交易市场。二是由于中国的碳交易市场还不够成熟，没有建立相应的价格体系，目前也做不到交易市场的公平、公正与公开，诸多原因导致成交价格明显低于国际碳市场价格。三是中国的碳交易市场的波动性比较大，一些交易所的交易量比较小，目前还处于初级阶段，有待进一步完善。四是国内的碳排放卖家没有良好的渠道获取相对公平的碳交易信息。尽管国家发改委对 CDM 项目的价格已经开始控制，但目前国际碳交易以买方市场为主，作为 CDM 项目的供应方，中国处于全球碳交易产业链的最低端，定价权和议价能力不足，国内

核证减排量价格长期被压低，导致中国在为发达国家提供大量减排额度的同时也提供了巨额的经济利益，不利于扭转中国在国际排放权市场上的被动地位。

（四）GDP导向仍未根本扭转

我国生态文明建设与绿色发展所存在的上述诸多问题，如资源浪费、环境污染、产业失调等，追根溯源，与我国多年来形成的GDP考核导向密切相关。改革开放以来我国实现的经济增长奇迹主要表现在数量上，形成了“高数量，低质量”的特点。在发展目标上，突出地表现为以GDP指标论英雄，各级政府考核标准与指向都一味强调GDP的增长，而对于经济发展结构、资源环境代价、人民群众满意度等质量指标则没有引起足够的重视。这样的增长以大量消耗资源和广泛污染环境为代价，其不可持续性逐渐成为共识。

现阶段国家正在积极探索推进政府考核制度改革，如《中共中央关于全面深化改革若干重大问题的决定》明确提出，要完善发展成果考核评价体系，纠正单纯以经济增长速度评定政绩的偏向。我国也已经颁布《党政领导干部生态环境损害责任追究办法（试行）》《生态文明建设目标评价考核管理办法》，也在部分地区开展自然资源资产离任审计的试点。在此背景下，近年来各地也在积极探索，做了一些工作，但由于长期以来对传统发展路径的强依赖，导致以GDP指标为主的考核方式仍根深蒂固。对地方政府的政绩考核虽然已经不再唯GDP论，但仍以GDP为主的考核导向，使得政府职能中经济职能配置过强，资源生态环境职能配置过弱，导致资源生态环境职能往往让位于经济建设职能，甚至在地方层面为经济社会发展“保驾护航”。这种职能配置的失衡，难以有效发挥经济政策与资源生态环境政策的综合协调，更难以实现对资源生态环境的独立监管。如一些地方为了当地的短期经济利益，对淘汰落后产能决心不大，有的甚至还在上一些高消耗、高排放和产能过剩项目。同时，我们见到更多的是企业污染给环境造成了严重破坏，却很少见到有关责任人因此受到严惩，尤其是针对国有大型企业的污染，执法部门采取“宽容”甚至放纵的态度，睁一只眼闭一只眼，使环境污染问题愈演愈烈，资源生态问题越来越严重。

（五）相关改革仍显滞后

1. 资源能源价格改革尚不到位

市场中的价格是进行相关资源配置、调动各个市场参与主体行为的重要信号。合理的价格体系能有效地引导市场参与者的行为，提高整个经济运转效率。我国经济体制改革始于价格改革便源于此。同样，希望每个参与主体有推进生态文明和绿色发展的合理行为，就需要有合理的资源能源价格信号，从而有助于提升资源能源利用效率，达到资源节约与环境保护的目的。但目前我国部分资源价格并没有真正实现市场化，资源价格形成机制尚不合理，政府定价仍较普遍、全成本核算没有得到很好推行、资源价格传导机制不畅等问题突出，使得资源价格这一市场重要信号并不能充分反映自然资源的真实稀缺程度，不能充分反映自然资源开发利用的外部性，不能反映自然资源开发利用与保护的全部成本，在根本上难以调动起社会主体参与生态文明建设和绿色发展的积极性。

近年来，我国政府一直在推进资源能源价格改革，但速度相对比较缓慢，力度尚不到位。目前我国资源能源品种实质上采取的是分而治之的管理模式。受此影响，资源能源价格改革便呈现出各成体系、分类推进以及缺乏系统与全局统一规划的特点。同时，由于不同资源能源领域间存在着较为密切的内在联系，而各个领域以及领域内各个环节间的改革进度不同、实行的价格管理方式各不相同，直接影响到各个领域改革的推进，造成一系列不合理的资源能源供需矛盾、价格脱节等现象，甚至一些领域改革的成效难以体现。此外，资源能源价格改革面临的诸多方面的压力，如资源价格改革与控制物价高企、资源价格成本核算与资源垄断性经营、资源市场化配置改革与保障低收入阶层基本需求等，也直接阻碍了这项改革的顺利推进。

2. 财税改革滞后

推进生态文明建设和绿色发展这项工作离不开市场主体尤其是企业主体的参与和行动，而这些主体的行为和积极性势必受到财税政策的影响。财税作为重要的经济调控手段，在国民收入分配和资源配置中发挥着基础性作用，对生态建设和环境资源配置同样具有重要的调控作用。改革开放以来特别是 1994 年分税制改革以来，我国财税体制改革取得了重要进展，在强化生态环保要素、鼓励“三废”综合利用、增加生态环境保护投入等方面产生了积极的作用，但与完善社会主义市场经济体制的目标相比，特别是与形成有利于生态文明和绿色发展的体制机制的要求相比，目前明显落后，不仅造成政府事权和财权不匹配，不利于促进经济转型、社会转型和政府转型，不利于推动经济社会发展转入科学发展的良性轨道，也会对当地的资源环境造成破坏，严重影响生态文明建设和绿色发展。

我国现行财税政策对生态文明建设和绿色发展的杠杆和促进作用还未得到充分发挥，其不完善性主要体现在：①财政方面。一是目前我国财政对生态文明建设的投入力度仍不足，加之当前财政支持形式与手段的不健全，导致很难发挥出其应有的作用。二是对环保财政资金使用监督不力，使得环保财政资金使用效率低，相关资金不能全部落实到位，并常有层层截留或者挪用的现象发生，这与中央和地方财政支出预算科目中没有设置生态财政支出预算科目不无关系。三是政府采购制度支持不够，对绿色环保产品引导和推崇的相关法律制度的缺失，导致政府采购在执行过程中缺乏政策导向，不具有强制力。四是财政横向与纵向转移支付乏力，导致生态文明建设事权和财权不匹配、“免费搭便车”等现象普遍。②税收方面。一是独立生态环境保护税种的缺乏，制约了税收对生态文明建设的调控作用，同时由于没有税收资金来源以用于生态文明建设，从而也减弱了税收对生态文明建设的推动作用。二是现行的环境保护间接税存在缺陷，如消费税征税范围过窄、资源税税率普遍偏低等，进一步制约了税收对生态文明建设的杠杆作用。三是税收优惠政策尚不完善，一些规定过于笼统或者模糊，加上形式比较单一，从而导致税收优惠的作用未得到充分的发挥。

3. 科教人才改革支撑力度不够

一是相对滞后的生态科技制约了绿色发展。世界各国的实践表明，生态文明建设离不开绿色科技的发展，没有绿色科技也就谈不上建设生态文明。当前我国生态科技的发展现状和能力与生态文明建设的要求还很不适应，如环境管理与决策缺乏依靠科技的工作机制，许多重大环保决策未经前期研究和充分论证便匆忙出台，影响了决策的质量；环保系统科技重大研究和调查项目较少，基础数据严重缺乏，部分成果与管理脱节，更有甚者数据失真，导致不能真实反映环境状况和真实情况；污染防治技术储备严重不足，科技成果转化率较低，难以形成产业化，企业污染治理技术水平普遍不高、达标不稳定；环境监测与执法的技术支撑不足，基础能力薄弱等，严重制约着我国生态文明建设和绿色发展。二是人才体系不能满足需求。生态文明建设和绿色发展是一项涉及面广、涉及领域多的系统工程，同样需要各个行业的精英和人才，加强人才队伍建设，是落实各项目标任务的重要保障。目前我国生态文明建设和绿色发展方面的人才缺乏，统筹规划不够。从人才结构上看，当前国家培养的涉及环境工程、大气污染防治、自然生态保护等专业的人才相对较少；从人才规划来看，生态文明建设、人才队伍建设规划缺失，并没有专门针对生态文明相关工程技术、规划和管理、生态文化建设等方面人才队伍建设的科学规划；从企业内部看，人才培养工作跟不上生态文明发展的步伐，相关培训系统性不够强，方式方法不够灵活，涉及生态文明的内容相对较少，不能完全适应生态文明建设的实际需要。

4. 金融改革力度仍显不够

生态文明建设和绿色发展尤其是资源生态环境的改善和治理需要持续的资金投入保障。目前我国采取的运用财政、税收、信贷支持等优惠措施激励终端企业的手段难以满足生态文明建设后续发展资金需求。这是因为早期推行的节能、节水改造及淘汰落后产能的改造主要是一般的资金投入型改造，资金需求不是很大，技术障碍也比较少，实施难度也不高，企业在政策补贴下有能力也有意愿实施改造，在初期会有明显的促进效果，但是随着绿色经济和生态文明建设的进一步发展，这些政策的效果将呈边际递减趋势，资金满足难度将越来越高。同时，推进绿色发展需要构建起包括政府、企业、单位以及个人在内的多渠道多元化长效投融资体系，而目前这一体系尚未真正建立，各方的积极性并不高，尤其在当前受内外复杂经济环境影响，经济增长压力加重，在各级财政困难的情况下，如何破解投资瓶颈、建立投资长效机制、确保生态文明建设和绿色发展顺利推进成为关键。

五、促进绿色发展必须建立的几项关键制度

从以上分析可以看到，中国在绿色发展过程中还存在着一定的制度障碍，必须对制度因素进行新的创造或组合，尤其是必须建立几项关键制度，以创造更加有利于绿色发展的制度环境。

（一）建立健全支撑绿色发展的自然资源资产产权制度

1. 明确自然资源资产产权制度改革的总体方向

①主体结构合理。要进一步完善由全民或国家所有者和集体所有者共同组成的中国特色自然资源产权主体结构，强调各类产权主体的权利和义务的平等与均衡。

②产权边界清晰。厘清各类自然资源之间、各类产权主体之间的资源产权边界。重点厘清农、林、草资源之间，矿产与土地、水资源之间的产权边界；重点厘清国家和集体资源产权的边界。

③产权权能完整。以强化资源处分或处置权、保障资源收益或受益权为核心，健全资源产权权能。

④产权流转顺畅。以消除资源管理体制和资源配置机制等方面的障碍为突破口，促进资源产权顺畅、有效流转。

⑤利益格局合理。以切实保障国家利益和集体利益为核心，改进资源利益分配格局，提高资源利益格局的合理性。

2. 构建产权明晰的自然资源资产管理新体制

①成立“国有自然资源资产管理部门”。参考国有企业改革经验，组建“国有自然资源资产管理部门”，统一代表国家对属于全民所有制的自然资源资产行使所有者权利。进一步明确中央部门间、中央与地方间资产监管职责，促进纵向分工合理、横向职能协调，确保监管

效率。

②完善自然资源资产集体所有权制度。借鉴股份制或股份合作制等企业法人管理模式，积极探索农村集体经济所有制的自然资源资产的实现形式和组织形式。探索将集体经济组织法人化，使其用法人制度规则进行治理。

③加速推进自然资源资产统一登记。以土地产权统一登记和不动产统一登记为基础，推进自然资源资产产权统一登记，逐步建立全国土地、矿产、山岭、房屋、草原、林地、荒地、滩涂、海域等自然资源资产产权登记制度。强化“云计算”工程建设，加快自然资源资产财产权登记大数据平台建设。

3. 建立完整的自然资源资产产权权能体系

①明确集体自然资源所有权。将其作为完善集体产权制度、保全集体产权权能的前提。进一步明确和落实乡（镇）、村、村民小组农民集体的自然资源所有权，赋予广大农民长期而有保障的集体使用权，规范和完善集体土地使用权流转，保障交易安全。

②赋予集体自然资源所有权完整的权能。赋予其收益和处分的权利，放松对自然资源使用权的过多限制，还使用者以自主使用权、经营权、收益权。

③清晰界定自然资源使用权的界限。保持自然资源使用权的长期稳定，清晰界定使用权的界限，防止侵权行为发生，提高自然资源利用效率，保证自然资源的可持续利用。

4. 推进自然资源资产产权交易市场建设

①积极完善并贯彻落实自然资源有偿使用制度。将自然资源有偿使用作为自然资源资产使用权流转的基本原则，采用行政调整、市场调整和社会调整相结合的综合调整机制，确保自然资源资产使用权市

场的健康有序运行。

②区分自然资源资产使用权一、二级市场。采取不同的监管原则，一级市场要凸显社会公众的监督作用，以政府出让行为高度公开和透明为原则；二级市场要减少公权力干预，确立公平竞争的交易规则。

③要积极扩大可流转的自然资源资产使用权范围和方式。明确有偿取得的具有价值的自然资源资产使用权，原则上均可以流转，并允许自然资源资产使用权采取买卖、租赁、抵押等法律认可的一般商品市场的交易方式。

④要科学合理设置自然资源资产使用权主体准入制度。引入多元化的自然资源使用权主体，实行严格的市场准入制度，避免对自然资源"占而不用"，提高资源配置效率。

5. 进一步理顺利益主体间收益分配关系

①调整完善资产所有者与使用者、中央与地方等收益分配机制。本着权利与地价相一致、权能与利益相一致的原则，合理确定国家土地出让金、年租金、入股资本金的标准。积极探索调整资源所有者与使用者间增值收益分配机制，合理调整中央与地方分配比例。

②加快资源税费制度改革创新，并进一步完善资源价格形成机制。优化资源税费结构设计，调整资源税率费率，加强资源税费使用监管，实现保护和节约资源、确保国家资源权益充分实现和合理分配之宗旨。

③进一步完善集体所有自然资源资产的收益分配。正确处理地方政府、农民集体和农民之间的收益分配关系。政府的收益，通过完善和统一有关税收来保障，不再采取征收后再出让收取出让金的形式；农民集体和农民的收益分配，由集体成员共同决定。乡（镇）政府、村（居）委会不得参与集体土地流转收益分配。

6. 建立健全自然资源资产的现代监管、监测与评估体系

①建立健全自然资源资产的现代监管体系。建立自然资源资产数据信息管理平台，实现自然资源统一调查评价、登记信息与审批、交易信息实时互通共享，有效提高各专业管理部门对自然资源监督管理的效能。完善监管技术方法，充分运用3S、信息等现代技术，实现资源资产全程监管。

②开展周期性资源资产调查与评估。逐渐建立并形成国家及重点区域自然资源状况与变化的周期性调查评估制度，加快研究分类分区的自然资源资产评估、核算技术方法体系，加快自然资源资产负债表编制技术研发与实践，完善国民经济核算体系。

③完善国家自然资源资产调查与监测试验台站体系。针对不同地域、不同类别、不同经济社会条件下的自然资源资产开展长期深入而细致的研究，全面掌握各地区不同类别自然资源资产性质、功能及其遭受损毁的风险、动因，为自然资源资产科学合理监管决策提供有效的科学技术支撑。

（二）积极推进支撑绿色发展的能源体制改革

1. 建立统一开放竞争有序的现代能源市场体系

①分离自然垄断业务和竞争性业务。完善市场准入，鼓励各类投资主体有序进入能源产业的各个领域。

②建立健全能源市场基本交易制度。分步建立全国统一市场与多个区域市场相互衔接，规则统一、功能互补、多层级协同的现代能源市场体系。

③建立调度、交易独立的电力系统运营机构。实施输电网与配电网业务和资产的有效分离。

④对油气、煤炭等资源矿业权完全采用招投标。进一步完善矿业权市场化有偿取得制度，推进油气管网产权独立以及管道运输服务和销售业务的完全分离，全面强制推行管网等基础设施第三方公平准入。

⑤加快培育全球能源互联网、泛能网和综合能源服务市场。构建集中式能源、分布式能源以及储能设备、负载设备无差别对等互联的能源系统。

2. 建立健全反映真实成本的能源市场价格机制

①放开竞争性环节市场价格。形成由市场决定的能源市场价格机制，实施“管住中间，放开两端”的电力价格机制，建立完善独立、基于绩效的激励性输电和配电价格体系。放开成品油以及天然气价格，除配气管网外，其他油气管道等基础设施收费逐步实现市场化。

②建立绿色电力价格形成机制。加快电力价格市场化改革，推动上网电价和销售电价市场化改革，加快推进电力输配分离试点，减少不同电力用户之间的交叉补贴，完善终端售电价格结构。完善电力峰谷电价、差别电价、阶梯电价形成机制。将可再生能源发电的正外部性收益内部化，探索推行绿色电力证书制度、招标电价制度、可再生能源发电的固定电价和溢价电价体系。

③加快完善油气价格形成机制。完善成品油价格形成机制，加强与国际油价接轨力度，放开中下游和进口环节的准入限制与价格管制，建立石油期货交易中心，积极融入全球石油期货定价体系。加快改革成品油消费税，将成品油消费税由中央税改为中央与地方共享税；推进成品油消费税从生产环节征税向消费终端转移。建立促进大幅提升天然气比重的合理价格机制，优先制定天然气管道运输价格管理办法，制定储气调峰价格管理办法。

3. 建设能更好发挥政府作用的能源管理体制

①设立高级别的能源管理机构，对行业发展实施宏观管理。综合运用规划、政策、标准等手段厘清政府和市场的边界，制定完善的“权力清单、负面清单、责任清单”，有效落实规划，明确审核条件和标准，规范简化审批程序，继续取消和下放行政审批事项，切实减少政府对微观事务的干预。

②逐步整合能源管理职能，适时组建能源部（或能源与气候变化部）。统一加强能源公共服务与政策调控职能，将分散于发改委、能源局、财政部等部门的政策职能整合至能源部（或能源与气候变化部）统一承担。

4. 建立能保障公平竞争与能源安全的能源监管体制

①设立独立、统一、高层级、专业化的能源监管机构。推进“政监分离”，明确监管责任，加强社会性监管，确保以电网、天然气管网为核心的网络型基础设施等自然垄断环节的公平竞争。加强监管能力建设，创新监管方式，提高监管效能，维护公平公正的市场秩序。

②在能源部框架下组建相对独立的能源监管部门。维持环境、安全、质量等方面的社会性监管格局不变，整合经济性监管职能，由能源监管部门统一履行。相对独立的监管职能既可在过渡期确保能源政策的统一性，又可通过政监分离确保监管的独立性。

（三）重点突破环境监管“垂直管理”体制改革的关键环节

1. 落实地方党委和政府的环境保护责任

①落实地方各级人民政府的属地责任。建立党政一把手环保政绩考核机制，把当地人民政府对本辖区环境质量落到实处。对环境保护

不支持、不负责导致环境质量恶化的，实行一票否决或不调动、不提升。

②明确年度环保责任目标。充分利用每年在签订一年一度的市、县区政府环保目标任务时，把各辖区内当年需要治理的各种污染企业、事业单位治理任务及社会上需要改变环境治理任务一并下达，建立岗责目标任务动态下达机制。

2. 设计省、市、县机构设置及职能

①有效破解地方保护主义对环境监测执法干预。首先，从体制设计上，升级环保部门直接管理市级环境监测机构，确保生态环境质量监测数据真实可靠。市级统一管理行政区域内的环境执法力量，依法独立行使执法权，执法重心应实现下移，强化对企业的检查与监督。其次，从人财物保障上，驻市环境监测机构的人财物管理在省级环保厅，市级环保局无任何支配权。县级环保机构以及监测执法机构的人财物管理在市级环保局，县级环保机构无任何支配权。最后，从领导干部管理权限上解决干预。由省级环保部门主管所有市环保局长以及驻市环境监察和监测机构人员，调控能力明显增强。

②着力解决跨区域、跨流域环境监测执法问题。第一，要探索按流域设置环境监管和行政执法机构、跨地区环保机构，有序整合不同领域、不同部门、不同层次的监管力量。第二，建立健全区域协作机制，推行跨区域跨流域环境污染联防联控，加强跨区域跨流域联合监测、联合执法、交叉执法。第三，市级政府应在全市域范围内按照生态环境系统完整性实时统筹管理，统一规划、统一标准、统一环评，整合设置跨市辖区的环境执法和环境监测机构。

3. 协同推进环境监管程序的再造与衔接

①协同推进环境监管程序再造。对现有的各项监管制度进行优化，进行有效衔接，理顺环境监管事前、事中、事后各个环节。

②有效衔接现行的环保督察制度。对于未纳入巡视对象的党委和政府，上级环境保护部门应加强垂直监管力度，避免因未巡视而放松对环境质量的责任。注意与巡视小组进行对接和信息交流，将环保督查巡视实践中发现的问题进行经验总结，作为垂直管理的重点发力点。

4. 探索完善市、县环保监察执法机构的运行与保障机制

①探索完善市、县环保监察执法机构与同级环保部门日常工作的衔接机制。避免出现反映“百姓心声”的信息阻隔及工作上的推诿扯皮，进一步优化行政处罚的流程，明确在市、县（市、区）环境监察机构垂直管理后，其现场检查发现的问题能够得到有效处理。

②探索完善市、县环保监察执法机构的组织人事与保障衔接机制。根据各地经济发展水平、污染源数量等因素，合理确定执法监管的工作量及其人员待遇，做好科学的制度设计，以免人心浮动，影响工作。

③探索完善县、区环保局与同级政府在环保行政执法中的配合机制。县、区环保局在平时的环境管理中应当充分尊重、信任当地政府对环保工作的重视与支持；县、区环保部门对企业、事业、私营企业等单位得不到县、区政府授下达限期治理权时，可直报市级环保部门，由市级环保部门报告市政府统一授权由市环保部门下达限期治理任务，或由市环保局承报市政府通过县、区政府向所需要治理的单位下达限期治理单位名单。

（四）探索完善促进绿色发展的考核制度

1. 探索完善绿色发展考核的总体框架

①建立完整、系统、规范的绿色发展考核流程。加强事前、事中、事后全方位管理，构建有力、有序、有效的绿色发展考核体系框架。“事前”制定科学合理的考核依据、制度和原则；“事中”加强考核主体、

对象、内容、指标建设，规范考核方式和程序；“事后”注重考核结果运用，完善考核评级、奖惩制度，并加强考核过程的监督管理。如图 24 所示。

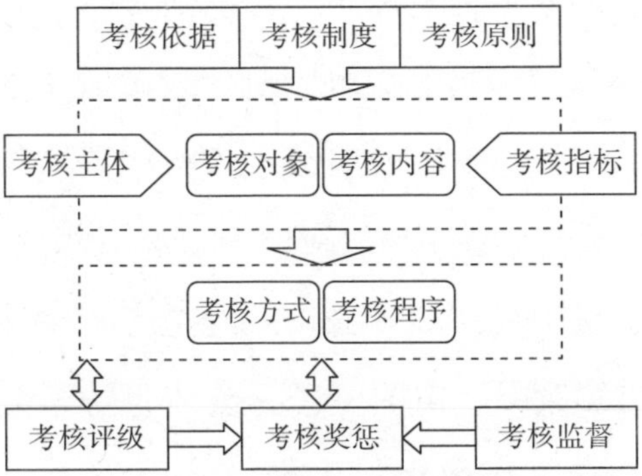

图24　绿色发展的考核体系框架

②明确绿色发展考核框架的具体内容。“考核依据”“考核制度”“考核原则”是绿色发展考核顺利进行的前提保障。“考核主体”“考核对象”“考核内容”“考核指标”是绿色发展考核最重要的组成部分。“考核方式”“考核程序”是确保绿色发展考核深入开展的关键环节。“考核评级”与“考核奖惩”是对考核结果的运用，主要起到激励、约束、监管的作用。“考核监督”是对考核主体的监督，以保持考核的客观性和公正性。

2. 明确绿色发展的考核主体

①强化绿色发展考核的顶层设计。考核工作由党委和政府牵头，政府有关部门分工协同配合，共同组织实施好该项工作。在界定权力清单的基础上，上一级党委对下一级党委开展考核、上一级政府对下一级政府开展考核。同级政府对本级政府所属职能部门开展考核。同级党委对本级党委所属职能部门开展考核。

②引入绿色发展的外部考核主体。外部考核的主体通常是社会公

众或第三方机构，一般与考核对象不是直接的利益相关者。外部考核通常作为内部考核的监督参照，可以起到对内部考核再验证的作用。外部考核通常具有很高的独立性，但其权威性需要政府信息公开的支持。

③明确绿色发展的考核对象。考核的对象就是考核的客体。绿色发展考核属于行政考核，是上级政府对下级政府（如中央政府对地方政府）进行的行政考核，上级政府或授权机构是考核主体，下级政府是考核客体（被考核的对象）。而在地方政府对部门内部进行的考核，政府本身在考核体系中具有双重身份，既是考核主体又是考核对象。被考核的对象如市发改委、市国土局、市林业局等。

3. 建立健全绿色发展的考核内容

①绿色资源。反映的是某地区在包含土地、水、大气、矿产、生物等多种资源的禀赋和承载能力，包括资源的数量和质量。

②绿色环境。反映的是某地区生态环境建设和保护成效，绿色环境的状况则为绿色经济和绿色社会的发展设定了环境约束

③绿色经济。反映的是某地区在一定的资源与环境约束下取得经济发展成效，绿色经济为绿色社会发展提供经济基础。

④绿色空间。反映的是某地区生态格局的具体情况，绿色空间的规划作用需要绿色制度的保障才能有效实施，绿色制度也必须基于区域生态格局才能制定。

⑤绿色社会。反映的是某地区社会发展以及人们参与绿色建设的程度，绿色社会的活动也为绿色经济提出了消费需求。

⑥绿色制度。反映的是政府对绿色发展出台的管理体制、运行机制、政策和监管水平等多方面内容，其为绿色发展提供制度保障。

4. 建立健全绿色发展的考核方式

①日常检查督办。日常检查督办重点检查日常工作开展落实情况。

根据工作需要，绿色发展考核评价领导小组授权办公室组织开展现场检查和督办指导，对于落实重点任务严重滞后或者发生突出资源环境问题的考评对象，以发函、约谈等方式，进行预警通知，并要求限期整改。有关整改落实情况作为年终综合考核的重要评分依据。

②半年度考查。半年度考查作为日常检查督办的重要补充。考查时间为当年 6 月至 8 月份。半年度考查重点考查总结上半年度的工作落实情况，并发挥督促作用。

③年终综合考核。年终综合考核每年开展一次。考核期为当年 1 月 1 日至 12 月 31 日，考核评价一般于次年一季度左右完成。

5. 建立健全绿色发展的考核程序

①成立考评小组并公布考评办法。可考虑在政府的领导下成立绿色发展考核评价领导小组，环保、农业、水务、财政、统计、城管、监察、宣传及相关部门人员参与组成领导小组办公室。年终考核评价工作由绿色发展考核评价领导小组办公室委托评审团完成。绿色发展考核评价领导小组成立之后应及时公布绿色发展考核评价办法。

②召开考核评价工作部署会。绿色发展考核评价领导小组组织各有关单位召开年度绿色发展考核评价工作部署会，部署年度考核评价工作。

③现场检查和通报。日常检查在全年内按照定期检查和不定期抽查方式开展；半年检查在年中进行；年终检查在年末或次年年初开展，以督促各单位的相关工作。同时，考核评价办公室定期对各指标检查结果进行通报。

④考评资料数据汇总和复查审核。被考评单位对考评结果有异议的，应当在考核结果公示后向绿色发展考核评价领导小组办公室申请复核并补充提交相应的证明材料。

⑤审定并公布考评结果。政府对绿色发展考核评价领导小组最终提供的考评结果进行审定并通报。

6. 完善绿色发展考核制度的保障体系

①强化绿色发展考核的结果应用。将绿色发展考核结果作为干部任免奖惩的重要依据之一，让绿色发展考核由“软约束”变成“硬杠杆”。

②完善绿色发展考核的立法支持。制定政府考核相关的法律法规，提高政府考核的重要性，在法律层面赋予相关部门对地方政府进行行政考核的权力，并以此为基础构建考核制度。

③完善绿色发展考核的体制保障。将地方政府（绩效）评价与考核作为深化行政管理体制改革和推动其职能转变的重要内容和有效手段，建议将地方政府（绩效）评价与考核扩大至绿色发展考核并进行试点。有必要设立新机构或赋权给现有机构，确立考核主体的合法性与高层级，确保考核主体的独立与权威性，这是创建政府考核制度的基础。

④完善绿色发展考核的协调机制。建立各考核主体间的协调机制，确保在考核内容上更多地采用一致性的指标，以减少考核对象的应对压力，促进各类考核高效、有序进行。

⑤完善绿色发展考核的监管机制。在纵向上，在政府体系内部尤其是上级对下级政府实行系统内监管；在横向上，接受社会公众监督与问责，通过信息公开接受第三方的外部监管。

（五）着力强化绿色发展的法治保障

1. 加快绿色发展重点领域的立法工作

①强化现有产权保护的法律法规修编。修订《物权法》中国家所有权不用登记之条款，增加自然资源国家所有权需进行造册之规定，

并修改各自然资源单行法中关于自然资源资产产权的条款，增加自然资源管理权、环境权、发展权，修改现行法律中关于自然资源资产使用权流转的限制，修改《水法》中水权交易制度，《渔业法》应明确养殖渔业权的流转。稳定自然资源资产产权，强化对自然资源资产的保护力度，避免掠夺性开发利用。

②制定出台我国《自然资源法》，统筹规划自然资源资产保护管理制度。将各种自然资源作为一个整体，统一规划，一并开发、利用与保护，以维持整个自然资源经济效益的充分发挥和生态系统的平衡利用。同时，修订各类现行自然资源单行法，充实其资产监管职能，消除各单行法之间的职能冲突和盲点，使得各类自然资源的各方面管理、保护都能做到有法可依、于法有据。

③建立健全促进绿色低碳转型的能源法律体系。创建现代能源法制体系。制定“能源法”，明确能源领域其他法律法规的制定和修订的基本依据。修订《电力法》，研究制定“石油天然气法”，尽快完善《煤炭法》，明确电力、煤炭、石油和天然气战略规划的制定、实施、评估、监督和调整依据。实施好《节约能源法》《可再生能源法》，建立和完善统一监管机制、协调机制、综合决策机制和社会参与机制。研究制定“能源监管条例”，制定和完善能源监管规则、规定、方法、程序。另外，加强执法和立法监督也至关重要。

2. 加快健全绿色发展法律体系

①尽快完善已有立法领域应配套的规定或实施细则。明确规定配套规范的制定期限。如针对法律明确要求制定配套规章的，要在法律施行之日起一年内作出；针对法律中未作明确要求的，要在法律施行之日起两年内作出。对于《清洁生产促进法》这类以理念与原则为主的框架性法律，其具体运作与实施仍旧需要实施细则、配套规则、技

术标准等一系列规范性文件予以落实。对于《环境保护法》这类已有部分配套文件的法律，则需要尽快出台涵盖所有重要制度的配套办法，以形成一套完整的以《环境保护法》为基础的环境保护领域绿色法律体系。

②针对绿色发展立法空白的领域尽快颁布专门法。修订《土地管理法》《水污染防治法》《循环经济法》，尽快制定《土壤污染防治法》《海洋基本法》《能源法》《国家公园法》《应对气候变化法》，出台《排污许可证条例》《环境监测条例》《生态补偿条例》《湿地保护条例》，为绿色发展提供有力且全面的法治保障。

3. 加快提升绿色发展的执法能力

①落实基层绿色执法机构的运行经费。将基层绿色执法机构的运行经费纳入同级财政保障范围，确保基层执法的基础物资及设备。中央财政适当加强对贫困地区、生态脆弱地区基层环保执法机构的经费、基础设备的支持。

②视地方环保执法任务的繁重与否决定是否设立乡镇环保机构。乡镇环保机构是环境管理体系向基层的有益延伸，设置规模应与所在乡镇面临的环保压力相适应。不同地区的环保任务并不相同，相比于中西部，沿海地区部分乡镇拥有大量工业企业，应当在乡镇一级配置相应的机构、人员及设备，注重解决生产和农民生活所可能带来的环境污染与破坏。

③加强执法队伍建设，提高人员素质。各级行政机关应当注重培养执法人员的工作能力。积极开展有关生态学、自然科学、环境保护等方面的业务知识培训，全方位、多层次地规范各级环保执法工作，提高基层执法人员素质。引进高素质的专业人才，通过组建环境监测、应急、评价等各类专家队伍，设立环保警察专职化等制度。

④推进执法信息化建设，强化技术支持。充分利用“互联网+移动执法”手段，建设互通共享的移动执法数据库。将移动执法与大数据、互联网的高度融合，实现全天候、不间断、多时段的执法模式。

4. 加强环境违法犯罪惩戒

①完善刑法与行政执法的“两法衔接”。对目前的刑事司法与行政执法衔接机制的规范内容予以明确。尤其应当将篡改、伪造监测数据偷排的行为纳入刑事责任范畴，明确规定“重金属”的范围、“三吨”危险废物的认定，清晰行政证据移送运用于刑事领域的标准。在条件成熟之时，给予目前规范体系以更高的法律位阶效力，确保各地能够有力落实。

②加大执法、司法力度，确保地方实践到位。明确取证责任和移送证据标准，提升环保部门的执法取证能力，规定公安部门主导、环保部门予以专业配合的责任分配机制。信息共享平台建设领域，将“两法衔接”的所有参与部门纳入其中，明确信息录入的定期、保质要求，并将信息共享平台与执法系统、司法系统互联。

5. 推进环境公益诉讼实践

①扩大环境公益诉讼主体。通过修法赋予个人以提起环境民事公益诉讼、社会组织及个人提起环境行政公益诉讼的主体资格，充分发挥社会组织及个人在环境公益诉讼中的主力作用。

②加强社会组织提起环境诉讼能力建设。正确树立公益诉讼的舆论导向，引导政府、企业、社会组织与公众之间形成良性互动关系；大力宣传有关法律精神，提升环保社会组织的诉讼意愿和信念；加强环境法律专业知识和技能培训，鼓励法律机构对环保社会组织进行环境法律实务和诉讼技能的培训；设立环境公益诉讼专项资金，尽可能

缓解环保社会组织的后顾之忧。

③明确检察机关在环境公益诉讼中的不同角色定位。在环境民事公益诉讼中，检察机关应当作为“行政执法活动的辅助者”，让环保部门在已形成的执法效果和专业判断的基础上，向检察机关申请提起民事公益诉讼。在环境行政公益诉讼中，检察机关应当在前置通知程序基础上，加强对环境行政立法及执法不作为的监督。

6. 深化环境司法体制改革

①建立符合环境司法需求的审判体制。建立专门化的诉讼机制、程序，按照环境纠纷的特性进行统一管辖和审判。最高人民法院定期发布环境指导性案例，为各地提供审判参考及指导。加快推进流域、跨区域的环境审判体制的建立，以排除地方利益、地方保护对环境司法的干扰。

②完善环境案件审理规则。明确环境案件的特殊性所指代的内容，为环境司法统一规定制定相应的规范性文件。加快制定矿产资源利用、生态破坏等案件的司法规则，为此类案件的审判提供司法依据。

③增强环境审判的专业力量。加大环保法庭的法官培训力度，增强其在环境科学、环境法律等方面的专业知识素养，建立起能够充分应对环境专门化审判的法官队伍。建立环境专家人民陪审团队伍，为环境纠纷案件中专业性问题的妥善解决提供建议。

④提升公众通过环境诉讼维权的意识。在改革审判机制、完善审判规则及增强审判力量的基础上，不断加强环境法治选取，鼓励公众扭转惯性观念，运用法律，通过诉讼维护自身合法的环境权益。

六、促进绿色发展的配套政策

在十八届五中全会中提出的“创新、协调、绿色、开放、共享”五大发展理念中，绿色发展是将生态文明建设融入经济、政治、文化和社会的各方面的改革中。绿色发展鼓励应用清洁能源，发展循环低碳经济，推广节能环保技术，支持绿色产业的国家重大战略。实现绿色发展，需要一系列配套政策来提升公众环境保护意识和政府环境监管执行力。科学的政策体系不仅包括影响资本市场的金融政策、投资政策，以及有关宏观经济结构调整的财税政策、产业政策，还有包括体现国家资源战略的土地政策和科技政策。全面的政策措施为绿色发展提供了有力的执行保障和积极的效果反馈评价。

（一）促进绿色发展的财税政策

推进政府绿色采购，完善采购标准和采购清单，引导社会资本对绿色发展产业的关注，促进新技术的研发与环境保护的生产方式的转变。修订环境标志产品及节能产品的政府采购清单，增强政府绿色采购的科学性和市场示范性，推广环保产品的使用。加速建立执行绿色采购的制度框架，确保以节能环保产品政府采购清单为基础的强制采购和优先采购制度，扩大绿色采购产品的覆盖内容，加大对工程和服务类项目的采购，强化绿色采购的执行效果。

促进税制的绿色改革，实现对绿色产业的扶持和对非绿色产业的约束，更好地推行绿色生产方式和产业模式的转变。建立环境保护税及资源税制度，加大对高能耗、高污染等行业的管制与规范，推进我国生态文明制度和环境保护国家治理体系的建设。发挥资源税政策调节作用，提升生态环境和资源的集约利用水平，保护自然生态环境，更好地实现资源税对人与资源协调关系的约束。改革税制，转变环境保护制度的市场机制，加快财税、价格和金融等政策措施在环境保护领域的有效实施，促进经济发展模式向绿色发展模式的转变。加强税收与资源价格的自动调节机制和税收弹性，加大对污染产业及产品的消费税力度，限制资源过度开发和不合理的使用需求，促进资源高效利用，引导企业提高生产资源的集约利用水平。

建立生态补偿制度，落实生态补偿责任，对资源节约、保护环境的活动进行经济补偿，对资源破坏、环境损害的行为进行处罚。坚持"谁受益谁补偿"的原则，监督生态补偿的责任落实，提高在生态保护补偿资金征收、分配、监测、评估、交易等方面的可操作性。初步建立与经济社会发展水平相适应的多元补偿机制，促进绿色生产方式和生活方式的转变，增强生态保护补偿试点示范作用，统筹各类补偿资金，探索综合性补偿办法，实现横向生态保护补偿的监督和纵向生态补偿责任的落实。

（二）促进绿色发展的金融政策

推广绿色信贷模式，严控绿色信贷准入门槛，完善绿色信贷的风险防范机制和统计制度，关注绿色信贷实施情况监测评价。增加环保项目投资，推动银行业等金融机构以绿色信贷为抓手，积极调整信贷结构，更好地服务实体经济，促进经济发展方式转变和经济结构调整。鼓励银行业加快绿色评价机制的建设，设计合理的绿色指标，完成科学的绿色评估和相关的压力测试。扩大绿色信贷参与机构的范围，重视绿色信贷资产证券化的发展，规范绿色资产的筛选，提升绿色信贷市场的流动性和安全性。建立绿色项目或环保企业相关绿色风险的评估防范体系，鼓励商业银行积极落实绿色信贷政策；引导商业银行建立完善绿色信贷审核机制：通过再贷款、财政贴息、担保等机制来支持绿色项目，充分发挥绿色融资在环境保护方面的激励和约束作用。引导各金融机构加大通过信贷方式对绿色产业、节能环保等领域的支持力度，大大降低对高耗能高污染行业、环境违法企业的资金支持。

支持在绿色项目的投融资中，引导社会资本设立绿色发展基金，提供放宽机构投资者准入、完善公平税收政策、支持长期投资等优惠的投资条件，增强绿色产业改革动力。规范绿色投资市场的收益和风险共担机制，逐步提高绿色产业的市场化水平。提高投资机构的绿色项目参与度，鼓励民间资本发起设立投资于生态环保、基础设施、区域开发、战略性新兴产业等领域的绿色发展基金。落实国家绿色发展战略及政策，按照绿色基金模式对绿色项目投资进行管理，支持绿色发展项目的建设。创新绿色基金的作用机制，撬动更多的社会资本，保障绿色产业的稳定增长。

推动银行间绿色金融债券市场的建设，助力绿色产业的升级，发现并把握绿色发展的机遇。明确绿色债券的界定标准、信息披露和监督安排等，支持绿色基础设施项目的建设，如地铁、轻轨、智能交通系统、城市清洁能源等。明确绿色债券投资的范围、方式，发挥绿色债券对绿色发展的资金支持作用，如气候变化、低碳节能等环保产业等，实现绿色债券对绿色产业的价值发现。鼓励绿色企业债券市场的建设，支持开发绿色债券指数，发展绿色股票指数与相关绿色金融衍生产品，创新用能权、用水权、排污权、碳排放权各类环境权益的融资工具，建立证券市场对于上市公司和发债企业的环境信息披露制度，完善绿色债券的交易模式。通过推动绿色债券市场的完善和交易机制的发展，鼓励机构投资者投资于绿色金融产品，为绿色产业的融资模式提供更多选择。支持地方和市场机构为绿色债券的发行提供担保和增信机制，完善对绿色风险的第三方评估和评级的标准，鼓励绿色债券投资者关注发行人的绿色评估报告和有关绿色信用记录。支持国内金融机构和企业在境外发行绿色债券，开放双边的绿色债券市场，引导国际资金投资我国的绿色债券，加强与国际市场的合作与交流，提升整体的绿色证券交易水平。

应用绿色保险产品，细化各种环境风险，引导环境风险大的企业参与环境责任险，管理环保企业面临的环境风险，加快推动并制订环境污染强制责任保险的法律法规。完善环境风险的审查、环境损害的鉴定及评估，保障污染受害者的权益，提供及时的理赔服务，降低对环境的损害程度。运用绿色保险模式，保障企业的生产权益与经营状况。推动保险机构针对绿色保险市场提供更多种类、更多模式的保险产品，例如环境污染责任保险等方式。通过与企业分担可能出现的环境风险，鼓励保险机构发挥风险防范的功能，完成对环境资源风险承受能力的判断和定价，从而形成预警灾害事件的反馈机制，保障企业绿色发展的风险抵抗能力和持续性。支持保险机构创新绿色保险的模式，助力建立国家绿色金融风险管理及调控机制，积极利用互联网等信息技术，对环境责任企业进行实时风险监测与风险评估，保障绿色产业的可持续发展。

在资本市场上建立统一的、可比较的、与国际水平接轨的绿色金融准则，如绿色债券准则、绿色保险风险控制标准等，增强中国国内绿色金融市场与国际市场的联系，加快国内绿色金融产品的国际认证，提升绿色投资的国际竞争力。推进全国碳排放权交易市场和具有国际影响力的碳定价中心的建设，发展以碳排放权和碳定价为基础的各种碳金融产品及衍生工具。防范资本市场的环境风险，鼓励和转移更多资金流向绿色产业的投资领域。推荐资本市场上各类金融产品对绿色项目投资的标准的设定，严格把控资本市场上绿色投资项目的认定，防止部分融资企业以不真实的绿色项目包装获得绿色认证和投资。加强对绿色金融资本市场的监管，抑制污染性投资，为绿色可持续的经济增长提供资本的支持。加快国内资本市场的绿色金融制度与国际市场接轨，支持中国资本走出去，也鼓励国际投资关注国内的环保产业，保障国内绿色产业投资的资本活力。

（三）促进绿色发展的投资政策

增加绿色产业的政府支持力度，聚焦节能环保行业，加大对绿色产业及关键技术的政府投资支持，形成发现并转化绿色科技成果的经济转型策略。采用直接投资或者资金补助、贷款贴息等方式加大对节能环保项目及绿色产业项目的支持力度，增强公共产品和服务供给能力，推广 PPP 模式以提高供给效率。推动完善绿色项目 PPP 相关法规规章，鼓励各地在总结现有 PPP 项目经验的基础上，出台更加具有操作性的实施细则。开放相关地区绿色项目的建设入口，从项目筛选到对资金使用效果评估，推动建设绿色投资机制，完善对绿色项目资金使用情况的监管，从而增强绿色项目的环保效益，提升区域的绿色发展价值。推进国家相关绿色发展战略的执行，优化政府的资金支持模式按照市场化方式进行投资管理和风险控制。推动在全国范围内组织建立环保 PPP 中央项目储备库，并向社会推介优质项目，落实中央财政专项资金、国家专项建设基金等中央拨付的各类环保资金优先支持环境保护 PPP 项目的实施。

动员和激励更多社会资本支持绿色产业，同时实现有效地抑制污染性投资。通过政府引导带动更多的社会资本进入绿色产业的投资领域，推进政府和社会资本的合作，满足多元化、多层次的投融资需求，促进投资主体多元化、开发绿色项目的市场潜力。通过特许经营、购买服务、股权合作等方式，实现政府与社会资本在绿色投资方面建立的利益共享、风险分担及长期合作关系。

吸引更多具有绿色技术和实现绿色产业模式的外资企业“落户”，限制具有污染性和较大环境风险的外资企业的进入。支持和鼓励外资进入绿色产业和绿色技术的相关投资中，积极引导外资参与中国的绿色投资市场，并在资源引入、平台推广、平台能力建设上进行合作促进绿色发展的科教政策，增强中国环保产品的市场竞争力。为绿色产业的服务和支持的外资提供更多的绿色通道，促进形成良好的、积极的外资，关注中国绿色产业投资的合作环境。

（四）促进绿色发展的科教政策

加大对绿色科技研发的支持力度，加强核心节能环保技术的推广，构建支持绿色制造产业发展的技术体系。简化绿色科技项目的审批程序，优先绿色项目的申报，为绿色产业的发展提供有力的科技研究基础。强化对绿色科技知识产权的保护，引导市场主体关注绿色专利技术的应用。提高绿色科技转化为绿色产品的效率，重视绿色科技成果的应用，支持绿色产业的升级与转型，实现绿色创新的可持续性效益。鼓励传统产业应用绿色技术，逐步形成清洁生产方式和可持续发展的商业模式，增强绿色产品的市场供给能力。

鼓励学术机构加强对绿色发展的研究力度，支持高校开设绿色产业和绿色技术的相关课程，提供绿色产业研究的培训交流机会。积极支持大气污染防治、土壤污染防治、生态治理、废物资源化、化学品风险控制、核与辐射安全等领域科学研究，突破关键的环境监测和环保治理技术。提供更多参与绿色研究、环保公益活动和绿色产业发展会议等学习机会，加强绿色理念的推广和普及，加强环保节能理念的社会宣传，加深公众对绿色发展的理解，形成社会对绿色发展的关注和认可。

加大对绿色人才的支持力度，鼓励参与绿色发展的学习、研究和深造活动，关注绿色人才的科技成果，引领绿色产业的发展方向。激励优秀人才投身绿色产业改革的建设，保障绿色发展的人才储备，提供绿色发展的研究潜力，促进绿色产业的技术创新。提供企业与科研机构共同合作开发绿色技术和发展绿色产业的模式，增加对绿色科技的经费投入，奖励在绿色发展领域中做出重大贡献的研究人员。

（五）促进绿色发展的产业政策

全面推进绿色产业发展，完善绿色产业生态，将绿色发展理念以市场为平台，深化对生产者和消费者的影响。从产品链、物流链、资金链等多路径发挥出绿色产业的活力，鼓励企业在绿色发展中提升主体能力，形成以绿色产业链为核心的竞争力。加强对环保绿色产业链的研究投入，突破技术瓶颈，推动绿色产业创新发展，增强市场竞争力。应用节能环保技术，加速产业结构调整，降低生态环境损耗量。加大对绿色技术开发的支持力度，加速绿色技术转化为绿色产品的效率，鼓励更多企业参与绿色转型。发挥市场在产业资源配置当中的决定性作用，淘汰目前已有的落后产能生产方式。降低生产过程中的碳排放量，减少对化石能源的使用，优化能源结构，支持节能减排技术改造，推广清洁能源的高效利用及新能源的开发。关注绿色产业和节能产品项目，支持政府和企业的绿色采购，优化、夯实绿色发展的基础。

加速高能耗、高污染行业的绿色转型，推进煤炭行业、钢铁行业等的供给侧改革。加大对绿色产业中新能源、新材料、信息工业等支持力度，在技术升级和产业融合方面做出积极引导，发展绿色工业和绿色制造业。通过产品结构调整，提高高能耗产业的集中度，推广可持续发展和循环经济理念，鼓励企业建立绿色生产的战略调整。建设低碳城镇，推动城镇化进程中工业、建筑、交通和公共服务领域的节能。开发和应用低碳绿色能源，倡导和实施以公共交通为主的绿色交通模式，确立并规范绿色建筑的建设方案，发展前景广的绿色低碳产业的发展。

确立行业绿色发展技术标准，促进节能减排降耗、资源综合利用等绿色技术的应用。提高各类企业的排放标准，支持使用清洁能源与绿色生产技术，从决策源头上遵循可持续发展原则。建立能源资源综合利用的相关标准和规范，关注企业的能耗和污染物的排放水平，考核其最终排放和能源利用。对生态环境影响巨大的污染指标实行强制性标准。加强大气、水和土地污染防治技术的应用，规范污染监测和环境风险评估的程序，加大对重点整治行业和企业的监督。健全绿色标识制度，推动中国绿色技术标准的国际化，推动绿色标识和能效标准的程序法律化，对获得绿色标识企业在财政和金融方面提供便利和支持。

（六）促进绿色发展的土地政策

严格土地的整体规划与全面管理，在绿色改革的进程中坚守土地资源开发的生态红线，积极推动区域国土综合整治，重构农用地、建设用地和生态用地的整体格局，促进土地资源的高效利用。优化开发区土地利用政策，加强开发区公共配套服务及基础设施的建设，提高生产性服务业用地比例。贯彻中央关于空间规划体系的改革思路，推进《全国土地利用总体规划纲要调整方案》的实施，加强各地政府对《土地利用年度计划管理办法》的落实，关注区域协同发展的土地总体规划，保障土地资源的可持续与科学的开发利用。

完善耕地保护政策在地方执行的平衡制度，强调对基本农田的全面划定与特殊保护，加快落实《土壤污染防治行动计划》等文件对耕地的生态保护政策。提倡土地的节约集约利用，从用地标准、规划管控、计划安排与土地供应方面构建人地挂钩机制的实施框架，从开发强度、人均用地指标与土地综合效益等方面加强土地集约利用评价。严格控制用地用量，采用多种方式释放存量用地资源。

推进单位GDP地耗下降目标的实施，鼓励城镇对低效用地的再开发，并采取灵活科学的处置与开发模式，提倡土地使用权人合作开发并合理分配土地收益。通过土地流转发挥土地的产业发展活力。发挥绿色产业投资的支持优势，引导土地经营权有序流转，加快培育新型农业经营主体，建立健全生态农业的生产服务体系，鼓励更多社会主体参与绿色产业的经营。加快节地技术的推广与用地标准的完善，建立并实施土地的不动产登记制度，细化不动产统一登记标准并推进不动产信息化管理的进程。创新用地需求，发展生态农业、生态旅游业等多样性的土地利用模式，促进传统行业的绿色改革，支持产业和经济社会发展的用地政策。

发挥国土资源对城乡建设用地增减挂钩及扶贫开发等的支持作用，拓展贫困地区增减挂钩结余指标的使用范围，维护并保障农民的合法权益。统筹推进农村土地制度改革，对农村集体经营性建设用地的土地增值收益及使用权抵押进行规范管理，逐步落实土地三权分置的改革目标，改善土地的使用结构，优化城乡土地空间布局和结构，提升土地的生态功能与效益。

（七）促进绿色发展的贸易政策

推进以服务贸易为重点的贸易结构转型，积极推动服务业市场双向开放，加快国内自贸区建设并推动“一带一路”经济带对全球化贸易合作的促进作用，鼓励环保企业境外工程承包与劳务的输出。促进国际产能合作与基础设施建设的绿色化，推动可持续生产与消费，加大对绿色贸易的支持力度，增强绿色资金的融通能力。

优化绿色贸易的产能布局，防范生态环境风险，加强对外投资的环境管理等绿色贸易协定的相关内容。积极参与国际绿色贸易规则的制定，加强环境技术合作，促进环境产品的贸易自由化。

建立绿色贸易管理制度体系，健全绿色投资风险管理机制，鼓励紧缺性资源类产品进口，限制能源产品、低附加值产品等资源出口，加强节能环保国际合作。增强对企业对外投资的环境监管，重视引进先进环保节能技术，大力开展绿色贸易技术的交流与合作。推动绿色产业发展，鼓励企业研发生产出口绿色产品，鼓励出口企业在产品、原材料及能源的选择等方面也严格按照国际标准化组织生产，形成绿色竞争力。建立绿色供应链的合作体系，发挥供给方与采购方的双方力量，实现环境绩效的改善。

积极推进全球经济治理变革，为绿色发展争取有利的外部环境和条件，重视国际环境治理需求与绿色贸易的投资需求，推动共建共享绿色贸易的战略实施，制定绿色贸易路线图与行动计划，并积极与“一带一路”沿线国家开展贸易投资联合研究，探索国家间贸易协定中的环境规则范式，降低环境产品关税与非关税壁垒。

加强多方沟通对话，支持更多国家参与全球经济治理机制，共同承担起保护环境、致力于绿色发展的历史使命，发挥绿色贸易在新兴经济体共建全球性、区域性经济治理机制中的重要作用。打造开发包容的全球化经济合作框架，推动建设多边合作的绿色贸易体系，形成减轻环境压力、促进经济转型与可持续发展的全球贸易新格局。

执笔人：高世楫、李佐军、陈健鹏、王海芹、李维明、魏云

专题报告一

绿色发展的理论分析框架

一、绿色发展的含义与特征

（一）绿色发展的含义

1. 绿色发展的基本内涵

自从党的十八大提出“建设美丽中国”以来，习近平总书记在多个场合对绿色发展理念做了一系列论述。习近平总书记曾指出：“我们既要绿水青山，也要金山银山。宁要绿水青山，不要金山银山，而且绿水青山就是金山银山。”中共十八届五中全会报告指出：“坚持绿色发展，必须坚持节约资源和保护环境的基本国策，坚持可持续发展，坚定走生产发展、生活富裕、生态良好的文明发展道路，加快建设资源节约型、环境友好型社会，形成人与自然和谐发展现代化建设新格局，推进美丽中国建设，为全球生态安全做出新贡献。”

从字面上看，绿色发展至少包括两层含义：一是绿色，二是发展。绿色发展是既要“绿色”，即合理使用资源、保护生态环境，又要“发展”，即实现经济增长、社会进步和可持续发展。“绿色”与“发展”这两个方面缺一不可。真正落实绿色发展，就是要“绿色”和“发展”

两手抓，只有“绿色”没有“发展”，或者只有“发展”而没有“绿色”，都不是“绿色发展”。绿色发展的核心含义与习近平总书记多次强调的“两山”理论完全一致，“绿色发展”就是既要“绿水青山”，又要“金山银山”。

2. 绿色发展的本质

刘奇葆同志在《新发展理念蕴含的理论特质和品格》的署名文章中曾指出：“树立问题意识，坚持问题导向，以解决经济社会发展关键领域存在的问题为突破口，是新发展理念的一大特色。”其中，“绿色注重人与自然和谐问题，依靠绿色发展保护环境，实现永续发展”。由此可见，绿色发展所要解决的核心问题，正是中国发展模式的转换，并通过发展模式的转换实现中华民族的可持续发展、永续发展。

因此，绿色发展的本质是发展模式由粗放发展向集约发展、低碳发展的转换。20 世纪 90 年代以前的经济社会发展较少考虑资源和环境的约束，此后则开始将资源环境作为社会经济发展的约束条件，将实现经济、社会和环境的协调可持续发展作为人类发展的目标，并将经济活动过程和结果的“绿色化”“生态化”作为经济社会发展的重要目的。

3. 绿色发展的基本要求

绿色发展有以下基本要求：一是整体性，即要实现发展模式或发展方式的整体转型，而不是局部的修修补补。二是和谐性，即要在时间层次上，实现人类代际公平，实现当前发展与远期发展的和谐；在空间层次上，实现国家发展与区域发展的协调，实现生态系统内部的和谐。三是可持续性，即强调低消耗、低污染、低排放，实现可持续发展、永续发展。四是时代性，即绿色发展代表人类文明的一个新时代，标志着社会发展进入一个新阶段。五是高效性，即绿色发展不是按照生态原教旨主义的要求回到原始自然状态，而是要代表生产力的前进方向。

（二）绿色发展的基本特征

作为一种新的发展模式，绿色发展的主要特征表现为“三低”和“三高”，即低消耗、低排放、低污染和高效率、高效益、高循环的有机统一。“三低”与“三高”共同体现绿色发展，既体现了绿色又涵盖了发展。

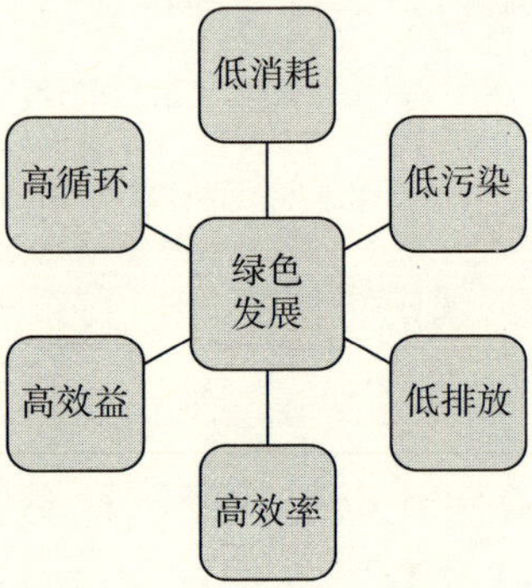

图1-1 绿色发展的基本特征

①低消耗：是指生产单位产品所耗费的资源、能源较少。绿色发展要求在生产和生活中尽可能降低土地、水、矿产等资源和能源的消耗，特别是降低对石化能源等不可再生能源的消耗。绿色发展就是要在各种资源有限的情况下实现可持续发展。

②低污染：是指尽量减少生产和生活过程中大气、水、土壤等环境污染的排放，以尽可能少的环境污染实现经济社会的可持续发展。绿色发展要求降低各种污染物的排放，达到人类生产生活的低污染，实现可持续发展。

③低排放：是指在经济社会发展过程中尽可能降低二氧化碳等的排放。绿色发展的重要目标之一就是要解决全球气候变暖、生态环境

恶化等问题。

④高效率：是指以较少的投入获得更多的产出，提高生产要素投入效率和资源配置效率。绿色发展一方面要实现各种生产要素在某一行业生产过程中的高效配置；另一方面要实现生产要素在不同区域、不同行业之间的高效配置。

⑤高效益：是指高效率的价值表现。高效率不一定等于高效益，因为高效益考虑了成本与产出的价格因素，是用价值量衡量经济社会活动的效果。绿色发展就是要以较少的价值投入实现较高的综合收益。

⑥高循环：是指以资源的高效利用和循环利用为目标，通过减量化、再利用、资源化（即“3R”）等手段，使经济系统和自然生态系统的物质实现循环，维护自然生态平衡，实现可持续发展。绿色发展要求按照循环经济发展方式，对资源及其废弃物实行综合利用，把经济活动组成一个“资源—产品—再生资源”的反馈式流程。

（三）绿色发展与相关概念的辨析

绿色发展与可持续发展、低碳发展、循环发展、生态文明建设、绿色经济、美丽中国等概念密切相关。这些概念内容存在交叉重叠，目的都是为了可持续发展，但它们也各有特点和侧重点。

绿色发展与可持续发展：1987 年，挪威首相布伦特兰夫人在她任主席的联合国世界环境与发展委员会报告《我们共同的未来》中，把可持续发展定义为“既满足当代人的需要，又不对后代人满足其需要的能力构成危害的发展”。这一定义在 1992 年联合国环境与发展大会上取得共识。可见，可持续发展强调上一代人的发展要不以下一代人的资源和环境损失为代价。而绿色发展则强调生态环境与经济发展的统一。

绿色发展与低碳发展：低碳发展主要是针对全球气候变暖问题，强调从优化能源结构、优化产业结构等入手，高效率地减少二氧化碳等温室气体的排放，以形成新的发展模式。而绿色发展的外延较低碳发展更宽，包含低碳发展而不限于低碳发展，包括绿色经济、绿色生态、绿色环境、绿色空间、绿色社会、绿色制度等内容。

绿色发展与循环发展：循环发展侧重强调资源的循环高效利用，其主要途径是减量化、再利用、资源化。绿色发展含义更丰富，与循环发展有交叉，高循环是绿色发展的基本特征之一，循环发展是实现绿色发展的手段之一。

绿色发展与生态文明建设：生态文明建设有广义和狭义之分。从广义角度来看，生态文明是人类社会继原始文明、农业文明、工业文明后的新型文明形态，是人类取得的物质、精神、制度成果的总和。从狭义角度来看，生态文明是与物质文明、政治文明和精神文明相并列的文明形式之一，强调人类在处理与自然关系时所达到的文明程度。生态文明建设强调经济系统与生态系统的协调，强调形成新的文明形态。而绿色发展的含义没有生态文明建设那么宽广，强调形成新的发展模式。

绿色发展与绿色经济：“绿色经济”一词由皮尔斯在1989年首先提出，在其发表的《绿色经济蓝皮书》中，将其定义为“一种能够实现可持续发展的经济形式”。绿色经济是绿色发展的内容之一，强调绿色产业的发展。而发展绿色经济则强调绿色产业、绿色能源、绿色空间、绿色环境、绿色社会的综合发展。

绿色发展与美丽中国：党的十八大报告提出，要把生态文明建设放在突出地位，融入经济建设、政治建设、文化建设、社会建设的各方面和全过程，努力建设美丽中国。“美丽中国”的核心含义就是“天要蓝起来，山要绿起来，水要净起来”。美丽中国强调绿色发展的外在形态和目标。而绿色发展可以说是建设美丽中国的基本途径。

表1-1　绿色发展与相关概念的比较

概念	核心含义
绿色发展	发展模式的转换
可持续发展	上一代与下一代人之间的公平和永续发展
低碳发展	减少碳排放
循环发展	资源的减量化、再利用和资源化（3R）
生态文明建设	文明发展的新阶段
绿色经济	绿色发展的经济形态
美丽中国	生态文明建设的形象和目标

二、绿色发展的理论研究概述

（一）国外绿色发展理论研究概述

国外理论界并未明确提出“绿色发展”这一概念，通常使用“可持续发展”“绿色经济”“绿色增长”“低碳经济”等概念。这些概念之间的边界较模糊，在使用上常常没有做太严格的区分。

伴随着工业化的快速推进，环境污染越来越成为先行工业化国家的困扰。于是，一些西方学者开始对环境污染产生的原因、解决途径等进行研究。1962年，美国生态作家蕾切尔·卡逊出版了《寂静的春天里》，引发了世人对生态环境问题的关注。1972年，罗马俱乐部发表了《增长的极限》，首次提出“持续增长”和“均衡发展”理念，认为“盲目的经济快速增长，将导致人类达到危机水平”[①]。在联合国人类环境会议、世界环境与发展委员会（WCED）、世界高峰会议等组织的持续努力下，可持续发展理念逐步形成国际共识。Jacobs

① 德内拉·梅多斯、乔根·兰德斯、丹尼斯·梅多斯，李宝恒译：《增长的极限——罗马俱乐部关于人类困境的报告》，四川人民出版社1983年版。

（1991）[①]通过对环境经济政策的研究，讨论了如何借助“绿色经济”来消除市场的外部性和治理环境等问题。Reardon（2007）[②]从资源的角度出发，进一步将“绿色经济”定义为“资源、生态限制内最大化人类幸福”。2003年，英国政府在能源白皮书《我们能源的未来：创建低碳经济》中，提出了“低碳经济”的概念。2005年，联合国亚太经社会（UNESCAP）第五届亚太环境与发展问题会议提出“绿色增长”的概念[③]。2012年，在“里约＋20”峰会上，全球各国进一步形成了绿色发展的共识。联合国可持续发展大会更是将“发展绿色经济”作为2012年的主题，旗帜鲜明地指出了全球经济的发展新方向，号召全球经济向绿色经济模式转型。

制度如何影响发展一直是国外绿色发展理论研究的重要内容。制度经济学派的研究从一开始就包含绿色发展的内涵。早期制度学派认为，国民生产总值（GNP）作为经济价值，只是社会价值中的一种而不是全部；除此以外，社会价值还应该包括社会平等、生态平衡、人们对闲暇时间的追求等。国外学者虽然没有明确提出绿色发展的概念，但就制度创新对可持续发展、绿色经济、生态环境保护等的影响进行了深入研究。雅格布斯、波斯特尔等人（Jacobs & Postel，etal 1990）在阐释绿色经济时提出，应当再加入一项社会组织资本，社会组织资本包括社区、商业团体、工会以及国家的法律、政治组织，乃至国际的环保条约等。Janicke（2010）认为，政策发挥作用需要经过宣传倡导、目标设定、决策、执行、结果等五个阶段，政策、创新与市场相互促

① Michael Jacobs .The Green Economy: Environment,Sustainable Development and the Politics of the Future.Pluto Press, Massachusetts, 1991.

② Jack Reardon. Comments on ‘Green economics: Setting the Scene. Aims, Context, and Philosophical Underpinnings of the Distinctive New Solutions Offered By Green Economics. Green Economics, 2007,（3）:103-107.

③ UNESCAP. State of the Environment in Asia and the Pacific 2005. United Nations publication,2006.

进，互为正反馈机制，最终促进绿色产业政策更加完善。Kamp（2005）[1]认为在创新、环境保护之间存在持续的相互影响，创新政策可以通过对环境技术研发的支持来促进环境保护。

（二）国内绿色发展研究概述

近几年，随着资源、环境、生态问题的日益突出，国内对生态环境保护、绿色发展的研究也进入到一个新的阶段，一批绿色发展的研究成果相继推出。刘世锦、张永生（2015）[2]就贫困地区绿色资源转化的体制壁垒，提出了一系列政策建议，特别强调要进行绿色发展综合改革试点。胡鞍钢、周绍杰（2014）[3]从公共政策的角度提出，中国实施绿色发展战略应科学制定绿色规划、积极强化绿色投入、突出绿色政绩考核。李晓西等（2014）[4]借鉴人类发展指数，在社会经济可持续发展和生态资源环境可持续发展两大维度同等重要的基础上，构建了“人类绿色发展指数”，从测算结果看，在123个国家中，中国HGDI排名第86位，处于浅绿色发展水平阶段，因而中国绿色发展任重而道远。诸大建（2006）[5]也指出中国的发展特别需要绿色创新或生态导向的创新，发展循环经济、倡导绿色生活、构建绿色政府，可以分别促进绿色导向的经济创新、社会创新、体制创新。吕薇（2015）[6]

---

① ASHEIM,B. T. & GERTLER,M. S. The geography of innovation:Regional innovation systems. //J. FAGERBERG, D.C.MOWERY,& R.R. NELSON（Eds.）. The Oxford Handbook of Innovation. New York: Oxford University Press,2005: 291~317.

② 刘世锦、张永生：“贫困地区利用后发优势加快绿色发展的思考”，《新重庆》，2015年第8期，第3~4页。

③ 胡鞍钢、周绍杰：“绿色发展:功能界定、机制分析与发展战略”，《中国人口：资源与环境》，2014年第1期，第14~20页。

④ 李晓西、刘一萌、宋涛：“人类绿色发展指数的测算”，《中国社会科学》，2014年第6期，第69~95页。

⑤ 诸大建：“中国发展需要绿色创新”，《沪港经济》，2008年第4期，第23页。

⑥ 吕薇：“制度创新与绿色发展”，《绿叶》，2015年第12期，第6~14页。

认为实现绿色发展的关键是营造有效的体制机制和政策环境，转变传统的环境保护模式，通过法律、行政、经济、社会治理的手段与科学技术相结合，实行发展与环境预防、保护、治理相结合，监管与激励相结合、短期措施与长效机制相结合，促进个体效益与整体效益相一致，推动绿色发展。李佐军（2016）[①] 指出制度在绿色发展中具有特殊重要的地位和作用；减少资源消耗和环境污染排放要靠制度，提高全要素生产率也要靠制度；在提高全要素生产率的“三大发动机”中，制度变革是根源性发动机。王金南等（2005）[②] 以万元 GDP 能源消耗、水资源消耗、COD 排放、SO_2 排放 4 个指标为基础，建立体现经济与环境协调发展的绿色距离和绿色贡献 2 个综合性指标，以生态省和生态市相应指标为标准，分析了我国大陆地区各省份对应 4 个指标的绿色距离和绿色贡献状况。吴玉萍、董锁成（2001）[③] 认为生态环境资源稀缺性问题的根源在于生态环境资源配置制度低效。陈银娥、高思（2010）[④] 提出绿色经济的本质特征决定绿色经济应有自己的运行机制和资源配置方式，其发展离不开制度的保障。李忠（2012）[⑤] 在指出我国绿色发展创新能力不足的基础上，提出了倡导绿色发展理念、编制绿色经济发展规划、成立绿色经济发展领导小组、完善绿色经济法律标准体系、加快资源环境税费改革、实施国家绿色科技发展计划、

---

① 李佐军：“十三五，我国绿色发展的途径与制度保障”，《环境保护》，2016年第6期，第10~23页。

② 王金南、李勇、曹东：“关于地区绿色距离和绿色贡献的变迁分析”，《中国人口·资源与环境》，2005年第6期，第3~7页。

③ 吴玉萍、董锁成：“实施可持续发展战略的制度创新——构建绿色经济制度”，《世界环境》，2000。

④ 陈银娥、高思：“中国绿色经济发展的制度构建”，《综合竞争力》，2010。

⑤ 李忠：“促进我国绿色经济发展的对策建议”，《宏观经济管理》，2012年第6期，第36~38页。

开展绿色经济发展示范试点等对策建议。曹东等（2012）[①]提出实施“差异化”区域绿色发展战略，建立分区域的绿色发展监测和评估体系、创建绿色服务业体系、推行绿色消费模式等。聂爱云和何小钢（2012）[②]研究发现，设计科学合理的环境规制与创新政策组合，引导和激发企业进行绿色技术创新与扩散，是绿色发展转型能否成功的关键；市场导向型规制提供给企业更多创新空间，比命令控制型规制诱发更多绿色创新；同时，不同类型规制政策在灵活性、稳定性以及严格程度上表现不同，将影响政策对绿色创新诱发的概率。刘纪远等（2013）[③]指出应该加强制度创新以引导长期绿色发展。张梅（2013）[④]指出，面对绿色经济全球大趋势带来的机遇与挑战，中国亟须从发展战略、对外贸易、对外投资等方面进行调整，未雨绸缪，提前布局，力争实现绿色经济的后发优势。

（三）简要评述

总体来看，绿色发展近些年才开始引起广泛关注，已取得了明显的成效，但也还存在一些薄弱环节：如对绿色发展基本含义的认识还较模糊，大部分研究没有对绿色发展的内涵和外延进行明确界定，没有区分绿色发展与低碳发展、循环发展、生态文明建设等概念。同时，尚未建立起逻辑自洽的绿色发展理论框架体系，特别是未能揭示制度影响绿色发展的机理。虽然有的研究指出了制度是影响绿色发展的关

---

① 曹东、赵学涛、杨威杉：“中国绿色经济发展和机制政策创新研究”，《中国人口·资源与环境》，2012年第5期，第48~54页。

② 聂爱云、何小钢：“企业绿色技术创新:环境规制与政策组合”，《改革》，2012年第4期，第102~107页。

③ 刘纪远、邓祥征、刘卫东、李海英、RobynKRUK、Derek THOMPSON、Pei shen WANG、Xuemei BAI：“中国西部绿色发展概念框架”.《中国人口·资源与环境》，2013年第10期，第6页。

④ 张梅：“绿色发展:全球态势与中国的出路”，《国际问题研究》，2013年第5期，第93~102页.

键因素，但对制度是如何影响绿色发展尚缺乏深入的研究。

三、绿色发展的理论分析框架

（一）绿色发展的基本分析框架

为了理清绿色发展的思路和对策，必须建立一个清晰的逻辑分析框架。绿色发展的核心是提高资源环境生产率，即单位资源环境生态消耗（或投入）的生产率。资源环境生产率高度概括了绿色发展的核心内容，可作为绿色发展的基本分析框架。下述公式中的分母对应着绿色，分子对应着发展，绿色发展是既要绿色又要发展，即既要减少分母值，也要增加分子值。

资源环境生产率公式可以用文字表述如下：

资源环境生产率=（国内或地区生产总值+生态系统生产总值）/资源环境生态消耗（或投入）

在此公式中，还可在分子和分母外增加一个同时影响分子和分母的制度系数，制度系数中的制度主要是指生态文明制度体系。但为了简便起见，不在公式中显现。

资源环境生产率公式中的资源环境生产率可用 PREE 表示。

资源环境生产率公式中的国内/地区生产总值可用GDP或Y表示：

$$Y=Af(K,L)$$

其中，A 为全要素生产率系数，K、L 分别为资本投入和劳动投入，Y 为 GDP 产出。

资源环境生产率公式中的生态系统生产总值（Gross Ecosystem Product）可用 GEP 来表示。它是指生态系统为人类福祉提供的产品和服务的经济价值总量。依此可建立一套与国内/地区生产总值（GDP）

相对应的、能够衡量生态水平的统计与核算体系[①]。

资源环境生产率公式中的资源环境生态消耗（或投入）可分解为资源消耗量、污染排放量、生态空间占用量（含生态损害量）三个方面，可分别用 CRE、CEN、CEC 来表示。

于是，我们可得出如下资源环境生产率公式：

$P_{REE}=[Af(K,L)+G_{EP}]/(C_{RE}+C_{EN}+C_{EC})$

由此公式可知：分子 GDP 和 GEP 数值越大，则资源环境生产率越高；分母 C_{RE}、C_{EN}、C_{EC} 数值越大，则资源环境生产率越低。若考虑制度系数，则生态文明制度体系越完善，则资源环境生产率越高。

（二）影响绿色发展的主要因素分析

根据资源环境生产率（绿色发展）公式，影响绿色发展的主要因素有五个方面。

1. 生产要素投入

生产要素投入是公式中影响 GDP 的重要因素。在全要素生产率不变的情况下，增加劳动、资本、资源、技术、人才、信息等生产要素投入会带来 GDP 的增加。生产要素又分为两类：一类是规模型因素，包括劳动、资本、资源等，这类因素投入量的增加可以带来 GDP 的增加，但不是通过效率提高带来 GDP 的增加。另一类是效率型要素，包括技术、人才、信息和知识等，这类要素可以通过提高效率来实现 GDP 增长。规模型要素投入量的增加，一方面可以增加公式中分子 GDP 的量，另一方面也增加公式中分母资源消耗的量，它对资源环境生产

① 2013年2月25日，由世界自然保护联盟（IUCN）、亚太森林组织（APFNet）、北京师范大学（BNU）、亿利公益基金会（EF）共同主办的“生态文明建设指标框架体系国际研讨会暨中国首个生态系统生产总值（GEP）项目启动会”在北京科技会堂举行。中国第一个生态系统生产总值（GEP-Gross Ecosystem Product）核算项目在内蒙古库布其沙漠落地。

率究竟是产生提高还是降低作用，具有不确定性。而效率型要素则主要通过效率提高带来GDP的增长，显然可以直接提高资源环境生产率。

2. 全要素生产率

全要素生产率是影响公式中分子GDP的又一重要要素。提高全要素生产率意味着以较少的资源环境生态投入来增加GDP，故特别符合绿色发展的要求。提高全要素生产率的基本途径是笔者近年来反复强调和论证的“三大发动机”——制度变革、结构优化、要素升级（或改革、转型、创新）。其中，制度变革是指改革；结构优化包括工业化（含产业升级）、城镇化、区域经济一体化、国际化等；要素升级包括技术进步、提升人力资本、信息化和知识增长等。在提高全要素生产率的“三大发动机”中，制度变革是根源性发动机，因为结构优化、要素升级依赖于制度变革。结构优化就是将人口和生产要素从较低效率的地区、行业和岗位，转移到较高效率的地区、行业和岗位，因而能实现以较少的资源能源消耗和污染排放增加产出的效果，进而促进绿色发展。与生产要素投入量增加不同，要素升级是指生产要素“质的提升”，技术、人才、信息等效率型要素既有量的投入增加问题，也有质的提高问题，技术进步、提升人力资本、信息化意味着质的提升。故要素升级尤其有利于全要素生产率的提高。

3. 生态系统生产总值

生态系统生产总值（GEP）是资源环境生产率公式中的分子之二。党的十八大报告提出，要把资源消耗、环境损害、生态效益纳入经济社会发展评价体系，建立体现生态文明要求的目标体系、考核办法。由世界自然保护联盟（IUCN）提出并倡导的GEP，旨在通过计算森林、荒漠、湿地等生态系统，以及农田、牧场、水产养殖场等人工生态系统的生产总值，来衡量生态系统的总价值。生态系统生产总值包括生态产品价值、生态调节价值、生态文化价值等。植树造林、保育草原、保护水体、治理沙漠荒漠、维护生物多样性等，都是增加生态系统生产总值的途径。

4. 资源环境生态消耗

资源环境生态消耗（或投入）是资源环境生产率公式中的分母，包括资源消耗量、污染排放量、生态空间占用量（含生态损害量）三个方面。要想提高资源环境生产率，促进绿色发展，就必须减少资源环境生态消耗。减少资源环境生态消耗，即减少资源消耗、环境污染与生态破坏的主要途径有：节约集约利用资源能源、控制环境污染排放、加大生态保护建设力度、优化产业结构和空间布局、建设绿色低碳社会等。

5. 制度系数

制度系数是资源环境生产率公式中的重要组成部分，但为简便起见没有在公式中直接显现，但它是本部分的核心内容。制度是同时影响分子 GDP、GEP 和分母 CRE、CEN、CEC 的关键因素，它可放在分子分母括号的外面。虽然在影响 GDP 的全要素生产率的“三大发动机”中已提到了制度变革，但这里的制度变革主要强调了对生产要素投入效率和资源配置效率的作用。除此之外，还有 GEP、CRE、CEN、CEC 也受制度的影响，故需要加一个制度系数。这个制度系数中的制度主要是指生态文明制度体系。若生态文明制度体系科学合理而完善，则一方面会增加 GEP，另一方面会减少 CRE、CEN、CEC，总之能促进绿色发展。

（三）制度影响绿色发展的机理分析

制度是促进绿色发展的最关键因素或者“牛鼻子”，是绿色发展的原动力。制度表现为法律法规、标准、组织、体制机制和政策等。绿色发展状况如何，主要取决于政府、企业、社会组织、居民等各个主体的行为。如果各主体都采取了有利于绿色发展的行为，则绿色发展就会顺利推进；如果各主体都采取了不利于绿色发展的行为，则绿色发展就会大打折扣，甚至反向发展。而决定各主体采取何种行为的关键影响因素是制度。因为制度是关于各主体责权利关系的安排，可以约束人，也可以激励人。一句话，制度引导行为，行为导致绿色发展的结果。国内外的经验教训都启示我们，在推进绿色发展上，没有强有力的制度保障不行。而有了科学、完善的法律法规等制度，就能实现绿色发展的目标。比如英国，在其工业化过程中曾经“毒雾”弥漫，后来通过出台严厉的法律制度，经过持续治理，效果非常明显。在我国，近些年来也在制定各种绿色发展的制度，如节能减排及相关标准等等，比较好地引导了人们的行为。

在绿色发展或资源环境生产率公式中，分子、分母都受制度的影响。制度通过影响各主体的行为，进而影响国内 / 地区生产总值、生态系统生产总值、资源消耗量、污染排放量、生态空间占用量等，带来公式分子分母数值的增减变化，最后影响绿色发展。

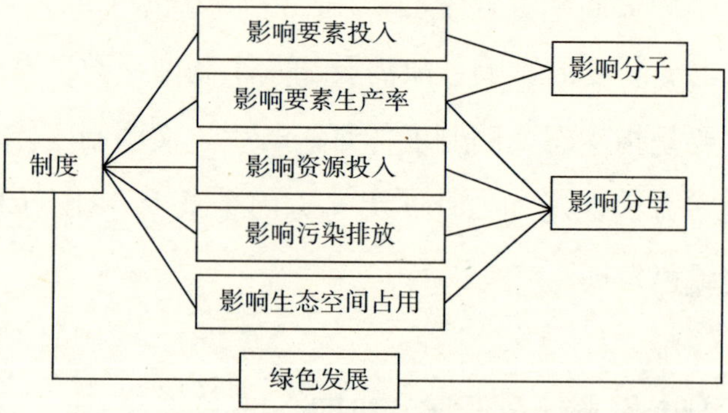

图1-2 制度影响绿色发展的机理

四、绿色发展的基本制度体系

上面从理论逻辑上分析了制度对绿色发展的影响机理，下面我们来剖析一下影响绿色发展的基本制度包含哪些内容。这里的绿色发展制度是指狭义的绿色发展制度，主要是指生态文明制度体系，不包括影响全要素生产率的制度体系。绿色发展制度又可分为绿色发展基础制度和绿色发展治理制度两大部分。

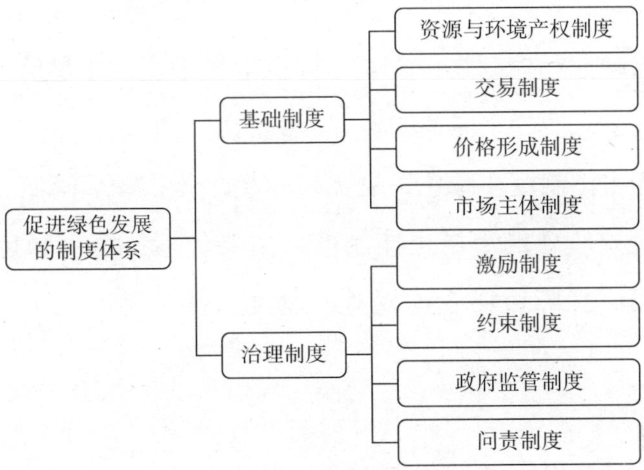

图1-3　促进绿色发展的制度体系

（一）绿色发展的基础制度

促进绿色发展的基础制度主要是指绿色发展的市场制度。基础制度通过影响企业、社会组织和个人等主体的行为，来促进绿色发展，包括四个方面的制度：

①资源与环境产权制度。如用能权、用水权、碳排放权初始分配制度、自然资源资产产权制度、环境产权制度、矿产资源国家权益金制度，以及相关的资源有偿使用制度、生态价值评估制度、自然资源

资产负债表制度等。

②交易制度。如碳排放权交易制度、排污权有偿使用和交易制度、水权交易制度、环境污染第三方治理制度、重点单位碳排放报告、核查、核证和配额管理制度等。

③价格形成制度。资源产品、环境产品的价格应由市场供求关系决定，政府定价应充分发挥社会公众的参与作用。目前，资源产品价格仍存在人为扭曲、压低的现象，资源的稀缺性得不到反映，使得大量浪费普遍存在。国家已经在着手改革资源品价格形成制度，力争在反映资源稀缺性和控制物价大幅上涨上取得平衡，通过价格手段提高资源使用成本，使各主体节约资源，减少浪费。

④市场主体制度。绿色发展需要市场主体推动、落实，因此需要构建一套完整有效的市场主体制度，主要包括：培育绿色发展市场主体的制度、保障市场主体权益的制度、针对市场主体的信用评级制度等。

（二）绿色发展的治理制度

促进绿色发展的治理制度主要是指政府在促进绿色发展中引导企业和居民行为的制度和规范政府自身行为的制度。政府在绿色发展中既是重要的发展参与者，也是政策制定者和执行者，以政府为主体或针对政府行为的治理制度安排，对绿色发展很关键。绿色发展的治理制度包括如下四个方面。

①激励制度。具体包括生态补偿制度、财税金融激励制度、考核评价奖励制度、绿色认证和政府绿色采购制度等。

②约束制度。具体包括自然资源用途管制制度、最严格的环境保护制度、最严格的水资源管理制度、最严格的源头保护制度、生态修

复制度、生态红线制度、重点生态功能区实行产业准入负面清单制度、污染排放总量控制制度、重要资源集约节约利用制度、生产者责任延伸制度、污染物排放强制性保险责任制度等。

③政府监管制度。具体包括自然资源管理体制、省以下环保机构监测监察执法垂直管理体制、国家公园体制、河长制、资源环境承载能力监测预警机制、国土空间开发许可制度、污染物排放许可制度、企业环境信用记录和违法排污黑名单制度、突发生态环境事件信息报告和公开机制等。

④问责制度。具体包括党政同责制度、环境损害责任终身追究制度、领导干部自然资源资产和环境保护责任离任审计制度、生态环境损害评估和赔偿制度、环境公益诉讼制度、环境污染监管执法制度等。

五、促进绿色发展的几项关键制度

推进绿色发展需要建立完整的制度体系，但近期需要加快建立和完善如下几项关键制度。

（一）探索生态资产核算制度

推进绿色发展，落实习近平总书记提出的“绿水青山就是金山银山”的指示精神，必须要加快建立生态资产核算制度。生态资产核算制度是实现经济生态化和生态经济化的前提，是建立绿色 GDP 核算体系的基础。通过对一条河、一座山、一片湿地的生态价值的评价，可以对一个区域的自然资源和生态环境的总体价值做出一个评判，也可以对一个区域的生态价值的增减进行核算，从而为生态环境外部性内部化奠定价值评价的基础。

世界银行“中国：空气、土地和水”项目组（2001）指出，绿色发展的一个重要特征就是将资源与环境视为生产力发展的要素，需要不断投资使之保值而且增值。在GDP和国民财富的核算中要将自然资源（包括环境容量）的价值和污染治理、生态恢复的成本考虑进去，形成新的能够反映经济增长的质量和代价的发展指标。

建立生态资产核算制度需要形成一套科学完整的生态环境统计指标体系，科学反映自然资源、生态环境的消耗成本及其经济损失。这是一项涉及众多指标、诸多部门的极其复杂的工作。目前，国际上还没有一个普遍适用的通用算法，我国必须要结合自身的实际，大胆探索，扫除生态资产核算的各项障碍，逐步建立和完善生态资产核算制度。

生态资本核算的研究不少，但仍然缺少一个社会广泛认同的定价方法。未来创新的着眼点有：一是应用大数据技术进行生态资产核算。借助基于互联网、物联网技术的环境质量实时在线监测系统，以及其他专门技术，如植被的卫星图片等，进行生态资本实物量的数据采集和计算，建立生态资产核算的大数据平台，创新生态资产核算的技术手段。二是选择若干地区进行试点，起步阶段可以是一两个县级行政区。试点地区应有较好的环境质量实时在线监测系统，地区负责人对生态文明建设有较高的积极性、创造性。在试点地区，可以划定特定区域，按照上述解决方案开展生态资本实物总量的实时监测、数据采集和计算、成果发布。三是探索自然资源资产使用权市场化定价机制。针对自然资源资产的自身特点，选择可通过经营方式来实现保护的自然资源资产，以市场化方式出让管理权和使用权，促进生态型产业发展和自然资源保护，增强优质生态产品生产能力。四是逐步扩大生态资产的市场交易范围。新建交易场所，或利用已有的碳排放权交易所，或扩大已有交易场所的交易品种，推进生态资本上市交易。不同的交易者可对某个特定区域的生态资本有不同的报价，这样就会形成某种水平的价格，从而实现对特定区域生态资本的定价和交易。

（二）建立完善绿色发展考核奖惩制度

在我国政府主导的经济体制中，考核奖惩制度具有鲜明的导向性，具有突出的指挥棒、风向标作用。过去多年采取的GDP导向的政绩考核与奖惩制度，在一定程度上导致了地方政府的短视行为，如为追求短期的经济利益不惜以牺牲资源环境为代价；或对制度变相执行，使得制度执行和实施效果与预想存在较大距离，甚至背离制度设计的初衷。如节能减排大限将至之时，不少地方政府为了迅速降低单位GDP能耗与污染物排放量，通过拉闸限电等手段，强制企业停产，而不把精力用于促进产业转型升级、促进绿色发展上。尤其是我国拥有优质生态环境的区域往往是经济上的欠发达区域，由于要进行区域之间的比较和考核，使得部分地区采取如下行为：既然得不到足够的生态补偿资金，那就发展一些能增加GDP的污染型产业。鉴此，迫切需要加快改革现有领导干部考核制度，改变GDP至上的做法，制定更加科学、合理、可操作性强的绩效考核评价与奖惩制度。

我国已经开始探索建立绿色发展的考核奖惩制度。十八届三中全会提出，用制度保护生态环境，建立和完善生态文明建设体制机制，把生态文明建设纳入法治化、制度化轨道，全面建立“源头严防、过程严管、后果严惩”的生态文明制度体系，建立以“绿色化”为核心的考核评估体系。中央中共国务院提出了加快生态文明建设的“1+6”文件，打出了生态文明改革的组合拳。其中，《关于加快推进生态文明建设的意见》明确提出：“健全政绩考核制度。建立体现生态文明要求的目标体系、考核办法、奖惩机制。把资源消耗、环境损害、生态效益等指标纳入经济社会发展综合评价体系，大幅增加考核权重，强化指标约束，不唯经济增长论英雄。”《生态文明体制改革总体方案》特别强调：“研究制定可操作、可视化的绿色发展指标体系。制定生态文明建设目标评价考核办法，把资源消耗、环境损害、生态效益纳入经济社会发展评价体系。”2016 年 8 月，中央全面深化改革领导小组审议通过了《生态文明建设目标评价考核办法》，要求强化省级党委和政府生态文明建设主体责任，重点评价各地区生态文明建设进展总体情况，考核国民经济和社会发展规划纲要中确定的资源环境约束性目标，以及生态文明建设重大目标任务完成情况。

未来一段时间，我国绿色发展考核奖惩制度创新的重点是，要进一步明确具体的考核办法与奖惩办法，将绿色发展考核奖惩制度落到实处。一是要科学设计绿色发展的考核指标体系。要按照绿色发展的本质要求，以落实考核对象责权利为重点，科学合理确立绿色发展考核指标的内容和分值，确保指标设计得到干部群众、社会各界的认可和支持，具体可包括绿色经济、绿色资源、绿色环境、绿色空间、绿色社会、绿色制度等内容。二是要系统建立绿色发展考核奖惩的框架体系。要统筹考虑不同考核对象的共性要求和个性特点，实行分类指导，突出优势特色和发展重点，避免人为因素和不确定因素的影响，杜绝考核主体的主观性对考核结果的过度干预，增强考核的客观性、针对性和实效性，具体包括考核依据、考核制度、考核原则、考核主体、考核对象、考核内容、考核方式、考核程序、考核评级、考核奖惩、考核监督等内容。三是强化绿色发展考核结果的运用。逐步将绿色发展考核结果纳入各部门与各地区综合绩效考核范围，作为确定综合评价考核结果的重要依据，建立领导干部绿色发展考核工作档案，并将考核结果纳入各单位党政领导班子和领导干部的政绩考核内容，作为各单位党政领导班子调整和领导干部选拔任用、奖励惩戒的重要依据。

（三）推进生态环境监管制度创新

无论是建立绿色发展评价考核制度，还是建立生态环境损害责任追究制度等，都必须以生态环境监管制度为基石。生态环境监管在生态环保工作中处于基础地位，在构建人与自然和谐发展新格局中起着哨兵作用。

监测监察执法的垂直管理，是绿色发展制度创新的一大着力点。十八届五中全会提出“实行省以下环保机构监测监察执法垂直管理制度”。2016 年 9 月中共中央办公厅、国务院办公厅印发了《关于省以下环保机构监测监察执法垂直管理制度改革试点工作的指导意见》，该意见提出“直辖市所属区县环境监测机构改革方案由直辖市环保局结合实际确定”。截至 2016 年 8 月，已有陕西、贵州、辽宁、河北、山西、黑龙江、湖南、广东、江苏、山东、浙江、吉林、海南、甘肃、重庆等 15 个省份和直辖市开展了环境监管体制垂直试点。

制定省以下环保机构监测监察执法垂直管理制度，主要是要解决过去多年来环保体制上“条条”与“块块”之间的矛盾。原来的环保监测监察职责主要由地方相关部门承担，这种以“条条”“块块”为主的模式存在以下问题：一是存在地方保护主义。一些地方因为经济发展压力比较大，就把经济发展放在优先位置，而将环保放在比较次要的位置。二是存在数据的真实性问题。一些地方出于地方经济利益或其他利益的考虑，不愿意把环境的一些真实数据向上反映。三是存在跨区域污染问题。一些地方将本地污染外流到周围其他地方而不做处理。实施垂直管理，就是要解决地方保护主义，解决数据的真实上报问题，解决跨区域污染的问题。由于大气、水等很多污染可以跨区域流动，故必须在更大的区域范围来协调解决污染问题。实施省级垂直管理，有利于解决跨区域污染的协同治理问题。

我国地域辽阔、自然环境差异较大，以行政区划为边界的环境监管体系难以满足绿色发展的要求，未来的生态环境监管制度创新还应当在以下方面继续探索创新：一是应当依据自然条件、经济集聚和区域关联度等，建立跨省或重点流域的区域性监管机构，统一调度监管力量；二是完善信息披露制度，提升环保信息的透明度，健全环境信息公开制度，发挥群众和舆论的监督作用；三是加大对执法监督的人力和资金投入，加强基层环保队伍建设和培训，不断提高环境执法水平和公信力。

执笔人：李佐军、魏云、李维明

专题报告二

支撑绿色发展的自然资源资产产权制度研究

自然资源资产产权制度，是推进生态文明建设和绿色发展的一项基本制度，关系自然资源资产的开发、利用、保护等各方面。建立健全自然资源资产产权制度，是生态文明体制改革的重点和难点所在，也是实现绿色发展的重要支撑，需要从理论和实践两方面加深认识和不断探索。

一、自然资源资产产权制度在支撑绿色发展中的作用

（一）基本概念概述

1. 产权及产权制度

产权，就是财产权的简称，是法定主体对财产所拥有的各项权能的总和。或者是指一定经济主体依法对特定经济客体（资产）所有、使用、处分并获取相应收益的权利。产权有三个基本要素，一是产权主体，即享有或拥有财产所有权或具体享有所有权某一项权能以及享有与所有权有关的财产权利的人（自然人、法人）、单位、组织或国家；二是产权客体，即产权权能所指向的标的，亦即产权主体可以控制、

支配或享有的具有经济、文化、科学等价值的物质资料以及各类无形资产；三是产权权利，即产权主体依法对产权客体行使的一组权利和享受的相应利益。产权权利是产权的核心，由一系列的权利构成，包括所有权、使用权、处分权和收（受）益权，这些权利又往往称为“权利束”，其中最核心的是收（受）益权。

产权制度，是以产权为依托，对财产关系进行合理有效组合和调节的制度安排。具体表现为以特定的生产资料所有制为基础，对财产占有、支配、使用、收益和处置过程中所形成的各类产权主体的地位、行为权利、责任、相互关系等加以规范的法律制度。产权制度的作用就在于赋予产权主体占有的合法性，明晰产权主体及其关系，激励产权主体高效率利用和有效保护资产。

2. 自然资源及自然资源资产

自然资源，简言之就是“（主要）以自然形态存在的资财的来源”。或者是指“人类可以利用的、自然生成的物质与能量”。同时，也可以视为“在一定时间、地点、条件下能够产生经济价值，以提高人类当前和将来福利的自然环境因素和条件”。

自然资源资产，是指以自然资源形态存在的物质资产。当然，并非所有的自然资源都可称之为自然资源资产。自然资源要成为自然资源资产，需要具备如下条件：①自然资源的稀缺性。这是自然资源成为自然资源资产的基本条件。凡是不稀缺的，还不是严格意义上的自然资源资产。当然，自然资源本身也必须是稀缺的。②自然资源能够产生经济价值，并且这种经济价值能够评价，甚至能够在市场上得以实现。③产权主体尽可能明确。如果产权主体不明确，则易导致自然资源资产的过度开发利用或收益的流失。④产权边界尽可能清晰。如果边界不清晰，就不能保证资产权益的清晰，也不能保证权益的完全实现。结合上述条件，有必要对自然资源资产作进一步的界定：所谓自然资源资产，是指产权主体明确、产权边界清晰、可给人类带来福利、以自然资源形式存在的稀缺性物质资产。

3. 自然资源资产产权制度

自然资源资产产权。根据自然资源资产特性，可规定一定的所有权、占有权、使用权和处置权等。根据我国宪法规定，自然资源资产产权主要有全民所有和集体所有两种形式。根据自然资源资产特性，第一种类型是对进入社会生产过程并能带来经济效益的纯自然、非人工自然资源，可以规定一定的占有权、使用权和处置权；第二种类型是对生态系统和聚居环境的自然资源，可以把所有权、占有权、使用权和处置权都赋予保护者和生产者。一般来说，对于像水资源、清洁空气资源、污染物排放权、碳配额等自然资源产权比较难以清晰界定。对于这种情况，不应过分关注环境资源的所有权问题，主要从占有权、使用权角度去确定，如把水资源、排污权按照配额方式有偿分配给需求者，然后实现配额之间的市场交易。

自然资源资产产权制度，是关于自然资源资产产权主体结构、主体行为、权利指向、利益关系等方面的制度安排。亦可理解为关于自然资源资产产权的形成、设置、行使、转移、结果、消灭等的规定或安排。自然资源资产公有（全民所有和集体所有两种形式），全民或集体共享自然资源资产的福利，自然资源资产福利接受全民或集体的监督，是我国自然资源资产产权制度的根本特征。

（二）产权促进绿色发展的作用机理

1. 通过自然资源产权的约束功能促进绿色发展

由于产权具有有限性，产权的权能有界限，利益有限度，产权因而具备对产权主体的约束功能。一方面，产权的权能空间有界区，由此限制了财产权主体的作用空间。对产权能进行清晰地界定能够明确地规定产权主体可以做什么，只能在什么范围、以什么形式做什么，以及不能做什么。另一方面，与权能相应的产权的利益也是有限度的，因而在明确和保证产权主体能够得到相应的利益的同时，也确定了其利益边界，限定其不能得到其他更多的利益。如果产权主体的行为超过了界定范围，获得了不该得的利益，就是越权或侵权，产权主体要为此惩罚，付出代价。在自然资源资产管理中，如果能够以保护自然资源为目的，根据资源的具体情况，明确界定权能的界区，就可以很大程度上限制对自然资源和生态环境的破坏。然而，对越权或侵权行为的惩罚措施是否能够真正落实并有效地阻止越权或侵权行为，这是产权能够通过其约束功能达到保护自然资源和生态环境目的的关键。

2. 通过自然资源资产产权的效率提高功能促进绿色发展

一方面，产权的有限性本身就是一种确定性，从而减少交易中的不确定性。不确定的减少，能够降低交易成本，并提高效率；另一方面，任何一项产权包括权能和利益两个不可分割的方面，这意味着产权主体有了一种权利，同时也界定了产权主体所能够得到的相应的利益，也即产权主体的行为有收益保证或稳定的收益预期。于是，产权主体的行为就有了利益刺激或激励动力。因而，自然资源的开发者和使用者，作为自然资源资产的产权主体，就有了动力提高资源的开发效率和利用率。自然资源资产产权通过以上两方面的作用来提高自然资源的利用效率，这也是节约自然资源、保护生态环境，促进绿色发展的一个重要方面。

3. 通过自然资源资产产权的交易功能促进绿色发展

产权交易对自然资源的利用能够产生很大的影响。在产权界定清晰并且现有规则能够有效约束越权或侵权行为的情况下，产权交易对绿色发展起到以下的作用：一是产权的交易过程实质是资源流动和配置的过程。在一般情况下，在市场经济中，资源的流动有利于改善资源配置的效率。所以对于自然资源来说，产权的交易同样有提高自然资源配置效率的作用；二是如果有畅通的渠道进行自然资源产权的交易，就可以使自然资源增殖或贬值与产权所有者的利益挂钩，使自然资源的产权所有者承担自然资源资产状况变化（自然资源资产的增殖或贬值）的后果。于是，这成为自然资源资产产权所有者保护自然资源和生态环境的主要动力，同时也降低了自然资源维护的监督费用。

二、自然资源资产产权相关基础理论概述

（一）交易费用理论

交易费用是西方新制度经济学的核心范畴。交易费用的思想最早来自科斯（1937），阿罗（1969）是第一个使用“交易费用”这个术语的人，威廉姆森则系统研究了交易费用理论。

在英语中，“exchange”和“transaction”都有交易的意思。一般而言，前者称为“交换”，后者称为“交易”，意指“相互影响的行动”，亦指经济社会中所有不同的人与人之间的交互活动。把“交易”作为比较严格的经济学范畴建立起来并做了明确界定和分类的是早期制度经济学家康芒斯。在1934年发表的经典之作《制度经济学》一书中，康芒斯提出了有关“交易”的许多重要论点，他认为“交易”是制度经济学的基本分析单位。与康芒斯不同，以科斯为代表的新制度经济学家们则是从资源配置效率的角度来认识交易本身的内涵，并以经济学的方法分析制度及其运行的。科斯为将制度分析与资源配置联系起

来、将制度经济学与传统微观经济学融合起来架起了桥梁。循着康芒斯的理论传统和科斯的理论思路，威廉姆森从交易的维度分析了交易的特性，对“交易”作了进一步的细化和一般化，使交易的经济分析更具可操作性。他在《资本主义经济制度》（1985）一书的序言中写道：当一项物品或劳务在技术上可分的结合部发生转移时，交易就发生了。为了使“交易”更为具体化，更具有可分析性，威廉姆森进一步从交易的维度分析了交易的特性，他（1984）认为，交易是由它的维度来限定的，交易相异的主要维度是资产专用性、不确定性程度和交易频率。在威廉姆森看来，现实世界中的交易，是不可能在新古典经济学所假设的完全竞争环境中进行的，资产专用性程度、不确定性程度以及交易发生的频率，会独立地或相互地影响交易行为。在不同的交易维度下，会产生交易的不同形式的契约行为和规制结构。在理解交易范畴时有两点值得强调：第一，法律意义上和转移意义上的交易是相互交织在一起的。转移可以被认为是物质交换和与生产有关的信息交换。第二，制度分析的目标关注的并非仅仅是经济交易，而且还包括某些其他社会行为。最重要的社会行为是建立、维持或改变社会关系。

在科斯看来，之所以存在交易费用，是因为市场交易是有代价的，市场价格机制的运行是有成本的。在1960年的《社会成本问题》一文中，科斯明确提出了“市场交易成本”的概念，将交易费用概念更一般化地拓展开来。在他看来，交易费用应包括度量、界定和保障排他性权利的费用；发现交易对象和交易价格的费用；讨价还价、订立交易合同的费用；督促契约条款严格履行的费用等。科斯的核心思想是：①提出零交易成本的局限性；②研究存在交易成本的社会；③由于经济组织的理论假设与现实是相干的，以及所有可行的组织形式都是有缺陷的，他主张通过比较制度分析考察可行的组织形式之间的相互替代；

④上述行为决定于对契约、契约过程和组织详细的微观分析研究。

循着康芒斯的理论传统和科斯的理论思路，威廉姆森将交易视为经济分析的基本单位，而交易是通过契约进行的。他认为，组织制度问题可以表述为契约问题，可以在节约交易费用这个意义上进行探讨。威廉姆森较全面地探讨了影响或决定交易费用的因素，他将这些因素归纳、区分为不同性质的两类：第一类因素主要涉及有关市场的环境和交易的技术结构所具有的特点，威廉姆森称之为“交易因素”，包括资产专用性、不确定性、潜在交易对手的数量和交易发生的频率；第二类因素是人的因素，即关于人性的两个特点：有限理性和机会主义倾向。上述因素的单独作用会导致交易费用的产生或增加，它们的综合作用显然更会放大交易费用。因此威廉姆森认为，在四种基本因素综合相互作用下，市场作为一种交易管理机制便会因交易费用过高而失效：一是理性有限；二是机会主义行为；三是未来不确定性；四是交易的小数目条件。

康芒斯认为，交易是人与人之间经济活动的基本单位，无数次交易构成了经济制度的实际运转，并受到制度框架的约束。循着这一思路，阿罗将“交易费用”简明地定义为：交易费用是经济制度的运行费用。具体而言，从这一角度理解交易费用，交易费用应包括制度的确立或制订成本、制度的运转或实施成本、制度的监督或维护成本（违反制度的惩罚等）。如果考虑到制度本身的创新或变革，还有制度的变革成本，因为要变革旧制度，需要进行各种活动。例如，劝说、宣传、对旧制度既得利益者的保护或者对受损者的补偿，对避免社会震荡所支付的费用等，这些都构成制度的变革成本。在现实中，制度或者说交易的规则有各种各样，每一种制度都有上述的交易成本项目。例如，就产权制度而言，包括产权制度的确立、实施、维护的成本和产权制度的创新或产权的重新安排、调整的成本。简单地说，产权制度的成本就是度量、界定、维护和交换产权的成本。

（二）产权理论

产权是财产权的简称。产权最初只是一个法学范畴，且法学理论的产权概念强调所有权，承认所有权的绝对排他性和永续性，它所关注的是公平、合理及所有权的具体内容。将产权作为经济学的一个基本范畴纳入经济分析之中，源于科斯对“交易费用”的研究。科斯认为，交易费用与产权制度紧密相关，不同的产权制度会形成不同的交易费用。交易的本质是产权的交易和转让，且产权的交易和转让是资源配置的重要而基础的环节。而交易费用的降低和交易的顺利进行提高了资源的配置和使用效率。

产权的含义包括了如下内容：①产权指的不是人与物之间的关系，而是指由于物的存在及其关于物的使用所引起人们之间相互认可的行为关系。这种产权关系之所以能够存在，是因为其得到了相应产权制度的支持（所谓产权制度，无非是制度化的产权关系，是划分、确定、界定、保护和行使产权的一系列规制。其中，“制度化”的含义就是使既有的产权关系明确化，相对固定化，依靠规制时人们承认和尊重，并合理行使产权，如果违背或侵犯它，就要受到相应的制约或制裁）；②产权是一种权利束，而不是由个别权利构成，产权可以被分解为多种权利，并能够呈现出统一的结构状态；③一方面，在国家的强制实施下，产权是保障人们对资产拥有的权威制度，另一方面，产权又是通过市场竞争形成的，人们对资产能够拥有的社会强制机制（也就是说，产权是由政府强制和市场强制所形成的两方面相互统一的权利）。

产权的内容比较丰富，包括了各种各样的权利，从其最根本的关系上进行归纳分类，产权包括可狭义所有权、占有权、使用权和支配权。这“四权”指的主要是产权的主体对客体所拥有的不同权能和责任，以及由此形成的利益关系。

产权作为一种财产权利，总有其归属的主体。根据产权归属主体的不同，即是归属于一个特定的个人，还是归属于一个共同体的所有成员，可以将产权从根本上分为两种形式或类型，即私有产权和共有产权。

不同类型或形式的产权，其特征和属性自然也不相同。私有产权的属性主要有清晰性、排他性、可分割性和可转让性，共有产权的属性与私有产权的正好相反，它不具有清晰性、排他性、可分割性和可转让性。

产权的功能就是产权对于社会经济关系和经济运行的作用。不少制度经济学家认为，产权最主要的功能就是能够给产权主体激励，这可以从两个方面来看：一、产权能够降低交易费用以及减少不确定性，而交易费用的降低和不确定性的减少对产权主体显然能起到激励作用；二、产权能够将外部性内部化。产权的激励作用还包含约束功能，因为产权的约束功能与激励功能是相辅相成的，约束可以看作是一种反面的激励。产权关系是一种利益关系，又是一种责任。从利益关系来说它是一种激励，从责任关系来说则是一种约束。只有利益没有责任或者只有激励没有约束，产权的功能就不能发挥应有的作用。

从根本上说，产权制度安排只包含私有产权和共有产权两种类型。其中，私有产权的效率比共有产权的要高得多，人类社会产权演进的逻辑就是越来越多的共有产权被私有产权代替。但是，总有一些共有产权是不可能变成私有产权的。很多产权研究学者们认为，这与资产的属性有很大关系，有些资产可以采取私有产权形式，有些则不适宜甚至不可能采取私有的产权形式。

（三）新制度经济学理论

新制度经济学家舒尔茨1968年给制度下的定义是，“我将一种制度定义为一种行为规则，这些规则涉及社会、政治和经济行为。”诺思是一位给制度下定义最多的新制度经济学家。在《经济史中的结构与变迁》一书中，诺斯认为：“制度是一系列被制定出来的规则、守法秩序和行为道德、伦理规范，它旨在约束主体福利活效应最大化利益的个人行为。”在《制度、制度变迁与经济绩效》一文中，诺斯又认为：“制度是一个社会的游戏规则，更规范地说，它们是为决定人们的相互关系而人为设定的一些制约。”尽管诺思关于制度的界定有不少，但只不过是文字表述不同而已，其实质是一样的，即在诺思看来，制度就是一种“规范个人行为的规则”。诺思所讲的制度是“规范人们相互关系的约束”，显然与制度是“规范个人行为的规则”是一致的，因为作为规范人们相互关系的制度是以对个人行为的约束和规范为基础的。柯武钢和史漫飞在其《制度经济学》一书中给制度下了一个与上述学者相似的定义，即“制度是广为人知的、由人创立的规则，它们的用途是抑制人的机会主义行为。它们总是带有某些针对违规行为的惩罚措施”。总之，制度就是约束和规范个人行为的各种规则和约束的总称。

诺思将制度分为正式约束（或制度）与非正式约束（或制度）两种类型，且明确指出：“制度是由非正式约束（道德约束、禁忌、习惯、传统和行为规则）和正式法规（宪法、法令、产权）组成。”这种制度分类是以制度约束人的方式的不同，即制度对人的约束是正式的还是非正式的这一标准做出的区分。这一分类没有重叠性，因而是一种比较合理的分类方法。这一分类方法也为新制度经济学家们普遍接受。

制度的形成存在两条途径，即自发演进和人为设计。区分制度形成是自发演进还是人为设计的主要根据是意识在其中所起的作用。其实，在实际的制度形成过程中，制度往往是在自发演进与人为设计相互交织下形成的，不存在完全自发演进或完全人为设计的制度。

需要说明的是，制度自发演进具有一定的局限性。首先，社会惯例是一种附带现象。社会惯例是自利引导所有个人采用同一规则的产物，规则不会在其他方面对参与者有什么影响。换句话说，作为博弈产物的规则始终是惯例而绝非严格意义上的社会规范。其次，就制度变迁的历史过程来说，比较通常的是去发现相关制度已经存在的环境，在这种情况下，自发过程的限制较大。尽管有可能自发出现某个惯例或制度规则，但是没有审慎的制度改革，改变那项规则或许就是不可能的事，即使每个人的处境最后都会因规则的改变而得到改善。制度自发演进存在的这些局限意味着，尤其在大规模的社会里，社会合作所要求的基本规则可能并不总是自发地产生于个人的自利、总有具有自我实施的性质或总能随环境的变化而调整。它们的自发发展需要一个已存在的制度安排来接受社会规则，或者它们可能不得不被审慎地设计或被有组织地加以实施。

正因如此，一个完善的制度的最终形成，不能仅仅依赖于其自发演进，还需要进行人为设计，也就是说，制度设计对制度形成有重要意义。对于制度形成的自发演进与人为设计这两种途径，新制度经济学家更强调后者。在新制度经济学家看来，仅靠制度的自发演进难以满足社会对有效制度的需求，因此，制度的设计和变迁十分必要。制度设计在制度形成中的主要作用有以下几点：第一，人的制度设计能够弥补仅靠制度演进难以满足社会对有效制度的需求的不足。对于解决社会群体面临的所有协调以及冲突问题的方案均离不开人为设计的正式制度。第二，制度的人为设计能够加速制度的演进过程。由于制度自发演进的主要动力来自环境的变化，如生产力的发展、技术的进步、人口数量及资源稀缺程度的变化等，因此，在生产力和技术等因素发生变化的情况下，制度才会随之发生演进。但是，如果只有制度的自发演进，没有人为的有意识的制度设计，有利于人类社会的各种有效制度的形成历程必将十分漫长。第三，人为的制度设计有利于纠正制度自发演进中的路径依赖现象。路径依赖是制度自发演进中的一种重要现象。路径依赖意味着以往形成的制度对现在和未来的制度演进会产生深刻影响。沿着既定的路径，制度的变迁可能进入良性循环轨道，但也可能顺着错误路径继续往下滑，甚至被锁定在某种无效率的状态之中，而一旦进入了锁定状态，要摆脱出来就会变得异常困难。在这种情况下，通过政府主导下的人为设计来解决制度演进过程中的路径依赖问题就显得尤为重要。

（四）现代资源资产价值理论

现代资源资产价值理论，是在深刻地反思传统的资源价值理论基础上逐步构建起来的，其最大的特点是站在可持续发展高度处理资源资产问题，它不仅考虑现代人的利益，而且考虑后代人的利益，并且将两者有机地结合起来。姜文来等认为，现代资源资产价值理论体系至少应包括完善的资源价值理论体系、资源价值量化理论体系、资源资产管理体系、资源资产折补理论体系以及资源资产核算及将其纳入国民经济核算体系的理论体系。各个理论之间是一个不可分割的整体，相互协调作用，促进资源性资产的可持续利用。如资源资产价值量化理论体系，它是构成资源资产理论的重要组成部分，该理论与价值来源密切相关，还可以用于资源资产核算以及被运用于国民经济核算，甚至最终影响国民资源资产的可持续利用。

资源资产价值一般认为来源于三个部分：资源资产的生态价值、资源资产的商品价值和资源资产的折补价值。资源资产价值可以用下面的公式来表示：V=VC+VE+VD。在此公式中，V 表示资源资产的价值，VC 表示资源资产的商品价值，VE 表示资源资产的生态价值，VD 表示资源资产的折补价值。资源资产的商品价值是指资源资产的投入价值。资源资产的生态价值是指资源资产所具有的生态功能价值。资源资产折补价值是指为了维持资源性资产开发利用功能恒定（资源资产的价值及其服务保持不变）而进行的各种方式的补偿的价值。

（五）可持续发展理论

当今世界面临人口激增、环境污染、粮食短缺、能源紧张、资源破坏等五大问题，它们互相影响，直接关系到社会经济发展进程。罗马俱乐部早在 1972 年的《增长的极限》中认为经济增长已临近自然生态极限，单纯注重经济增长将无可回避地导致贫富悬殊、人际失衡和生态无序等“全球性问题”。人们逐渐意识到经济的发展必然与自然统一，可持续发展理论逐渐兴起。

“可持续发展”一词在 1980 年的《世界自然保护大纲》中首次被提出。在此期间还提出了“持续发展”和“可持续性”等概念。“持续发展”指的是发展要有若干年的连续，强调消除贫困，实现持续发展。“可持续性”指的是社会系统、生态系统或任何其他发展中的系统，持续正常运转到无限将来而不会由于耗尽关键资源导致被迫衰弱的一种能力，常用来评价人类活动对自然环境和资源的影响，具有长时间内保护、养育的意思。“可持续发展”的概念应该是“持续发展”和“可持续性”概念的结合，既考虑发展，也考虑环境、资源、社会等各方面保持一定水平。1987年布伦特兰报告《我们共同的未来》(Our Common Future)发表之后，可持续发展才逐渐被人们认知，并对世界产生深远影响。1992年6月，“联合国环境与发展大会”(UNCED)在里约热内卢举行，这是人类有史以来最大的一次国际会议，大会取得的最有意义的成果是两个纲领性文件：《地球宪章》和《21世纪议程》，标志着可持续发展从理论探讨走向实际行动。

据统计，对可持续发展的定义多达十几种，而目前影响最大、流传最广的定义是布伦特兰报告对可持续发展的定义：“可持续发展是既要满足当代人的需要，又不能对后代满足其需要的能力构成危害的发展。”涵盖可持续发展的公平性原则(fairness)、持续性原则(sustainable)、共同性原则(common)。可持续发展包括社会持续、经济持续和生态持续三方面内容，它们之间互相关联而不可分割。社会持续是目的，经济持续是条件，生态持续是基础。它要求人类在经济发展中追求社会公平、讲究经济效益和关注生态和谐，最终达到人类的全面发展。

可持续发展理论涉及范围遍布自然、经济、社会各个学科，有广泛的指导意义。其中与资源性资产密切相关的理论，我们称之为可持续利用的资源观。它是从可持续利用的角度，将自然资源分为水资源、土地资源、森林资源、草原资源、能源、矿产资源、海洋资源、物种资源、旅游资源和气候资源十大类。其核心的内容就是要将对自然资源与环境的开发利用限制在其承载能力的范围之内。具体说来，包括以下三个方面：一是对不可再生资源，要提高其利用效率以保持其储量稳定、并尽可能寻找可再生资源或其他相对丰富的资源来代替这些不可再生资源；二是对可再生资源，其开发利用量不能超过资源的再生能力，同时，也要通过人工措施促进可再生资源的再生产，以提高其生长率；三是要尽可能减少生产与生活过程中的废弃物排放，使之与环境的自净能力相适应。通过资源的合理开发、节约使用及污染的防治和环境的保护，来维护生态系统的动态平衡，实现可持续发展。

（六）小结

尽管有基础理论的支撑，但中国自然资源资产产权制度有其特殊性和复杂性，自然资源资产产权制度改革本身就是一项极其复杂的工作。如关于自然资源“私有化”的争论。20世纪90年代中期，随着社会主义市场经济发展，受地方政府发展经济的驱动，中国自然资源使用逐渐由传统的行政划拨转向有偿使用，这种制度变迁表明自然资源的资产价值渐渐体现出来。但是，中国自然资源主要归国家和集体所有，自然资源被视作公共资源加以讨论，公开进入资源配置体系是基本方式。公共资源非排他性不能建立资源利用者保护资源的动机，即使某个人为遏制过度开发而限制自己的行为，所带来的好处在某种程度上也被其他人所获得。这样，不受任何限制的公开进入方式导致了一种无效配置，造成“公地悲剧”。如何破解这一难题，许多西方学者认为私有产权可以在自然资源的开采与利用中发挥重要的作用，但私有产权并非是激励人们有效率使用资源的唯一社会制度。如果排他成本相当高，公共所有权解决办法可能也是一种较好的制度安排。即使是存在“公地悲剧”的地方，无论是政府还是市场都“无法独立应对公共资源管理的要求”。所以，根据中国国情，并不意味着需要私有化，足够长的开采特许权或使用权发挥着非常近似的作用，为此亟待结合自然资源的不同类别，加快相关理论创新，建立健全多样性、多层次，具有中国特色的自然资源资产产权制度。

三、我国自然资源资产产权制度演进历程及存在的问题

（一）历史沿革

回顾我国自然资源资产产权制度历史变迁，不难发现，新中国成立以来，伴随我国自然资源资产产权制度从计划经济到市场经济的渐进，大致经历了4个阶段。总体上看，这种制度变迁在向有利于自然资源合理配置的方向演进。

1. 自然资源完全公有的资产产权管理理念缺失阶段（1949～1977年）

从新中国成立伊始，我国就确立了自然资源的公有产权制度。但这一时期尚未出现资源资产管理理念，资源配置靠行政划拨，资源无偿使用。第一部《宪法》（1954年）规定“矿藏、水流，有法律规定为国有的森林、荒地和其他资源，都属于全民所有”。这一时期注重自然资源的经济价值，对自然资源的非经济价值特别是自然资源本身的再生产功能则没有引起足够重视，甚至“人定胜天”，认为自然资源可以按照人的意志改变或生产出来，例如，“人有多大胆地有多大产”，自然资源被作为一般的物质生产资料对待。与当时对自然资源的认识水平和当时的经济运行体制相对应，这一时期自然资源的配置依靠行政手段划拨。而且受当时片面的“劳动价值论”的影响，认为自然资源是“自然形成”、不存在“凝结着人类无差别的劳动”，因此是“无价值”的，实行无偿使用。这一时期对自然资源的认识水平和实行的管理体制直接导致无数宝贵自然资源的浪费，也导致大量生

态环境的破坏，直接影响着自然资源的后续生产力。这一时期，自然资源产权制度呈现如下特点：①国有自然资源产权处于主导地位，实践中虽然集体所有权客观存在，但并未在法律中得到确认，往往处于附属地位。②自然资源成为国家和集体所有权的专有物，任何政府行政调配以外的资源交易都被明令禁止。③自然资源由政府统一进行供给、分配、经营和管理，行政权力对自然资源的支配和控制一直在加强。④国有自然资源企业成为国家经营自然资源的车间，既不是自然资源产权主体，也不是独立的企业法人。⑤自然资源产权行政管理制度替代了法律制度，有关自然资源产权管理及其运作的规则都由政府确定与裁决。

2. 所有权、使用权分离而使用权无偿的自然资源资产产权制度萌芽阶段（1978 ~ 1993 年）

这一阶段为自然资源资产产权制度萌芽阶段。在这一时期，随着我国经济发展，对自然资源的需求日益增加，同时由于自然资源开发规模加大，大量生态环境问题开始暴露，为了节约资源，遏制国家资源的无度开发，同时也为了减少生态环境破坏，国家提出资源有偿使用政策，开始征收资源税和资源补偿费，试图通过税费的征收来促进资源节约使用和生态环境保护。这时期对自然资源的资产观念开始逐步形成，与前一阶段比，具有显著进步：①资源是国家的；②资源是有限的；③资源是有价值的（表现为价格）。但是在一阶段，对自然资源资产及产权的认识还限于有经济价值的自然资源，也即自然资源资产是有经济价值的自然资源，认识还不够全面。另外，税费的征收虽然对遏制自然资源浪费和环境保护起了一定积极作用，但由于设计不合理，作用比较有限。因此，尽管国家从制度上提出了所有权、使用权分离，提出了有偿使用制度，但在实际中并未真正实施，使用者对资源的无偿取得，造成了对资源的掠夺性开发利用，国家和集体所有者权益受到侵犯。

3. 使用权有偿取得与可交易的自然资源资产产权制度探索阶段（1994 ~ 2011 年）

从 1994 ~ 2011 年，这一阶段为自然资源资产产权制度探索阶段。伴随自然资源资产分散管理体制逐步形成，也初步形成了目前自然资源资产产权分类管理的体制，资源有偿使用制度得以全面推进，要素市场建设步伐加快；由于不同资源资产化步伐不一，因此体制呈现分类分级、相对集中、混合管理态势，但并未设立专门的资源资产管理机构。在这个阶段，我国的社会主义市场经济体制确立并不断完善，分税制财政管理体制确立并且运行，区域中的资源与环境管理活动被作为相应的“事权”而授予各级地方政府管理。而这个时期区域经济蓬勃发展，区域竞争日趋激烈，自然资源被作为最原始的资本参与区域竞争并且被过度使用。例如，在我国 90 年代中后期，廉价的土地被作为吸引外商投资的强有力因素，低门槛的环境管理也被作为吸引某些产业在本地落户的“竞争优势”，而同时由于我国国有资源资产管理体制的不完善，地方政府往往从短期的区域经济利益最大化出发，特别是为了增加本地财政收入，大肆开发本地的自然资源。这些短视行为给区域可持续发展造成严重威胁：自然资源资产存量急剧减少，后备资源供应不足，城市后续发展面临资源瓶颈；环境质量急剧恶化，生物多样性减少，可持续发展能力减弱。但在此过程中，中央对自然资源资产的管理取得较大进步，例如，自然资源资产的收益制度更加多样化，有资源税、资源补偿费、矿权价款、土地使用费、土地出让金、石油特别收益金等；同时也更加注意完善资源管理中中央与地方的利益分配关系，如加强资源税的改革，提高地方在资源开发中的利益分享比例等。总之，这一阶段的特点是中央对自然资源资产特别是经营类自然资源资产的管理制度逐步完善，而地方政府的行为使自然资源资产的经济价值得到更充分体现，在某种意义上也促进了自然资源资产配置的高效化，但由于 GDP 考核制度的根深蒂固以及由此所导致的地方政府的短期思维和局部意识，使得自然资源资产的公共利益并没有得以充分维护。

4. 自然资源资产产权制度深化阶段（2012 年至今）

2012 年至今，这一阶段为自然资源资产产权制度全面深化改革阶段。在前一个阶段中，自然资源被授予地方政府管理，虽然激活了区域经济发展活力，促进了区域经济发展，但却不符合全国自然资源资产管理的整体利益最大化，尤其是危害可持续发展。党的十八届三中全会决定提出要“健全国家自然资源资产管理体制，统一行使全民所有自然资源资产所有者职责”，这是健全自然资源资产产权制度的一项重大改革，也是建立系统完备的生态文明制度体系的内在要求。在行动上，加强生态文明制度建设与探索，GDP 不再是考核地方官员政绩的唯一指标，实行官员离任审计制度，加上习总书记的“绿水青山就是金山银山”论述，可以认为，我国对自然资源的“资产”认定不再局限于直接的经济价值，自然资源非直接的经济价值也被领导层认识到并且受到高度重视，自然资源资产的范围得到拓展；与此同时，中央加强对某些资源的空间管制和用途管制，显然，在自然资源的配置上也不再是单纯的市场机制，而是与政府的宏观管理相结合；就自然资源资产收益实现上，中央开始了长远布局，例如，不动产登记就是为全面落实国有自然资源资产收益作准备。但是到目前为止，自然资源资产管理的机构改革和机制方面还没有取得突出进展。

（二）面临的问题

综上所知，我国目前的自然资源资产产权制度，是新中国成立60多年来经过至少三次重大变化而形成的，这些变化和调整是与每个时期所确立的国家大政方针高度关联的。现行形成于1990年代初的自然资源资产产权制度，为我国新时期改革开放、构建社会主义市场经济体系、支撑经济持续高速发展做出了重要贡献。但同时也暴露出诸多问题：

1. 对资产价值和属性认识不够，相关法律法规界定不明确

我国以资源投入为主的发展阶段，使得长期以来只重视自然资源的经济效益，而忽视自然资源的生态效益。对自然资源资产的非经济价值认识严重不足，导致过度强调和追求自然资源资产的经济价值，忽视和削弱自然资源资产的生态价值、文化价值，并由此而导致自然资源资产的过度消耗甚至严重浪费，进而削弱了经济社会持续发展所依赖的自然资源资产存量。如三江源自然保护区曾一度面临着生态破坏恶化的危机。在计算自然资源价格时往往也如此，仅仅将自然资源的经济价值作为自然资源定价的标准，没有考虑自然资源的生态价值，因此导致计算出来的价格偏低，不能全面体现自然资源的全部价值。同时，现行法律法规对各种自然资源资产社会经济属性没有明确界定，定位不当，管理错位。如现行法律法规大多没有依照公益性和经营性等社会经济属性对各种自然资源资产进行合理分类，对各种公益性自然资源资产未能有效按照其公共、公益属性进行使用和监管，对各种经营性自然资源资产未能完全纳入市场并依照市场规则运营和监管。

2. 产权主体结构尚不合理

总体来看，自然资源资产产权主体代表缺乏明确法律规定，归属不清、权责不明。自然资源产权主体为国家和集体两种形式。一方面，两个主体的法律地位、经济利益安排地位等有着显著差异，表现为国家主体地位的优越性和优先权，以及集体主体地位的从属和滞后性。另一方面，各项法律通常原则规定国有自然资源所有权由国务院代理，集体土地由村集体组织代理，但没有进一步明确由哪级政府和哪个部门代理或者托管，法律上国有自然资源产权仍然缺乏具体明确的主体代表。

就国家所有的自然资源，依照法律规定，国家所有权由国务院代表行使。但在实践中，国务院不可能亲力亲为地行使所有者权利，往往是由各级政府的行政管理部门行使所有者代表的职能。与此同时，各级行政机关还同时承担着自然资源行政监管职能，需要对于自然资源用途管制、规划审批、开发监管等问题进行行政执法。在层层委托代理关系下，自然资源所有权和监管权就由各级政府行政管理部门一起兼任，出现“裁判员”“运动员”于一身的现状，导致政府机关本应承担的自然资源行政监管目标难以实现。如地方政府在实际的自然资源管理中，可能会有其自身的目标，比如通过自然资源的开发促进地方经济增长由此赢得政绩，通过开发自然资源获得地方税收增长等，这些情况极易导致国有自然资源的过度开发和价值流失。此外，集体所有的自然资源问题也较为突出。由于集体所有自然资源集体经济组织或村委会代表行使，而这些村民自治组织的决策机制并不完善，造成各地自然资源集体所有权的实际行使不统一，广大农民利益难以保障，农村基层干部假公济私、滥用土地发包权、任意侵犯各种承包经营权等问题突出，而这些都有赖于对自然资源的集体所有权加以合理的改造和规范。

3. 产权边界尚不清晰

各类自然资源之间、各产权主体之间，往往不同程度地存在产权边界不清晰的问题，并由此造成自然资源产权主体之间的利益冲突，以及各类自然资源之间用途及监管责任的重叠或缺失等，导致自然资源处置和利益中的矛盾，进而影响到自然资源利用和收益分配的公平与效率。如由于自然资源的关联性和多用途性，对某种自然资源的开发利用往往牵扯或影响到其他资源。以矿业权为例，经常存在矿业权人通过招标、拍卖等方式取得矿业权，却无法与国家或集体达成一致取得土地使用权，进而无法进行探矿采矿的现象。再以牧区的草原使用权为例，有的固定到户，有的划分到组（联户），由于被承包的草场面积大而分散，没有明显的划分界限，不少私人承包的草场沦为“公地”，特别是尚未承包以及仅仅承包到联户的草场，过度使用现象严重。此外，各类自然资源产权管理的部门化倾向严重，极易造成产权主体间边界不清，各部门监管职能缺位与冲突问题并存。例如，国土和环保部门在土地利用变化引起的生态环境变化的监管上的缺位问题；国土部门推动的未利用地开发被林业认为是破坏森林并违法的土地整治活动等。

4. 产权权能体系仍不健全

产权是权利束，缺一不可。现实中，往往存在处置权或受益权的缺失、错位或受到（不同程度的）侵害等问题。特别表现为集体产权主体的资源处置权的残缺或易位，以及受益权的缺失或受到侵害，合法权益没有得到严格尊重，随意限制、侵犯权利人合法权益的现象时有发生。如根据《民法通则》“财产所有权是指所有人依法对自己的财产享有占有、使用、收益和处分的权利”。但对集体土地所有权来讲，并不是通常意义的完全物权或充分物权，《土地管理法》第43条规定：“任何单位和个人进行建设，需要使用土地的，必依法申请使用国有土地；但是，兴办乡镇企业和村民建设住宅经依法批准使用本集体经济组织农民集体所有的土地的，或者乡（镇）公共设施和公益事业建设经依法批准使用农民集体所有的土地除外。”对农民集体土地所有权的权能作了限制，意味着集体土地须征收为国有后才能进入市场，其土地产权具有一定的不完整性。而对集体建设用地使用权来讲，权利主体也并不具备完整的处分权、收益权，与国有土地使用权相比，其产权流转仍受到很多限制，明显处于不平等地位。这不完整和不平等某种程度上导致了大量集体建设用地的私下流转，特别是城乡接合部，在利益机制的驱使下，致使不同主体以各种形式参与集体建设用地在隐形市场流转，产生违法用地和“小产权房”问题。如在农村土地承包经营权制度中，农户的自主经营权经常受到地方政府或村集体的强制干涉，从而严重限制了农户的自主经营权。再如农户的承包经营期限在法律上得到一再延长，但承包期对土地维护以及投资的正外部性，以致出现行为的短期化。

5. 产权转移顺畅度不够

资源产权转移顺畅与否，直接关系到资源利用的效率高低。目前，资源产权转移还存在体制、机制及媒介等方面的问题，并由此影响到产权转移的顺畅性，进而影响到产权转移的规模、效率和效果，于资源高效利用不利。以自然资源使用权为例，目前我国对部分自然资源使用权流转较为开放，在法律规定范围内，基本允许其自由流转，如经招拍挂方式出让设立的国有建设用地使用权、矿业权等，但还有许多自然资源使用权，目前国家对其流转限制较多。如土地承包经营权流转，在法律层面上，农户只有对承包土地转包、租赁的权利，却没有买卖土地承包经营权的权利。如宅基地使用权流转，目前仅仅限于村集体经济组织内部流转，大大降低了宅基地使用权的价值。再如农村集体经营性建设用地使用权，目前法律也将其仅仅限于乡镇企业等有限范围，导致土地价值不能得到有效发挥。

6. 收益分配结构和机制欠合理

资源产权问题的核心是收益问题。能否保障资源产权主体获得应得收益，是衡量资源产权制度优劣的关键。目前资源资产产权制度尚不能保障产权主体获得应得资源收益，既表现为国有产权主体的资源收益流失的问题，也表现为集体产权主体的资源收益受到侵害的问题。国有和集体产权主体的资源收益往往不同程度地存在收益流失或侵害的问题。究其原因，主要是利益机制不完善，外部性问题明显。产权制度要素中的一个重要问题就是持有者如何从资源总价值中分享应得的利益。产权利益分享规则应当明确、合理、稳定和受法律保护，分配的原则应该是所有者得到合理的租金，使用者得到合理的报酬，大部分外部性被内部化。由于自然资源定价机制不完善，资源税费问题较为突出，导致我国的自然资源资产租金偏低，资源资产在社会再生产运动过程中的自我补偿、自我增值效益分享有限。资源性产业暴利背后也反映出国家所有权身份的利益没有得到应有保护，也说明税收等过程管制工具效力有待提升。同时，我国自然资源资产收益分配关系不合理还主要体现在中央与地方事权和财权不匹配上，以矿产资源为例，按照现行的法律法规，我国矿产资源补偿费中央与地方五五分成（与自治区四六分成），地方所得部分再在省、市、县进行分成，留给资源所在地地方政府补偿费甚少，且必须专款专用；此外，由于尚未建立完善的资源开发补偿机制，资源地政府和老百姓不仅没从资源开发中获得好处，还承受因矿产所致的环境污染、生态破坏等不利影响，极大影响了地方政府和人民群众管矿、护矿、找矿工作的积极性，不利于节约、集约、合理利用矿产资源。此外，政府管理目标和绩效差异性的存在，使得中央与地方政府关系尚不够协调。目前，我国大多数自然资源实行中央与地方分级管理，受中央与地方政府管理目标和绩效各异影响，中央与地方政府管理资源时经常出现不协调现象。以土地管理为例，中央政府重点关注全局性、战略性宏观管理目标，如耕地保护、国家粮食安全和社会稳定等，地方政府则更注重辖区内的、短期的发展目标，如经济社会发展、财政收入等，从而导致我国违法违规使用资源现象屡禁不止。

7. 产权管理基础能力薄弱

我国自然资源资产管理的基础能力仍然存在很大差距，自然资源资产的统一登记体系尚未形成，资产核算体系和监管体系尚没有建立。如目前我国自然资源基础数据不统一，给自然资源资产管理带来了很多矛盾和问题。由于数据无法整合，使得自然资源资产的数量和质量变化不能得到准确的记录，进而以数量和质量为基础的自然资源资产价值无法有效的核算，自然资源资产的动态预警监管制度就不能有效地建立。

四、国外主要国家自然资源资产产权管理的经验

因经济体制和历史传统，各国自然资源资产产权制度复杂多样。但各国普遍实行自然资源资产产权公有、收益共享以及“谁所有—谁管理—谁收益”的制度。

（一）各国法律制度均对各类自然资源资产产权进行了明确的法律界定

产权的界定是财产充分利用和保护的前提条件。因此，对于自然资源资产的产权，各国法律制度均予以了清晰的划定。有的国家明确

诸多自然资源属于国家所有，同时，为了更好地确保国家所有权的实际行使，以法律形式明确规定了国家所有权的实现方式，或者是授权某些部门代表行使，或者是授权某级政府代表行使，但均要做到权利主体明确。有的国家明确承认自然资源国家所有权和私人所有权，对于国家所有权，法律自然也明确具体的行使主体，而对于私人所有权，也明确私人所有权的权利内容和限制。总之，通过以法律形式科学、合理界定自然资源资产产权的内容、范围，为权利主体的权利行使提供了制度前提。

（二）重要自然资源基本实行自然资源资产产权公有制度

多数国家实行自然资源资产公有，且资源资产产权收益共享制度，只是各国在公有自然资源资产所包括的范围、实行公有的比重和具体的所有制等方面存在差异。自然资源资产公有的主体因国家及资源种别有所差异，具体包括皇家所有、联邦所有、州（省）所有、市（县）所有等。

在此公有制度背景下，所有者对于自然资源开发利用享有绝对的控制权力。由于自然资源在国民经济生活中的重要地位，自然资源的开发利用不能完全由私人主导，而必须由国家代表整个社会进行全面的规划和合理的开发。在许多实行私有制的国家都规定，自然资源所有权只属于国家，私人对于私人土地上的自然资源没有所有权。即便对于承认私人可以享有自然资源所有权的国家，国家对于自然资源的开发利用也通过一系列法律限制的方式实现了对其的控制，以此杜绝私人任意开发利用自然资源，以免损害社会公共利益和子孙后代的长期利益。

（三）自然资源资产产权管理是自然资源管理重要组成部分

国外自然资源管理包括宏观调控、调查评价、政策制定、规划编制、资产管理、监督管理、公共服务等诸多方面。自然资源资产管理和自然资源监管都是自然资源管理的重要组成部分。生态保护、资产收益和产业管理由资源开发活动引发，污染治理则遵循截然不同的科技方法和管理方式（见图 2–1）。

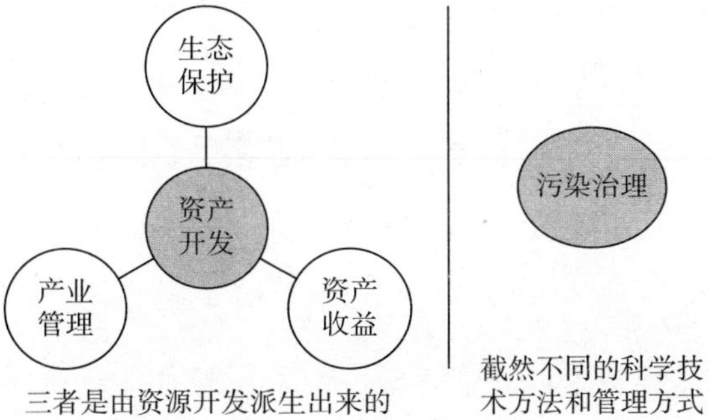

图2-1　自然资源管理、资产管理与污染防治之间的关系

自然资源资产管理是自然资源管理的重要组成部分。资产管理的核心是实现自然资源所有权派生出的收益权。自然资源资产管理和自然资源的产权管理、用途管制、行政管理彼此交织，互相联系和影响。多数国家的自然资源资产管理体制依附于自然资源综合管理体制，这是由公有自然资源的特殊属性决定的。

公有自然资源资产作为特殊的自然资源资产，具有同私有自然资源资产和集体自然资源资产等一般自然资源资产的共性。自然资源收益是国家凭借资产所有者身份取得的收入。国家作为自然资源（包括经营性的自然资源和非经营性的自然资源）的所有者之一，主观上有实现资源资产收益最大化的愿望，需要实现这些财产的保值增值。这意味着，在市场经济条件下，国家作为自然资源所有者在让渡自然资源使用权时，与其他自然资源产权人一样，都必须遵守法律和市场规则。

公有自然资源资产又有其特殊性，国家所有的自然资源一般具有战略性、公益性、福利性和生态性，国家作为自然资源资产所有者，必须体现国家利益，实现经济、社会、生态和政治等综合效益最大化。

公有自然资源使用权的让渡并非以实现自然资源价值最大化为目的，使这些财产保值增值只是目的之一。从各国实践看，确定哪些自然资源资产可以让渡，哪些区域的自然资源资产可以开采，有时基于经济目标，有时基于社会目标，有时基于生态环境保护目标。而无论何类目标，往往都是通过自然资源产权制度设计和管理来实现的。比如美国为鼓励页岩气开采，从 1980 ~ 1995 年钻探的非常规天然气可享受每油桶当量。

各国公有自然资源资产产权管理的主要内容基本一致。自然资源行政管理者的职能主要是基于公权力进行的各项管理，而公有自然资源资产所有者的职能主要是国家这一特殊产权主体基于自然资源所有权进行的各项管理。两者管理流程和环节高度重合并相通，只是管理的依据和内容存在差异（表 2–1），这说明这两项职能互补交叉。两者的共性是：无论国家作为行政管理者还是资产所有者，其管理职责的共同目的都在于实现全民福利的最大化。

表2-1　　行政管理者职能与公有资产所有者职能之间的对比

职能	行政管理者	资产所有者	备注
共同点 管理主体：国家（有些情况是省或州，下同） 管理的根本出发点：实现全民福祉最大化 管理依据：依法管理			
规划	为公共利益行使用途管制的职能	为优化资源利用行使的资产配置职能，服从空间用途管制规划，目的在于体现所有者的意志	目的、性质及地位不同

续表

职能	行政管理者	资产所有者	备注
调查登记	以保护财产权益为目的	以资产清查核算为目的	
制定交易规则	制定市场交易规则	制定公有资源产权交易规则	
评估	国家行政性税收和费用	所有权收益、租金收益	性质上存在差异
生态保护	主动维护国家利益	按照法律要求开展相关工作	都基于对全民利益的维护
监督	监督检查各主体对相关法律的执行实施情况	所有者对所属自然资源资产进行内部监督管理	监督的法律授权来源不同，监督的内部不同

公有自然资源资产管理是系统工程，核心是自然资源资产产权管理，涉及统一登记、资产核算、市场交易和定价等自然资源管理过程的一系列环节，同时也与自然资源用途管理、监督管理、生态保护等职能存在交叉和重叠。其中，产权登记主要存在两种登记模式。一种是国家自然资源资产统一登记。设立统一的不动产登记部门，公有自然资源所有权和使用权与私人所有自然资源都需要经过登记才生效。另一种登记模式是谁管理谁登记。由具体的自然资源管理部门进行登记，登记的目的在于认定所管辖自然资源资产的各项权益。

（四）公有自然资源资产产权管理遵循“谁所有—谁管理—谁收益”的原则

根据自然资源种类不同、所有者主体不同，不同国家的公有自然资源资产的管理方式各异。加拿大和美国实行的是公有土地及相关自然资源所有权、处置权和管理权基本一体的管理体制。联邦政府负责管理联邦公有土地，省（州）政府负责管理省（州）公有土地。

以加拿大为例，联邦政府自然资源部林务局负责管理国有林的有关事务，省和地区林业部门负责管理省（地区）拥有的森林，具有森林资源保护和管理的立法权限，能够制定和执行政策、法律和规定，规定本省的采伐额度和立木价格，按规定的立木价格收取费用，并负责省内资源及生产情况的数据收集。需要指出的是，这里的“管理”，并非所有权主体自己经营管理自然资源资产，从事市场经济活动，而是自然资源管理部门作为自然资源产权代理人所开展的制定政策、确定价格、确定经营代理人、收取资源收益等活动。自然资源资产的具体经营活动一般由自然资源管理部门经国会授权后委托代理经营人进行经营管理。所以，产权代理人和经营代理人是两个概念。

比如加拿大公有林的经营者可分为专业大公司、林业小企业和社区等主要类型，不同类型的经营者采取不同的经营方式。省有林的采伐由若干家大公司竞价投标购买，竞价高者获得森林采伐权，政府发给采伐执照。

美国内政部依照国会法律，对联邦拥有的矿产资源制定规划和政策，进行产权管理和资产管理（见图 2–2）。对油气、煤炭、钾盐、磷酸盐等资源，根据 1920 年的可租让矿产法，按照一定程序租借给矿业公司进行勘查开发；对建筑材料等资源，按照 1947 年的材料法，直接出售给矿业公司；对一般金属矿产和其他矿产资源，矿业公司则按照 1887 年的通用矿业法依照标界制度获得矿业权。可租让矿产实行权利金 + 红利的有偿取得和有偿使用制度，而建筑材料等可销售矿产，则向矿业公司一次性出售产权。

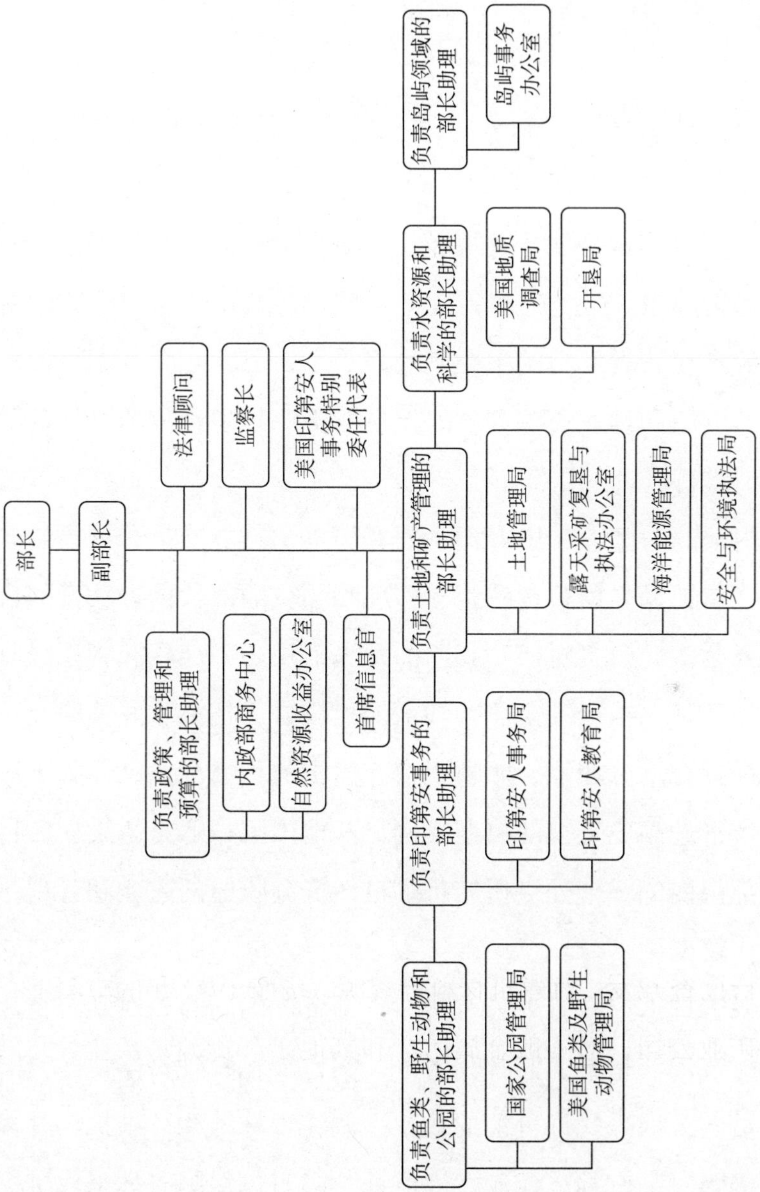

图2-2　美国内政部体制管理架构

由此可知，自然资源资产管理的核心是资源财产权管理，通过资源使用权让渡，获得产权收益的同时，放开市场经济活动，实现宏观调控掌握在政府手中与市场经济活动交给市场的有机结合。

（五）自然资源资产产权管理通常采取与资源产权管理相结合的管理方式

自然资源资产产权管理涉及很多专业的自然资源管理知识，需要专业的资源管理政策和技术支撑，因此自然资源资产产权管理职能通常是自然资源产权管理部门的主要职能之一。目前，还没有哪个国家将土地、矿产资源和林业资源等各门类自然资源集中到一个自然资源资产管理部门进行管理的情况。

以美国内政部为例，2010 年墨西哥湾漏油事件后，拆分了原矿产资源管理局，单独设立由负责政策、管理和预算的部长助理负责的自然资源收益办公室，负责对矿产和原油开采征税，矿产资源管理局以往在促进资源开采、执行安全监管和增加税收方面任务重叠、职能不清，这次改革旨在划分职能、明晰职责。美国这种情况，已经属于对自然资源资产管理高度重视的典型案例，其他国家一般是由设立在自然资源管理部门内的一个处级机构负责自然资源收益的收缴和管理，司局级机构比较少见。

自然资源管理部门在管理公有自然资源资产的同时，对私有自然资源资产进行咨询、指导、监管和服务，实行公私管理一体化。英国国家林业委员会采取采伐许可证的政策，调整森林结构，维护森林多样性，该机构既对私有林采伐颁发许可证，同时也对国有林采伐进行审批。加拿大联邦政府公共工程和政府服务部下设不动产处，负责不动产出售和租赁，同时制定私人不动产政策，而且该部还下设加拿大土地有限公司（皇家公司），以企业的方式经营不动产业务。

（六）自然资源资产收益方式多样化，但以出租为主

公有自然资源收益在国家的财政中占有重要地位。总的来说，世界主要国家获取资源收益的方式多种多样，主要包括 4 种方式。

①出售。对于具有重要生态价值的国有自然资源，世界主要国家都停止了私有化的出售政策，主要以国家占有所有权为主。对于不涉及经济安全的矿产资源，如建筑材料，一些国家仍然采取出售产权的方式。加拿大负责联邦政府各部委不动产出售和租赁的是公共工程和政府服务部的不动产处。

②出租。世界上绝大多数国家对公有自然资源采取出租的方式，在各种资产收益方式中约占 70%~80% 的比例，但也取决于不同国情及经济社会发展的不同阶段。以矿产资源为例，在其具体的出租方式当中，主要收取两种类型的收益。一是权利金，相当于绝对地租。对于石油、天然气、煤炭等能源及矿产资源来说，主要是指权利金，收取比例约为公司所采出矿产品产值的 1/8，典型国家如美国、英国等。对于风险相对较高的金属、非金属等固体矿产，征收比例大约为 2%~5%。二是超额利润税，相当于级差地租。是指受矿产品市场价格的影响，当矿业权人的利润率达到或超过一定水平后征收的地租，一般以资源租金税、超额利润税、附加利润税、超权利金等方式征收，比例大约为 20%~30%，主要取决于矿业的周期性结构调整。

③在私有资源公司中入股。这种模式多在能源和矿产资源领域采用。具体是国家以自然资源所有权入股资源公司，按照股份分享资源收益。澳大利亚、加拿大、俄罗斯和巴西等重要矿产资源国都存在或曾存在过这种资源资产收益方式。

④建立国有公司直接经营。这在很多国家都能找到典型案例。典型案例如改革前的巴西淡水河谷公司、原英国石油公司（BP）和英国天然气集团（BG）。

（七）自然资源资产收支分离与一体模式并存，监管信息化趋势明显

对公有自然资源，其收支模式主要有两种：一种是收支两条线，是通行做法，资源管理部门负责自然资源资产收益的征收管理，所征收的费金则全部上缴财政管理部门；另一种是收支一体的模式，英国国家林业局和美国联邦土地管理局都采取的是这种模式。

以美国联邦土地的收支管理模式为例，目前联邦国库中内政部土地管理局的土地收支专门账户主要有5种类型：①一般基金，由收入账户和支出账户组成，前者来源于一定比例的土地收益，间接用于全体国民，后者来源于国会对土地管理局的拨款；②特别基金，也分为收入账户和支出账户，前者由法律规定用于特定用途，后者是土地管理局可支配收入；③周转基金，用于资助和管理一些特殊事务，如木材开发等；④信托基金，主要指土地管理局管理的两个信托账户，用于实施信托协议下的特殊项目；⑤储备基金，暂时保存的资金，等待分配方案确定后使用。从土地收益的最终去向来看，土地管理局的土地收益除正常运行开支外，主要用于两个方面：一是直接转移支付给州和地方政府，包括税收抵补支付、放牧费返还、土地购买、能源和资源收入返还等；二是以项目形式在州和地方投资，包括土地管理、自然资源保护、牧草地维护、基础设施建设、矿藏开发等。

在资金上，主要通过两种方式进行管控和监督。一是绩效管理，进行系统内控制，将各管理部门的支出、绩效措施和管理目标联系起

来。二是监督和责任制度，内政部、总统办公室、国会和公众都可以对联邦土地收支及其管理进行监督和审查，监督形式包括财务审计和绩效审计两个方面，监督的内容各有侧重。第一，在法律地位上，土地管理局代理内政部实施管理活动，责任由内政部承担，相应地，内政部对土地管理局具有监督管理的责任。内政部要求内部机构每3年依据《不合理支付信息法》评估其项目，以确定发生重大错误支出的风险，报告不合理支付的情况。第二，总统办公室中的管理与预算局对内政部和土地管理局进行监督和审查。此外，还要接受国会和公众的监督和审查。与此同时，在自然资源综合管理的大趋势下，信息化手段在自然资源资产监管中正发挥着越来越重要的作用，极大提高了工作效率和督察力度。如美国的区域办公室借助先进的数据处理技术、联网技术、信息数据库技术，并运用专业的监督软件对监督对象实行监督，使监督工作与计算机网络组成一个有机整体。

五、建立健全自然资源资产产权制度，切实推动我国绿色发展

（一）总体方向

判断自然资源资产产权制度的优劣，关键是一要看自然资源资产本身的变化情况，也就是看自然资源资产产权制度的施行是导致自然资源资产增加了还是减少了，导致增加了就是好制度，反之则是不好的制度。要判断自然资源资产本身的变化，加强自然资源资产监测、统计、核算和审计是必不可少的，这也是探索开展自然资源资产负债表编制和领导干部自然资源资产离任审计的目的所在。二要看自然资源资产收益的变化和分配情况，导致经济、社会、文化和生态收益增加，并且收益分配相对公平合理的制度是好制度，反之亦然。加强全民所

有自然资源资产收益及其分配的监管和改革，是进一步改进自然资源资产产权制度的重要选择。

再进一步做更加理性的分析。判断自然资源资产产权制度的优劣，应主要看三个方面：其一是看自然资源资产产权主体是否明确、主体责任是否清晰，显然导致产权主体缺位或其责任不明确的制度不是好制度。其二是看自然资源资产权利的完备性如何，特别是处分权、收益权是否完备，显然导致资产权利不完备、有缺失的制度不是好制度，特别是极易导致产权主体的自然资源资产处分权和收益权缺失或不充分的制度不是好制度。其三是看自然资源资产产权制度的有效性，重点看制度的合法性如何，是否与现行相关法律法规相容，这就是制度可容性，显然与法律法规相关规定有矛盾的制度，其有效性是有根本问题的；同时还要看自然资源资产产权制度实施的社会环境或民心民意基础如何，与多数民众期望相背离的制度显然不是好制度。

总之，自然资源资产产权制度改革是个重要而复杂的理论和实践问题。关于方向，我们认为应坚持主体结构合理、产权边界清晰、产权权能健全、产权流转顺畅、利益格局合理的自然资源资产产权制度改革总体方向。

①主体结构合理。要进一步完善由全民或国家所有者和集体所有者共同组成的中国特色自然资源产权主体结构，强调各类产权主体的权利和义务的平等与均衡。

②产权边界清晰。厘清各类自然资源之间、各类产权主体之间的资源产权边界。重点厘清农、林、草资源之间，矿产与土地、水资源之间的产权边界；重点厘清国家和集体资源产权的边界。

③产权权能健全。以强化资源处分或处置权、保障资源收益或受益权为核心，健全资源产权权能。

④产权流转顺畅。以消除资源管理体制和资源配置机制等方面的障碍为突破口，促进资源产权顺畅、有效流转。

⑤利益格局合理。以切实保障国家利益和集体利益为核心，改进资源利益分配格局，提高资源利益格局的合理性。

（二）若干建议

1. 加快完善自然资源资产产权相关法律制度

明晰产权是自然资源产权制度建设的核心，建立排他性的产权是明晰产权的关键。按照中央深化自然资源管理制度改革的总体要求，积极完善自然资源产权制度，继续加快相关法律的立法、修改和废除工作进程，制定综合性的自然资源法律，明晰行使国有和集体自然资源资产所有权职责的主体代表，明确利益相关方的占有权、使用权、收益权和处置权。一是强化现有产权保护法律法规修编。修订《物权法》中国家所有权不用登记之条款，增加自然资源国家所有权需进行造册之规定，并修改各自然资源单行法中关于自然资源资产产权的条款，增加自然资源管理权、环境权、发展权，修改现行法律中关于自然资源资产使用权流转的限制，修改《水法》中水权交易制度，《渔业法》应明确养殖渔业权的流转。稳定自然资源资产产权，强化对自然资源资产的保护力度，避免掠夺性开发利用。二是制定出台我国《自然资源法》，统筹规划自然资源资产保护管理制度。将各种自然资源作为一个整体，统一规划，一并开发、利用与保护，以维持整个自然资源经济效益的充分发挥和生态系统的平衡利用。同时，修订各类现行自然资源单行法，充实其资产监管职能，消除各单行法之间的职能冲突和盲点，使得各类自然资源的各方面管理、保护都能做到有法可依、于法有据。

2. 构建产权明晰的自然资源资产管理新体制

一是成立专门代表国家行使国有自然资源所有权的“国有自然资源资产管理部门”。按照十八届三中全会的自然资源资产管理制度改革精神，可参考国有企业改革经验，组建“国有自然资源资产管理部门”，统一代表国家对属于全民所有制的自然资源资产行使所有者权利。国家所有的权利和集体所有的自然资源资产权利，处于平等地位，都要接受政府不动产登记部门的统一登记，接受政府自然资源监管部门的统一规划和空间用途管制。国有自然资源使用权进入市场流转的，要办理使用权登记和变更登记，还要接受工商、税务、物价等部门的统一管理。同时，在构建起统一的国有自然资源资产管理体制基础上，进一步明确中央部门间、中央与地方间资产监管职责，促进纵向分工合理、横向职能协调，确保监管效率。二是完善自然资源资产集体所有权制度，积极探索农村集体经济新的实现形式和组织形式。依据地区发展特色和模式，积极探索农村集体经济新的实现形式和组织形式，借鉴股份制或股份合作制等企业法人管理模式，完善双层经营制度中集体“统”的作用。一方面，可考虑取消村民委员会对农村集体经济组织对农村集体自然资源所有者的代理人身份，将村委会的职能严格限定在农村社会事务的管理范围内；加强监督，缩小寻租空间，消除行政力量对农村集体自然资源产权和经营的干预和侵害。另一方面，探索将集体经济组织法人化，使其用法人制度规则进行治理。

表2-2　　全民所有自然资源资产管理机构主要职能设计

主要职能	简要描述
自然资源资产规划	优化资源配置，服从用途管制；审核所监督管理资产运营部门或企业发展战略和规划；研究提出所监督管理部门或企业做强做大的政策、措施；指导所监督管理部门或企业布局和结构调整；承担所监督管理企业或部门重大决策履行所有者职责等

续表

主要职能	简要描述
自然资源资产调查与产权登记	所有权、使用权等
自然资源资产核算	实物量、价值量；编制自然资源资产负债表等
自然资源资产产权管理与交易市场监管	拟定相关规章制度与管理办法；承担产权登记、转让、划转、处置及产权纠纷协调等工作；审核所监督管理企业或部门自然资源产权变动、转让等；监督规范资产市场交易等
自然资源资产监督与考核评价	承办所监督管理资产运营部门或企业财务预决算；考核其负责人经营业绩；完善绩效评价体系，综合考核其经营业绩；资产损失责任追究；清产核资与资产损失核销等
国有自然资源资产尤其是公益性自然资源资产的保护与修复等	
研究、指导国有自然资源资产运营机构改革	事业单位改革、资产运营企业改革等
自然资源资产收益管理	承担自然资源资产有偿使用与专项收入征管工作；生态补偿资金管理；组织所监督管理资产运营部门或企业上缴国有自然资源资产收益；国有资本经营预决算相关工作；组织开展所监督管理部门或企业负责人自然资源资产离任和任期审计等
自然资源资产政策法规制定	
指导集体所有自然资源资产管理	
其他一般性职能	党建工作、宣传组织、国际合作、指导与监督地方、综合研究等

注：应区分公益性和经营性自然资源资产；所监督管理的公益性资产运营机构极有可能为事业单位，经营性资产运营机构则为企业；经营性自然资源资产监督管理的目的是保值增值和实现利益最大化；公益性自然资源资产监督管理的目的是自然生态保护与提供更多更优质的生态产品。

3. 以不动产统一登记为基础加速推进自然资源资产统一登记

以土地产权统一登记和不动产统一登记为基础推进自然资源资产产权统一登记，并在此基础上，通过统一协调和行使权利类型认定和界址划定来协调并解决登记中的冲突与矛盾。在登记机构、登记簿册、登记依据和信息平台等统一的基础上，加强推进以土地为基础的不动产统一登记，逐步建立全国土地、矿产、山岭、房屋、草原、林地、荒地、滩涂、海域等自然资源资产产权登记制度，使自然资源产权落实到位。抓紧制定不动产统一登记的配套法律规章和规范，推动机构建设，做好工作衔接。以土地调查数据库为基础建立协调或者统一的登记信息系统，强化“云计算”工程建设，加快自然资源资产财产权登记大数据平台建设。

4. 建立健全完整的自然资源资产产权权能体系

一要坚持把明确集体自然资源所有权作为完善集体产权制度、保全集体产权权能的前提。为充分实现集体自然资源所有权，首先，须进一步明确和落实乡（镇）、村、村民小组农民集体的自然资源所有权；其次，在坚持集体所有制的前提下，本着两权分离的原则，赋予广大农民长期而有保障的集体使用权；再次，在明确集体所有权和使用权的基础上，规范和完善集体土地使用权流转；最后，必须有效保护集体所有权和使用权，保障交易安全。二是赋予集体自然资源所有权完整的权能，赋予收益和处分的权利。除因公共利益的需要进行征收外，农民集体自然资源只要符合规划、依法缴纳有关税费，可以自行决定是直接用于建设，还是通过出让、入股、合资等形式进行开发建设。三要放松对自然资源使用权的过多限制，还使用者以自主使用权、经营权、收益权。除必要的用途管制外，地方政府不应对集体成员承包的耕地、草原、林地等做过多的限制，必须保护使用权人自主权，不得以任何方式行政、强制手段干涉其合法的生产经营活动；同时，允许自然资源使用权人根据自然资源具体情况进行有效的开发利用，避免权利人承担过多的负担和责任，以至于对自然资源正当合理的收益损失。四要清晰界定自然资源使用权的界线，保持自然资源使用权的长期稳定。自然资源的使用权要进一步明确界定，清晰界定使用权的界限，这有利于保护使用者的合法权益，防止侵权行为的发生，在明确使用权的基础上，使用权将尽可能的细化。目前自然资源资产的使用权是有年限限制的，由于自然资源的开发利用周期较长，有必要延长使用权的年限限制，甚至不限制年限，这样有利于对自然资源的开发利用做出合理安排，避免对自然资源的过度开发利用，提高自然资源的利用效率以保证自然资源的可持续利用。

5. 进一步推进自然资源资产产权交易市场建设

自然资源资产化管理的一个重要条件是具有完善的有形产权市场，这才能发挥市场在资源配置中的决定性作用。为此，建议一要积极完善并贯彻落实自然资源有偿使用制度，并将自然资源有偿使用作为自然资源资产使用权流转的基本原则，采用行政调整、市场调整和社会调整相结合的综合调整机制，确保自然资源资产使用权市场的健康有序运行。二要区分自然资源资产使用权一二级市场，采取不同的监管原则。一级市场要凸显社会公众的监督作用，以政府出让行为高度公开和透明为原则，防止和减少权力滥用和政府寻租；对二级市场中自然资源资产使用权流转，要更多依靠司法上的权利义务来规制，减少公权力干预，同时确立公平竞争的交易规则。此外，配合有形市场建设，还应鼓励中介机构的发展和建设。三要积极扩大可流转自然资源资产使用权范围和方式。明确有偿取得的具有价值的自然资源资产使用权原则上均可以流转，并允许自然资源资产使用权采取买卖、租赁、抵押等法律认可的一般商品市场的交易方式。四是科学合理设置自然资源资产使用权主体准入制度，引入多元化的自然资源使用权主体。为确保自然资源合理开发利用，要以外部性条件或标准为主，实行严格的市场准入制度，不具备相应资格条件的主体，禁止或限制其获得有关自然资源资产使用权。同时，积极引入民营企业、外资企业等多元互动的产权主体，参与市场竞争，以避免对自然资源"占而不用"，大幅提高资源配置效率。但在吸引民间资本、外国资本同时，必须进行严格的资格审查，统一资源利用政策，创造公平的竞争环境。

6. 进一步理顺利益主体间收益分配关系

一要进一步调整完善资产所有者与使用者、中央与地方等收益分配机制，促进资源更有效配置，提高资源综合效益。国家在制定土地出让金、年租金、入股资本金的标准时，要本着权利与地价相一致、权能与利益相一致的原则，合理确定租金及其分配关系，使用地者以不同方式获得的土地使用权的代价与权利相一致。同时，要积极探索调整资源所有者与使用者间增值收益分配机制。参考房地产流转中征收个人所得税做法，考虑在资源流转过程中，国家可对资源使用者征收一定比例个人所得税（主要是资源资产增值部分），以增加国家资源资产收益。此外，还要合理调整中央与地方分配比例，着重推进矿产资源补偿费向资源产地倾斜，探索中央参与土地出让金分配，健全资源开发利用生态补偿机制。二要加快资源税费制度改革创新，并进一步完善资源价格形成机制。优化资源税费结构设计，调整资源税率费率，加强资源税费使用监管，实现保护和节约资源、确保国家资源权益充分实现和合理分配之宗旨。同时，重点合理界定资源成本，资源定价需要考虑的因素包括以下四个方面：获取资源的成本；环境破坏和环境治理成本；资源开采和资源利用的收益；资源的稀缺性。加快实行包括税收、补贴、市场交易等在内的多种规制政策。强化自然资源开发利用与保护的外部性监管，加强庇古税、生态公共产品等使用权交易的环境经济政策应用，使自然资源开发利用的外部不经济性内部化，使外部经济性得到示范和推广。完善自然资源及其产品的消费税改革，使其价格包括外部不经济性的成本。在此基础上，合理利用价格管控手段，建立以市场为基础的价格调控机制，适时转变和及时完备自身职能，尽快实现从资源性产品价格的直接制订者和管制者到市场经济价格的制订者、调控者、监管者这一复合角色的转变。三要在集体所有权和使用权法律地位得以充分体现的前提下，进一步完善集体所有自然资源收益分配。在集体所有自然资源收益分配中，应当正确处理地方政府、农民集体和农民之间的收益分配关系。政府的收益，通过完善和统一有关税收来保障，不再采取征收后再出让收取出让金的形式；农民集体和农民的收益分配，由集体成员共同决定。乡（镇）政府、村（居）委会不得参与集体土地流转收益分配。

7. 建立健全自然资源资产现代监管、监测与评估体系

一是通过建立自然资源资产数据信息管理平台，完善监管技术方法等，来完善自然资源资产的现代监管体系。自然资源资产产权监管主要是让自然资源使用者的权益得到保护和实现，同时确保生态功能的用地得到严格保护，目前我国自然资源信息不对称给自然资源资产监管造成很大不便。为此，首先，要建立自然资源资产数据信息管理平台，实现自然资源统一调查评价、登记信息与审批、交易信息实时互通共享，向各部门及时推送自然资源资产数量、产权、价值等动态变化信息，进而有效提高各专业管理部门对自然资源监督管理的效能。还要完善监管技术方法。充分运用3S、信息等现代技术，实现资源资产全程监管，及时、全面掌握资源资产利用动态情况，防止违法违规使用资源现象的发生。二是开展周期性资源资产调查与评估。加强自然资源资产的监测与研究，逐渐建立并形成国家及重点区域自然资源状况与变化的周期性调查评估制度，及时掌握自然资源状态及其变化。三是加快研究分类分区的自然资源资产评估、核算技术方法体系。按人类活动对自然资源资产的影响方式和影响程度，对自然资源资产实行科学分类管理。根据自然资源资产的类型和区域差别，加快研究分类分区的自然资源资产评估、核算技术方法体系，摸清自然资源资产家底。加快自然资源资产负债表编制技术研发与实践，完善国民经济核算体系，将资源消耗和生态环境损害纳入国民经济核算，使经济增长客观反映经济效益、生态效益和社会效益。探索生态资源服务价值化核算和自然资源开发的环境影响核算，让滥用自然资源和破坏生态环境的行为付出沉重的经济代价。四是完善国家自然资源资产调查与监测试验台站体系，针对不同地域、不同类别、不同经济社会条件下的自然资源资产开展长期深入而细致的研究，全面掌握各地区不同类别自然资源资产性质、功能及其遭受损毁的风险、动因，为区域自然资源资产开发利用、科学保护、经营监管提供科学思路和详细具体的操作程序与方法，为自然资源资产科学合理监管决策提供有效的科学技术支撑。

执笔人：李维明、谷树忠、刘丽

参考文献

[1] 谷树忠、李维明.自然资源资产产权制度的五个基本问题.中国经济时报，2015-10-26

[2] 刘丽等.自然资源资产管理的国际经验借鉴. 国土资源情报，2016

[3] 李维明、谷树忠.自然资源资产管理体制改革之管见.中国经济时报，2016-2-19

[4] 刘丽、陈丽萍、吴初国.国际自然资源资产管理体制概览.国土资源情报，2015

[5] 王尔德.建议对自然资源按公益性和经营性资产分类管理. 21世纪经济报道，2014

[6] 仲晓飞.澳大利亚联邦政府资产管理改革及启示. 齐齐哈尔大学学报（哲学社会科学版），2014

[7] 澳大利亚财政部联邦地产管理框架.www.finance.gov.au

[8] 英国皇家地产局.https://www.thecrownestate.co.uk/

[9] 国土资源部内部报告. 美国内政部考察报告.2004

[10] 操小娟.美国联邦土地收支管理法律制度及启示.中国土地科学，2010

[11] 刘俊昌等. 世界国有林管理研究. 北京：中国林业出版社，2010

专题报告三

支撑绿色发展的能源体制改革研究

一、能源发展已阻碍了中国的绿色发展

（一）中国能源发展现状与主要问题

中国能源的总体特征是：规模大、增长快；煤炭多、绿能少；效率低、浪费大；高排放、坏环境。21世纪以来，中国能源消费总量由2001年的15亿吨标准煤增长到2015年的43亿吨标准煤，约占世界能源消费总量的22.9%，其中煤炭占64.4%，水电、风电、太阳能发电等非化石能源占12%。中国的能源消费总量与煤炭消费总量均居世界第一。

1. 能源消费总量高，能源供需规模仍在不断扩张

中国从2010年起已经成为世界第一大能源消费国，现在的能源消费总量远远高于其他国家，人均能源消费量也已高于世界平均水平。在能源供应能力大幅度扩张的同时，环境资源负荷也急剧升高。必须从能源总量控制，能源品种结构调整，以及最严格的排放标准等多方面共同努力。

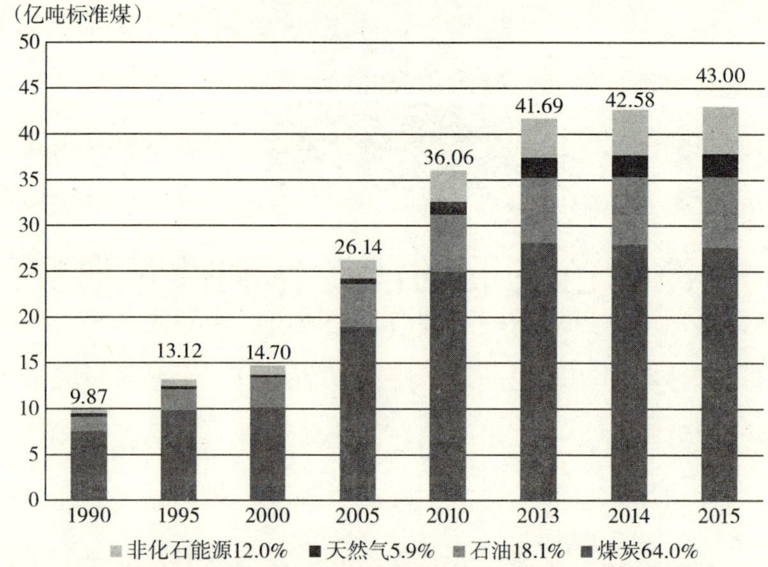

图3-1　1990～2015年中国能源消费总量与结构

资料来源：国家统计局，《中国统计摘要2016》。

2. 高煤炭比例高、常规污染物与温室气体排放高

全球变暖的气候变化问题，也是中国面临的重大环境生态挑战。中国能源消费总量远远高于其他国家，又过度依靠煤炭，早已成为温室气体的最大排放国。全球变暖的负面影响在世界各地，包括中国已经逐渐显示出来。中国必须尽快控制温室气体的增长速度，并尽可能早地实现温室气体排放零增长。

中国已成为世界上最大的石油进口国，石油对外依存度已达近60%。作为世界上最大的能源消费国，我们不可能主要依靠进口油气等相对清洁的化石能源确保能源供应。

治理雾霾、改善环境要求尽快改变以煤为主的能源结构，实现能源的清洁绿色发展，应对气候变化又要求我们限制煤炭等高碳能源使用。在继续完成工业化，推进城镇化的进程中，中国能源消费还要有所增加。只有通过能源革命，改变原有高碳能源扩张的发展模式，才

能实现社会经济和能源的可持续发展。

3. 能源转换与利用效率低，存在浪费与不合理消费

能源革命最重要的是消费革命。中国人口众多而且分布高度集中，必须切实实行节能优先战略，抑制不合理的能源消费。如果能源消费继续按照过去的增速扩张，我们就不可能实现能源结构调整和有效的环境改善。中国治理大气污染需要减少煤炭消费总量，不但中东部需要减少煤炭总量，西部地区也没有大规模增加煤炭消费的环境生态空间。

要实现2020年空气质量明显好转的目标，即使采用严格的环境排放控制技术，中国煤炭消费总量仍然需要控制在30亿吨以下。真正实现蓝天常在，达到新的大气质量标准，煤炭等化石能源总量还将进一步受到限制。中国常规能源供应能力过剩，而绿色低碳能源不足将是长期趋势。节能优先战略是促进经济转型，促进生态文明建设，提高经济增长质量，实现可持续发展的重要抓手。

（二）绿色发展迫切需要中国实现能源转型

中共十八届五中全会通过的《中共中央关于制定国民经济和社会发展第十三个五年规划的建议》提出了“十三五”时期经济社会发展的主要目标，以及创新、协调、绿色、开放、共享的发展理念（以下简称“五大理念”），其中绿色发展理念很大程度上对能源发展提出了新要求，并在未来目标中增加了生产生活方式绿色化的内容。坚持绿色发展，着力改善生态环境，就要求通过能源革命实现能源转型，推进能源革命，加快能源技术创新，建设清洁低碳、安全高效的现代能源体系，其中推动低碳循环发展、全面节约和高效利用资源是能源绿色转型的两个重要方面。

1. 绿色发展需要中国能源转型支撑

长期以来粗放的能源发展方式不能支撑绿色发展。主要表现为：粗放低效的能源生产和消费方式导致大量浪费和耗竭；长期高强度的能源资源与开发造成较严重的生态环境灾害；大规模的化石能源粗放利用是大气污染的罪魁祸首；以煤为主的超高比例碳基能源消费是温室气体的主要来源；落后的能源体制机制已严重滞后于绿色高效发展的要求。

中国当前的能源体制机制与“五大理念”尤其是绿色发展的要求严重不匹配。主要表现为：能源管理体制历来重发展轻环保、重生产轻消费、重供应轻节约；能源资源产权制度未能真正改变过度无序开发状况；能源资源财税制度远不能体现资源稀缺程度和环境外部性成本；能源市场体系建设严重滞后，不利于绿色高效可持续发展。

2. 中国能源亟待转型以适应绿色发展要求

以“五大理念”指导未来能源发展，以绿色发展为核心推进能源转型。绿色发展与能源转型要求中国从源头到终端推进全链条、全方位、全社会的绿色、高效、清洁、低碳的能源转型。企业在能源勘探开发、加工转换、存储运输、消费利用等各环节，应选择节能、节水、节材的方式、技术和工艺。消费者运营加强绿色理念，形成节约、绿色、低碳、文明的消费模式和生活习惯。同时，能源生产和消费转型需要高效的制度提供保障。

坚持以“五大理念”引领能源体制机制改革，坚持绿色、开放和制度创新。能源的绿色转型需要考虑资源上线、环境底线、生态红线的限制。绿色发展背景下的能源转型应坚持以资源消耗上线作为“紧箍咒”、以环境质量底线作为硬约束、以生态保护红线作为不可逾越的雷池。以不突破“三线”为边界深化能源改革。能源体制改革既需要发挥市场在资源配置中起决定性作用和更好发挥政府作用的制度体系，将“五大理念”融入各项体制机制的改革中（参见表3–1）。

表3-1　“五大理念”与能源体制机制的紧密程度

	创新	协调	绿色	开放	共享
参与者			▲	▲	▲
市场	▲		▲	▲	
价格		▲	▲		
治理（调控、监管）		▲	▲		
法治	▲	▲	▲		

注：▲表示“五大理念”对能源体制机制的指导意义。

资料来源：本研究整理。

3. 绿色发展与能源转型要求中国能源革命

世界绿色发展趋势与全球能源转型催生全球能源新趋势。未来十五年，新兴经济体经济增长依然强劲，对能源的需求快速上升，全球能源供需格局正在重构，世界主要大国围绕能源主导权的争夺日趋激烈，新一代信息通信技术和能源科技创新加速全球能源革命。全球能源的新变化表现在：绿色能源成为未来不可逆转的趋势；页岩革命推动全球能源大变革；绿色能源科技革命孕育新突破；西斜东倾的全球能源新格局趋势明显；国际能源变局中的大国博弈日趋激烈；健全法制将有力保障现代能源市场体系发挥作用。

2030年前的中国能源发展形势迫切需要推动能源革命。即使中国经济增速放缓，2030年中国也将跻身为高收入国家行列，并成为世界第一大经济体。届时中国对能源的需求将大幅度增加，中国将成为未来能源需求主要经济体。研究表明，到2030年全球能源需求增长60%是来自非OECD国家，而中国增加的能源需求超过1/3。如果按照目前中国能源发展方式放任消费，2030年中国能源需求缺口巨大；

2030年中国对进口石油的依赖度将高达80%，这一依赖程度将大大超出美国曾经达到的水平。国务院发展研究中心发布的《中国中长期能源发展战略研究》预测，2030年中国将初步形成煤、油、气、核和可再生能源五足鼎立的多元能源结构。若设置化石能源消耗峰值，将有望在2030年前实现二氧化碳排放总量下降，能源消费量控制在60亿吨标准煤。中国国际经济交流中心课题组研究结果表明，如果采用转变发展方式、调整消费行为、大力节能降耗等能源消费革命措施，2030年中国能源消费总量控制在60亿吨标煤左右是可以做到的。各主要机构预测表明，2030要建设一个现代、和谐和有创造力的中国，推动能源体制革命，建立现代能源体系尤为迫切。

2014年6月，中央财经领导小组第六次会明确提出，要积极推动中国能源生产和消费革命，明确了中国能源从供给、消费、技术、体制及国际合作等层面上都要发生根本性变化，其中绿色低碳将是其中一个重要方向。

（三）能源革命具有紧迫性

为解决资源环境承载力天花板的限制中国绿色高效发展的需求，我们有必要短期内拿出一套可以解决上述矛盾的制度安排。

1. 当前中国的能源供给压力持续增加，影响能源安全

伴随着中国经济的崛起，在主要发达国家能源消费总量趋于下降的情况下，中国的能源需求却在不断增加，并超越美国成为世界第一大能源消费大国。这导致了由于中国“富煤贫油少气”能源禀赋限制，能源供应能力有限，无法满足日益增长的能源需求，使得能源市场的供需缺口不断拉大，且并没有表现出逆转的迹象。为了保证能源供给，中国石油和天然气的进口依存度不断攀升。与此同时，中国能源进口

地区较为集中，容易受到国际动荡局势的影响，面临较大的安全风险。能源供给的不可持续性使未来能源发展存在很大的不确定性，带来了不容忽视的能源安全问题。

2. 资源消耗、环境承载或达上限，影响生存环境

大量的能源消耗也给中国带来了严重的环境污染和生态破坏问题。从直接影响来看，能源的不当利用所排放的废水、废气一方面加剧了环境污染，损害了生物多样性；另一方面使得气候环境的恶化，导致酸雨、灰霾等极端天气的频繁发生。从间接影响来看，在全球低碳化的潮流大势中，居高不下的环境污染物排放量严重影响了中国国际形象的树立；并且对中国的出口、就业、财政收入、投资以及整体经济增长产生了一定的抑制作用。

中国面临着日益严峻的资源环境约束、温室气体减排压力、能源安全形势和能源技术革命的挑战。中国环境承载能力已达到或接近上限。中国应对气候变化的自主行动计划要求2030年左右实现碳排放达到峰值。未来能源消费量将持续攀升，中国的水能、风能、太阳能等清洁资源丰富却未得到有效利用，能源总量和结构调整的压力十分巨大。石油、天然气对外依存度将分别达60%和40%左右，并成为中东的第一大油气进口国，保障能源安全的形势日趋严峻。

3. 国内外能源供需形势宽松、改革成本与风险较低

当前是深化能源体制改革的有利窗口期和战略机遇期。全球面临能源转型，可再生能源蓬勃发展，国际石油价格大跌后进入价格低位运行周期。国内经济进入进场常态，生产性能源需求负荷强度增速有所降低，国内能源供需矛盾趋缓。国内各领域改革不断深化，为能源体制革命创造了较好的配套条件。这一时期加快能源体制改革成本较低、风险可控。

总之，无论是从解决上述矛盾和问题的角度，还是从应对新形势、新挑战的角度，推动中国能源体制革命不仅必要，而且紧迫。当前正值国际能源价格低位运行，各方面对改革已形成共识，必须抓住这一重要时间窗口，尽快启动能源革命。

二、高效的能源体制是能源转型的制度保障

对于能源体制的定义或范畴，当前社会存在一定的认识误区，简单地将能源市场主体竞争结构和关系，如能源市场垄断、价格管制等当作是能源体制；或者将能源管理与监督机构当作能源体制，对应地，将能源体制改革仅仅理解成打破垄断，价格形成或者重组能源局等方面的改革，这种认识不够全面。准确地说，能源体制是指一定区域内（通常为一个国家）能源行业或能源领域内资源配置的具体方式、市场运行以及监管制度模式等各种关系的综合，包括“能源市场基本制度”“能源市场竞争结构”“能源市场运行机制”和“能源市场管理与监管体制”等四大构成因素，能源体制改革应包括上述四大构成因素全方位的改革。

以支撑中国绿色发展为宗旨，以加快转变能源发展方式为主线，遵循“创新、协调、绿色、开放、共享”发展理念，按照发挥市场在资源配置中的决定性作用、更好发挥政府作用的要求，着力破解制约能源可持续发展的体制机制障碍，创建面向市场竞争、面向绿色低碳、面向全球化体系完整的现代能源体制，以及可再生能源优先与气体能源支持、分布式与集中式相互协同、需供互动、节约高效的现代能源体系，提供清洁低碳、安全高效的能源，支撑能源转型，满足国家经济发展、人民生活改善、生态环境优美的现代化进程需要。

（一）能源体制革命具有深刻内涵

《能源发展战略行动计划（2014 ~ 2020 年）》提出了中国能源体制革命的内涵——坚持社会主义市场经济改革方向，使市场在资源配置中起决定性作用和更好发挥政府作用，深化能源体制改革，为建立现代能源体系、保障国家能源安全营造良好的制度环境。

1. 能源体制需要从根本上进行的链式系统性改革

从当今世界能源发展大势和中国全面深化改革的要求来看，中国能源体制必须面向能源生产和消费革命的需要，面向社会主义市场经济发展的需要，不断深化改革。要从能源市场竞争结构、能源市场运行机制、能源市场管理与监管体制、能源市场基本制度四个基本要素着手，多措并举启动能源体制革命，创建现代能源市场体系。这种让市场发挥资源配置决定性作用、更好发挥政府作用的改革，虽然过程上表现为渐进的、持续的改革，但最终建立的将是一种面向全球竞争、适应新技术革命的全新体制，所以称之为能源体制革命是非常恰当的。

2. 能源体制革命的核心是处理好政府和市场的关系

能源体制革命的核心任务是明晰政府和市场在能源领域作用的边界，最大限度地减少政府对市场的随意干预，加强政府的依法监管。在发挥市场在资源配置中的决定性作用的同时，更好发挥政府作用，为推动能源转型，建设清洁低碳、安全高效的现代能源体系提供有力的制度保障。能源体制革命，应立足于促进企业自主经营、公平竞争，消费者自由选择、自主消费，商品和要素自由流动、平等交换，创建有效竞争的能源市场结构，通过颠覆性创新，再造现代能源市场体系。

3. 能源体制革命与以往改革相比具有鲜明特点

一要由“被动选择”到“主动选择”。还原消费者权利，全面放开用户选择权，赋予用户对能源的自主选择权，消费者可按需求自主、高效、清洁、低成本用能，创造美好生产生活环境。

二要由“点式改革”到“链式革命”。重塑能源产业组织，从油气产业链、电力产业链、一次能源到加工转换到终端消费全产业链上中下游全方位推进改革，独立调度中心、交易中心、输送环节和配送环节，实现生产、输送、配送、销售业务的合理有效分离，重构主体多元的市场竞争格局。

三要由“专享资源”到“分享资源”。创新资源配置方式，在资源配置上由行政手段为主改为经济手段为主，以招投标、拍卖、竞争性谈判等方式，通过市场竞争有偿取得资源，建立起主体多元、准入公平、竞争有效的市场交易体系。

四要由“政府制定”到“市场竞价”。通过市场竞争形成价格，重构反映市场供求关系、包括外部成本在内的全成本能源价格形成机制。

五要由“政监合一”到“政监分离”。重塑能源管理体系，创建市场与政府边界清晰、权责明确、高效透明、公平公正、监管有力的能源管理体制和监管体系，推进能源领域治理能力现代化。

六要由“无法可依”到“有法必依”。制定和完善能源基本法、单行法和配套实施细则，建立科学有效的立法、司法、执法和依法行政的法治体制，发挥法治在能源领域治理和管理中的重要作用。

4. 未来能源体制具有公平竞争、市场开放、治理高效等特征

一是市场体系完善。包括：市场主体地位不平等、市场分割、无序竞争等问题基本解决；具备规则完备、统一开放、竞争有序的现代能源市场体系；形成多元主体参与公平竞争、产业集中度适合、有领军骨干企业的市场竞争格局。

二是价格机制健全。包括：解决价格政策和价格形成机制不合理等问题得到解决；竞争性环节市场价格由市场决定，具有自然垄断环节价格由政府决定并得到有效监管；价财税关系可较好调节终端能源经济性。

三是政府管理规范。包括：解决当前缺乏统一、独立的高层级能源管理机构及管理依据不足、管理不规范等问题；政府和市场边界清晰，做到"法无授权不可为、法无禁止即可为、法定职责必须为"；具有集制定战略规划、法规标准、行业政策及能源储备应急等职能相对集中、高级别的能源管理机构。

四是市场监管有效。包括：解决当前"政监合一"、监管职能分散、监管职能缺失以及监管人员和力量严重不足等问题；建成统一、独立、专业化的监管机构，形成权责明确、公平公正、透明高效、监管有力的现代能源监管体系。

五是法制体系完备。包括：解决当前缺乏统一立法指导思想和基本原则以及法律体系中不协调、不一致、体系性不强等问题；形成以"能源法"为核心，以电力、煤炭、石油天然气等部门法为支撑，门类齐全、结构严谨、配套衔接、有机统一，能够保障国家能源安全和可持续发展的能源法律法规标准体系。

（二）能源体制革命具有必要性

1. 中国现有的能源体制仍存在与生产力不相适应的问题

经过长期发展，目前中国已成为世界上最大的能源生产国和消费国，形成了煤炭、电力、石油、天然气、新能源、可再生能源全面发展的能源供给系统，技术装备水平明显提高，生产生活用能条件显著改善。然而，能源市场结构缺乏竞争、能源价格形成机制不顺畅、能源法律体系建设滞后、政府监管不到位等问题均影响中国能源产业的进一步发展。中国经济要实现从能源—资源—污染密集型增长方式转向更加健康的创新驱动型增长方式，从注重数量与速度转向更加注重增长质量。

2. 深化能源体制改革才能系统解决中国能源转型发展慢的问题

中国能源发展缺乏高效体制与合理机制，以往的分散改革难解整体问题。中国已进行的能源体制改革总体上具有多层次、分散性特点，在不同的能源品种、产业链各环节上由不同部门主导改革，整体效果欠佳。能源体制改革缺乏顶层设计、明确的战略、系统的规划和强有力的决策、实施、监督与评估机制，一些重大改革久拖不决或决而不行，能源各领域各层面的改革缺乏统一性和协调性，能源领域一些系统性、体制性的问题仍难以有效解决。

3. 能源体制改革的核心是能源价格体制改革

中国能源性产品的价格形成机制不合理，市场信号未能准确反映市场供求和资源稀缺情况，更无法反映环境污染等外部性成本。能源价格非市场化扭曲，管制下的低能源价格导致能源需求过量，阻碍了稀缺资源的有效配置。中国的经济结构长期以来以第二产业为主，高耗能产业能源消费占工业消费比重很高，使得中国的能源强度高于世界平均水平 2.48 倍，大大拉低了中国的经济增长效率。

（三）能源体制事关能源革命成败

1. 能源体制革命是实现能源转型的制度保障

能源体制革命与能源消费革命、供给革命、技术革命和国际合作有着内在的逻辑联系。以“抑制不合理消费需求”为目标的能源消费革命是能源革命的深层动力，注重节能优先，减少浪费，全面提升能源开发利用效率，严格控制能源消费过快增长，调整能源消费结构。

以“建立多元供应体系”为目标的能源供给革命和能源国际合作是能源革命的有效途径，注重掌控能源安全主动权，将国内供应作为保障能源安全的主渠道，加快发展清洁低碳能源，推进能源绿色发展。以“带动产业升级”为目标的能源技术革命是能源革命的重要支撑，注重推动技术创新、产业创新和商业模式创新，全面提高能源科技创新和进步水平，促进能源产业升级，切实提高能源产业核心竞争力。而以“打通能源发展快车道”为目标的能源体制革命是能源革命的制度基础，注重厘清政府和市场的关系，理顺能源市场运行与管理机制，打造中国能源体制升级版。

2. 高效的能源体制革命将促进能源绿色转型

能源体制是保障能源转型、绿色发展的重要制度安排，高效的能源体制将促进中国尽快实现绿色转型。能源体制革命对能源消费、能源供给和能源技术革命，既有支持、也有制约作用。比如，市场竞争直接决定了能源消费、能源供给和能源技术革命的有效性，而能源价格是市场经济的灵魂和信号，所有市场参与者据此行动，而行政干预能源价格将导致市场扭曲，不利于市场竞争。面对政府的价格干预，民营企业则难以应对收益的不确定性，因此形成了能源国有一家独大的局面，虽然在经济快速发展阶段有其短期的好处，但却会影响行业的可持续发展。而目前能源行业结构和准入限制不利于竞争，也具体表现为民营资本参与较少，不利于供给革命和技术革命。

3. 能源体制改革事关中国能源革命成败

能源体制革命居于能源革命的基础地位并具保障作用，能源体制革命是衡量能源革命最终能否成功的保障。能源革命，以“抑制不合理消费需求、提高能源利用效率、调整能源消费结构”为目标的“能源消费革命”是前提基础；以“构建多元持续供应体系，保障能源供应安全”为目标的“能源供给革命”是能源革命的最终根本；以“提高能源科技创新和进步水平，促进能源产业升级”为目标的“能源技术革命”是手段，而以“理顺能源市场运行与管理机制，构建现代能源市场体系”为目标的“能源体制革命”自然而然地就成为推动能源革命的重要保障。

4. 能源体制革命是兼顾绿色转型与可持续发展的推进器

能源体制革命是能源革命的重要组成部分，能源体制革命的目标是由确保能源供给、治理环境污染、调整经济结构、应对价格冲击、保障能源安全五个维度构成。第一，能源体制革命利于提高本国能源供给能力。能源乃一国发展之根本，安全之大忌。在中国“富煤贫油少气”的能源禀赋，以及核能、风能和太阳能发展能力不足的情况下，理顺能源体制对中国新能源的快速发展，保障能源长期稳定供给具有重大意义。第二，能源体制革命利于有效降低能源产业的环境压力。伴随着能源消费的持续增加，中国能源领域所造成的污染排放问题也愈发严重。尤其是近年来，在国际上，气候变暖和能源领域的生态价值受到广泛关注；在国内，酸雨、灰霾等极端气候也已经给人民的生命健康带来了极大的威胁。推进能源体制革命有利于促进能源产业内实现“优胜劣汰”和效率水平的持续提高，推动能源产业清洁化、绿色化发展，进而降低能源产业的资源环境压力。第三，能源体制革命利于促进经济结构转型。中国近三十年来粗放式的经济增长不仅导致了能源消费结构的固化，而且导致了能源资源的浪费和低效利用。因此，优化经济结构的有效方案需要进行逆向推理，即可以通过能源体制革命促进能源的清洁、高效利用，推动经济结构转型，从而保证经济的持续高效运行。第四，能源体制革命利于减轻能源价格对企业和居民的冲击。有效的能源价格一方面能够准确反映市场供求关系，保证企业的生产和消费，促进资源的有效配置；另一方面在反映资源稀缺情况、确保资源有效利用的同时，一定要兼顾居民对价格的可接受性，保障社会的公平性与可持续性。第五，能源体制革命有利于保障能源安全问题。在国际政治经济形势日益复杂的情况下，能源供应是否安全关乎中国经济能否畅通平稳运行。此外，能源利用安全问题也是涉及中国社会能否持续进步的重要因素。能源体制革命以市场机制为基础，通过价格杠杆促进能源供求平衡，从而形成合理的能源需求，保障国家的能源安全。

总之，无论是从解决上述矛盾和问题的角度，还是从应对新形势、新挑战的角度，推动中国能源体制革命不仅必要，而且紧迫。当前正值国际能源价格低位运行，各方面对改革已形成共识，必须抓住这一重要时间窗口，尽快启动能源体制革命。

三、中国能源体制改革取得进展但仍存在诸多问题

（一）能源体制改革取得初步进展，政府市场边界开始清晰

对于能源行业来说，2014 年是极其重要的一年，也是从全局、整体角度谋划开篇之年。无论从思想认识、战略规划等顶层设计方面，还是能源产业链条以及能源国有企业自身方面，政府决策部门以及能源企业自身出台了众多政策措施或者改革方案。能源体制改革取得的主要进展包括：

1. 明确商品属性，并提出能源革命战略

最终明确能源的商品属性，捋清了之前长期以来对能源产品到底是福利或公共产品还是商品的争论；提出发挥市场在资源配置中决定

性作用，明确了未来能源体制机制改革的市场化方向；创造性提出包括能源体制革命在内的“能源革命”；印发了《能源发展战略行动计划（2014～2020年）》，明确了坚持“节约、清洁、安全”的战略方针，提出“降煤、稳油、增气”的能源结构调整总体思路；发布《能源行业加强大气污染防治工作方案》，对能源领域大气污染防治工作进行全面部署。通过了新一轮电力体制改革方案，初步确定了“四放开一独立一加强”的改革思路。

2. 政府放管结合，积极推进能源价财税改革

一是能源税收制度改革。启动煤炭资源税改革，主要包括清理涉煤收费基金、煤炭资源税由从量计征改为从价计征，同时调整原油、天然气等资源税政策。资源税改由“税费并存”到“清费立税”，提高石油特别收益金起征点、取消成品油中的价格调节基金，既规范了税收行为，体现了税制改革方向，又在一定程度上减轻了企业的负担，引导企业合理开发利用资源。二是产业监管制度改革。出台《油气管网设施公平开放监管办法（试行）》，促进油气管网设施公平开放，解决上、下游多元化市场主体的开放需求问题。三是产业基础设施准入制度改革。发改委决定在基础设施等领域首批推出80个鼓励社会资本参与建设营运的示范项目，其中能源行业有60多个项目，另外，还出台《天然气基础设施建设与运营管理办法》，明确鼓励、支持各类资本参与投资建设纳入统一规划的天然气基础设施。四是价格机制改革。由于国际油价下跌，按照国内成品油定价机制，国家先后十几次调整了成品油价格，同时3次上调了成品油消费税，取消了燃油附加费，按照天然气价格“三步走”策略，调整门站价，存量气增量气价格并轨。电价方面，选择深圳市进行电网输配电价改革试点，为进一步深化电价和电力体制改革奠定基础。

3. 国有资本控制的能源领域开始向社会资本开放

主要是以“三桶油”、国家电网为代表的能源国有企业混合所有制改革力度明显加大，进程加快。中石化油气销售领域引入民资的混合所有制改革，中石油批准扩大辽河、吉林油田经营自主权试点建议方案和部分管道资产整合方案，中石油拟出售上千亿的东部管道公司100%股权。同时，还开放了LNG、乙烯、储气库等项目，尤其是中石油再次对开放西气东输三线中段工程等多条天然气管道业务。国家电网对分布式电源并网、电动汽车充换电实行市场开放，抽水蓄能电站、调峰调频储能项目实行投资开放，引入社会资本。

（二）深层次、超越能源本身的体制机制问题仍未有效解决

长期以来，中国能源体制机制诟病较多，价格形成机制不完善，市场结构垄断程度高，企业创新乏力、税制设置不合理、法制也不健全等等，这都严重制约了中国能源生产和消费向绿色、低碳、安全、高效和可持续方向发展。主要表现在：能源市场结构缺乏竞争；能源价格形成机制不顺畅；能源市场机制建设进展缓慢；能源法律体系建设滞后；能源科技体制缺乏创新活力；能源财税制度不够完善；政府监管不到位现象突出等。受多种因素制约，中国能源体制距能源可持续发展和习近平总书记提出的推动能源生产和消费革命战略的总体要求仍有较大差距，深层次矛盾不断积累，并日益成为转变能源发展方式和推动能源体制革命的主要障碍，突出表现为：

1. 能源市场体系建设进展缓慢，潜在参与者难于进入市场

当前中国能源的市场化仍有很多不足，主要表现在：市场制度基础不完善、市场机制尚未形成；市场结构不利于公平竞争与能源供应链的有机协同；市场管理与监管体制尚不完善。现代能源市场体系

应具备运行可靠、布局合理的基础设施、有机协同的能源供应链、健全完备的市场制度、有利于公平竞争的市场结构、运行顺畅的市场机制、高效灵活的市场监管，其中大部分都是体制条件。符合这些特征的能源市场才是统一高效的能源市场体系，中国的现代能源市场体系还远未形成。建立全国统一的现代能源市场需要能源体制的支持。

第一，市场结构不合理，市场体系不健全。现有的中国能源市场结构不合理，市场体系不健全，能源市场体系建设缓慢。部分领域存在垄断经营、网运不分、主辅不分、调度和运行不分、限制竞争等问题。中国能源企业大多为大型国有企业，民营资本进入的较少，能源市场主体不健全；在煤炭、石油和天然气资源矿业权的取得上仍主要由政府行政主导，缺乏统一的市场准入标准和公平的市场竞争法则，不同所有制企业不能平等竞争；电网企业依然输配售一体化经营，尚未建立公平规范的市场竞争机制；油气产业基本实施勘探、开发、炼油、输送、进口、销售一体化运营，多元化主体在产业链不同环节参与竞争的格局尚未形成；包括石油、天然气产品的现货和期货市场体系还未建立起来，缺乏具有国际影响力的区域性国际能源市场。

第二，行政审批制度影响潜在参与者进入市场。旧有行政审批制度增加了新进入者的进入成本，潜在参与者难以进入市场。在一些领域和环节缺乏明确的进入规则，即便法律没有禁止性规定，但没有可操作的程序性规定，实际上新进入者也难以进入。部分环节仍存在较强行政垄断，在油气上游开发、中游储运、进出口以及电网的配电网等领域都是国有企业一家独大或少数几家分割市场，行政垄断依然在一些竞争性环节和领域存在，阻碍了有效竞争。

第三，政企分开依然存在，能源国企尚不是真正的市场主体。国有能源企业承担生产经营任务，又承担部分政府职能；既有政策性负担，又享受政策性特权。政企不分导致国有能源企业难以成为真正强大的具有国际竞争力的现代能源企业，同时难以真实反映企业的经营成本与绩效，既增加了企业治理难度，又不利于有政府对其进行有效的考核与监管。

2. 能源价格机制不健全，多数能源价格仍由政府主导

第一，仍然依靠行政手段配置资源，市场机制发挥的空间和作用不足。竞争性领域中能源企业（尤其是能源央企）的价格和投资仍然受计划性方式制约，由政府部门进行行政审批。市场机制发挥的空间和作用不足将导致较严重的“政府失灵”，造成能源领域的系统性扭曲，一是难以形成反映完全成本的能源价格体系，二是难以反映真实供求，三是不利于合理引导投资，四是已价格市场化的能源（如煤炭）与政府定价的能源（如煤电）间的矛盾无法根本解决。

第二，市场化方向改革进展缓慢，缺乏科学的价格形成机制。成品油、天然气、电力等价格仍主要由政府行政决策制定；价格构成不合理，管网等基础设施成本核定不尽科学，生态环境等外部性成本尚未实现内部化；价格扭曲问题突出，居民用电、用气等价格长期低于成本，交叉补贴现象普遍。能源税制不够完善，资源税的构成和水平仍不合理，煤炭、石油和天然气、可再生能源的综合性财税政策不协调，支持新能源产业发展的财政补贴、贴息和税收优惠等手段单一，价财税体系不能真实反映能源产品市场供求关系、稀缺程度及对环境的影响程度。

第三，能源价格总体仍主要由政府主导，仍存在较多交叉补贴。除煤炭外，其他能源产品都尚未建立起市场化的价格形成机制，上网电价、销售电价仍依靠政府制定，成品油价格虽实现了与国际接轨，但定价权仍未由市场竞争决定。能源价难以反映市场需求。中国当前的能源价格不能有效反映市场供求关系、资源稀缺程度和环境外部性成本，难以有效发挥对于消费、投资和资源配置的引导作用。此外，价财税关系也始终未能理顺。

3. 能源管理体制改革缓慢，审批、规划仍具计划色彩

第一，能源管理体制改革缓慢，对市场干预仍然较多。中国现有能源管理体制缺乏统一管理、层级较低；分散管理、权责不明、职能交叉重叠依然突出；战略、规划、政策等职能及各部门管理协调性较差；重审批、轻服务未能根本改变。政府重审批影响企业活力，公平的市场规则仍未形成。能源行业一些领域和环节政府与企业界限不清，政府对能源经济活动干预较大，不同所有制企业不能平等竞争等。总体上看，政府作用仍大于市场作用，政府对能源市场的干预始终未见明显放松。

第二，能源管理职能分散、重叠缺位并存，审批与规划职能难以适应市场。中国能源领域的政府和市场的关系尚未理顺，政府职能转变迟缓。一是政府对市场干预太多，市场管理过于微观具体，偏重于项目审批；项目审批程序比较繁杂，部分项目审批权限下放没有让行政审批方式得到改变，用规划代替审批、网上审批、部门联审等工作有待加强。二是规划仍不科学，能源规划的计划性、指令性仍然较强，直接影响到可竞争环节的项目设置。规划更新与修正不足，既定能源规划与最新能源预测协调程度不足。三是能源战略前瞻性研究不够，与“两个一百年”奋斗目标相辅相成的能源战略不够清晰；能源规划缺乏科学性权威性，指导性可操作性欠缺，规划之间不能有效衔接，项目审批与规划落实脱节。四是能源基础信息薄弱，统计不准确，各部门间、中央地方间的数据经常出现矛盾。

4. 能源监管不到位，监管独立性与监管能力有待加强

第一，缺乏有效的市场监管，公平市场难以得到有效保障。一是缺乏统一、独立、专业化的监管机构。现行“政监合一”的分散监管模式对能源领域的总体监管尤其是市场监管并未取得明显成效。二是法律依据不足，缺乏严格的能源监管标准和科学的监管手段，监管方式单一。三是监管的综合协调能力不强。由于监管职能分散，各部门之间、中央与地方政府之间在监管目标、利益及步调上不一致，导致部门间监管的综合协调能力不强，存在监管机构职能缺失和监管真空问题。重事前准入审批，轻事中事后监管。政府监管的重点集中在项目审批环节，事中和事后监督与管理则相对较弱，并且将监管的重点放在投资准入、产品和服务价格、生产规模等经济性监管方面，而对资源保护、安全、环境、质量等外部性问题的社会性监管相对薄弱。

第二，能源监管体系独立性不足，政监合一、责任不清。目前中国能源多部门分散监管，职责不清，市场准入、价格、投资、成本、市场交易秩序等监管职能分散于发展改革委、能源局等部门；监管职能相对较弱，对石油、天然气、煤炭、新能源、能源互联网等的专业性监管力量明显不足；基于规则的有效市场监管缺失，对油气管网的安全监管、矿业权退出转让和第三方公平接入的市场监管以及对资源科学开发、清洁生产和合理利用的行业监管不到位，专业性监管力量、技术手段、标准规范等监管能力和水平难以满足传统能源与新能源并存和能源转型发展需要。

第三，监管能力不能满足现代能源市场化的监管工作需要。中国能源的经济性监管是总分结构的垂直监管，国家能源局下设大区能源监管局和省级能源监管办。从人员规模上看，受编制约束，无法真正有能力监管到辖区内的所有各品种能源市场。从专业技术上看，多数

监管人员是电力系统出身，对非电领域的监管专业经验较少。从支持保障上看，信息获得、监管经费也都存在短板。

5. 法律法规体系仍不完善，阻滞体制改革与能源转型

总体上看，中国能源法律体系结构不完整，能源基本法长期缺位，部分立法滞后且修订缓慢；法律内容不健全，可操作性差；一些具体规定分散在效力等级不同的法律、行政法规、地方性法规和部门规章之中，由于缺乏统一的立法指导思想和基本原则，各层级具体规定之间缺乏必要的衔接，部分部门规章一定程度上体现部门的利益。同时，过于依赖行政执法，惩戒力度不足、执法不严等问题比较突出。

在具体法律法规方面，能源法这样的基本法及石油天然气法等重要领域专项法律法规法还未出台，电力法、煤炭法亟待修改，一些配套法规也严重滞后。在具体领域和环节方面，能源资源上游开发及资源管理领域市场规则不健全，突出表现在矿业权制度方面。煤炭、石油、天然气等能源矿产资源管理及市场准入和退出等机制不健全，资源税费政策不完善，开发秩序难以有效治理。中游传输的自然垄断领域定位不清、监管不力，突出表现在电网、天然气管网等方面。电网企业垄断电力买卖并与传输相捆绑，输配分离和竞价上网未能有效实现，区域电力市场建设进展缓慢。天然气输送未能实现有效监管，第三方公平接入难以实现，大型企业垄断基干管网投资建设，输配售气存在较严重的运销捆绑与内部交易，部分地区管网形成区域性垄断。

另外，能源国际合作开展不足，参与能源国际治理程度有限；财税体制不完善，行政体制与国企改革推进缓慢；能源科技创新体制不完善，产业大而不强，自主创新能力不足；重大能源基础设施的移民安置、生态补偿机制不完善等引起的社会问题等，也不同程度阻碍了能源转型和能源体制革命。总体上看，一些并行改革的进展程度很大程度上影响到了能源体制改革的进展。

四、进一步推动能源体制改革的政策建议

能源体制改革要实现“能竞争的充分竞争、不宜竞争的领域有效监管”，这需要政府、市场各自发挥作用，并以法治提供保障。

（一）建立统一开放竞争有序的现代能源市场体系

最为重要的任务包括：一是分离自然垄断业务和竞争性业务，完善市场准入，鼓励各类投资主体有序进入能源产业的各个领域；二是建立健全能源市场基本交易制度，分步建立全国统一市场与多个区域市场相互衔接，规则统一、功能互补、多层级协同的现代能源市场体系；三是建立调度、交易独立的电力系统运营机构，实施输电网与配电网业务和资产的有效分离；四是对油气、煤炭等资源矿业权完全采用招投标，通过市场竞争有偿取得。推进油气管网产权独立以及管道运输服务和销售业务的完全分离，全面强制推行管网等基础设施第三方公平准入。另外，加快培育全球能源互联网、泛能网和综合能源服务市场，构建集中式能源、分布式能源以及储能设备、负载设备无差别对等互联的能源系统。

能源矿产产权方面，形成石油、天然气、煤炭等能矿业权一级市场和二级市场，其中一级市场由政府有偿授予，二级市场由投资者自主合规流转。

市场竞争结构方面，形成若干国际化、有竞争力、大型骨干综合性能源企业为主体，众多投资多元、区域性的专业化能源企业参

股的市场结构。在可充分竞争的上游开发、加工转换、国际贸易、国内流通、终端消费等环节开展充分竞争。在油气管网、电力输配等网络型自然垄断领域，形成政府有效监管的少数几家专业化运营企业的市场。

（二）建立健全反映真实成本的能源市场价格机制

放开竞争性环节市场价格，形成由市场决定的价格机制。实施“管住中间，放开两端”的电力价格机制，建立完善独立、基于绩效的激励性输电和配电价格体系。放开成品油以及天然气价格，由市场竞争形成，除配气管网外，其他油气管道等基础设施收费逐步实现市场化。建立完善对生活困难人群和一些公益性行业的定向补贴和救助机制。消除价格的交叉补贴现象，健全能源价格监管制度，形成各种能源品种之间合理的比价关系。

建立绿色电力价格形成机制。一是加快电力价格市场化改革，推动上网电价和销售电价市场化改革，加大参股电力交易的电量规模和比例。加快推进电力输配分离试点，制定独立的输配电价，推进竞争性电力市场建设。减少不同电力用户之间的交叉补贴，完善终端售电价格结构，进一步放松大用户与发电企业之间的直接交易。二是完善灵活的电力价格形成机制。完善电力峰谷电价政策，推进结构化电价机制建设。完善差别电价、阶梯电价形成机制。将可再生能源发电的正外部性收益内部化，提高可再生能源发电的市场竞争力。探索推行绿色电力证书制度、招标电价制度、可再生能源发电的固定电价和溢价电价体系，引导建立绿色电力价格形成机制。

加快完善油气价格形成机制。一是完善成品油价格形成机制。加强与国际油价接轨力度，缩短调价周期，降低可调幅度。放开中下游和进口环节的准入限制与价格管制，建立石油期货交易中心，积极融入全球石油期货定价体系。二是加快改革成品油消费税。将成品油消费税由中央税改为中央与地方共享税；推进成品油消费税从生产环节征税向消费终端转移，试点先行，“先汽后柴”，探索征税环节逐步下移至终端销售环节。三是建立促进大幅提升天然气比重的合理价格机制。优先制定天然气管道运输价格管理办法，核定合理成本，监管输气价格，制定第三方公平准入规则，促进气—气竞争的市场，制定储气调峰价格管理办法。

（三）建设能更好发挥政府作用的能源管理体制

设立高级别的能源管理机构，综合运用规划、政策、标准等手段，对行业发展实施宏观管理。厘清政府和市场的边界，制定完善的“权力清单、负面清单、责任清单”，有效落实规划，明确审核条件和标准，规范简化审批程序，继续取消和下放行政审批事项，切实减少政府对微观事务的干预。

逐步整合能源管理职能，适时组建能源部（或能源与气候变化部）。统一加强能源公共服务与政策调控职能，将分散于发改委、能源局、财政部等部门的政策职能整合至能源部统一承担，主要包括：提供能源公共服务，制定和组织实施能源政策；制定能源战略、规划；能源信息统计与分析；能源技术进步；发展新能源与可再生能源；提升能源效率与节能；能源贸易与国际合作；能源储备与应急；能源普遍服务等。

（四）建立能保障公平竞争与能源安全的能源监管体制

推动“政监分离”改革，设立独立、统一、高层级、专业化的能源监管机构。明确监管责任，主要负责经济性监管，加强社会性监管，确保以电网、天然气管网为核心的网络型基础设施等自然垄断环节的公平竞争。加强监管能力建设，创新监管方式，提高监管效能，维护公平公正的市场秩序。

在能源部框架下组建相对独立的能源监管部门。维持环境、安全、质量等方面的社会性监管格局不变，整合经济性监管职能，由能源监管部门统一履行。相对独立的监管职能既可在过渡期确保能源政策的统一性，又可通过政监分离确保监管的独立性。能源监管部门的监管职能主要通过制定规则并监督企业执行以规范企业行为和市场秩序。监管内容主要包括市场准入、（不宜竞争环节的）成本与价格等。中短期内应加强以下领域监管：能源市场准入监管；电网、气网等能源基础设施的公平开放；电力、煤炭、油气管网设施的安全运营；能源市场交易秩序（含买卖合同）；能源行业节能减排等。重点需要逐步健全和完善的监管职能是：垄断性能源企业的成本与价格，电网、油气管网等能源基础设施公平准入与投资建设。

（五）建立健全促进绿色低碳转型的能源法律体系

创建现代能源法制体系。制定“能源法”，明确能源领域其他法律法规的制定和修订的基本依据。修订《电力法》，研究制定“石油天然气法”，尽快完善《煤炭法》，明确电力、煤炭、石油和天然气战略规划的制定、实施、评估、监督和调整依据。实施好《节约能源法》《可再生能源法》，建立和完善统一监管机制、协调机制、综合决策机制和社会参与机制。研究制定“能源监管条例”，制定和完善能源监管规则、规定、方法、程序。

另外，加强执法和立法监督也至关重要。

五、案例：绿色发展背景下中国电力体制改革

（一）电力体制改革的基本方向

在遵循市场运作基本规律的基础上，按照保障电网安全可靠运行、促进国家和地区的资源优化配置、保证电力市场公平和效率合理统一的原则，务实推进加强电力供应安全化、电力供需市场化、普遍服务高质量，积极完善法律法规体并加强电力监管。以能源发展的可持续性、竞争性的电力市场和安全可靠的能源供应为方向，分阶段推进电力体制改革，逐步建立完善的电力市场。

（二）电力体制改革的途径与目标

从中长期看，电力体制改革需要在保安全的基础上通过市场化提升效率。在保障电网安全可靠的基础上，促进国家和地区的中长期资源优化配置和电力生产的节能环保；同时，还要保证电力用户、发电企业和电网公司之间的利益公平，这样才能促进电力市场改革的可接受性和持久性，推动电力工业的良性可持续发展。

关键的实现途径包括：一是完善电力市场结构。建立全国电力调度协调中心和独立的区域调度中心，实施4级管理；建立全国电力交易中心协会和独立的区域及部分省级交易中心；实施输电网和配电网的业务与资产分离，建立科学合理的输配电价体系；实施竞争性的发电业务和售电服务；建立以需求侧响应为核心的用户侧市场；培育多元化的市场参与主体。二是建立完善电力交易体系。构建以集中交易为主的市场模式；构建规范完整的交易市场，包括电力交易市场的体系架构、创建竞争性的容量市场、建立竞争性的辅助服务市场、建立差价合同等激励机制和节能环保导向机制。三是建立完善售电市场与

价格形成机制。全面放开电力零售市场；放开零售电价；实施普遍服务和完善用户保护措施；同时推进实施电价和需求侧响应激励机制。

表3-2　改革前后中国电力市场结构比较

主体	改革前	改革后
政府	制定上网和销售电价； 监管电网和发电企业； 决定计划电量	监管输配电价； 政策法规制定
调度中心	电网公司，五级管理	全国电力调度协调中心和数个独立的区域调度中心，实施4级管理
交易中心	电网公司，三级管理	全国电力交易中心协会和数个独立的区域交易中心，及部分省级交易中心
输电企业	电网公司，安排发电计划； 电网运营和管理	负责输电网的建设和运维
配电企业	电网公司，唯一的配电商	配电市场开放，众多服务主体
发电企业	根据计划电量发电； 卖电的上网电价由政府决定	根据市场竞争结果发电； 上网电价由市场决定； 可参与售配电业务
售电企业	电网公司，唯一的售电商	售电市场开放，众多服务主体
用户	买电的零售电价由政府决定； 无法选择供电商或零售商	买电的零售电价由市场决定； 自由选择供电商或零售商
其他多元化主体	不存在从事电力交易的中间商； 科研支撑单位归电网所有	引入中间商； 重构技术支撑体系

资料来源：国务院发展研究中心资源与环境政策研究所，《2030年我国能源体制革命战略研究》，2016。

“十三五”时期应优先处理好时长交易与电力调度的关系。至2020年，实现调度交易独立运营。一是建立调度交易独立的系统运营机构；二是逐步建立区域性电力交易市场，允许有条件的省份建立省级交易中心，构建统一类型的电力批发市场，建立双边交易和日前市场，引入容量市场、金融合约和差价合同机制；三是逐步放开电力零售市场，培育多元化的售电主体，活跃电力交易市场；四是进行电价改革，核定输配电成本，制定政府监管的输配电费用，逐步放开零售电价、解决电价交叉性补贴问题。至2025年，实现输电与配电产权分离。

一是实施输电网与配电网业务和资产的有效分离；二是完善电力批发市场，形成双边交易、日前市场、当日市场、实时市场完整的交易平台，引入辅助服务市场；三是建立采用基于绩效的激励性输配电价体系；四是加快放开零售市场，推进需求侧响应激励机制。至2030年，全面放开电力零售市场。一是继续完善电力批发市场，引入输电权市场；二是全面放开电力零售市场，完善用户保护政策，实施实时电价。

（三）“十三五”时期加快推进电力体制改革的政策建议

当前，电力体制改革已进入攻坚克难的关键阶段，电力供需总体上供大于求创造了有利的改革窗口期，应总结前期改革经验教训，针对存在问题积极创新，推动电力体制改革全面深化。

第一，加快放开用电技术、继续扩大市场化交易规模。一是加快组织煤电机组发电计划有序放开，逐步扩大市场化电量比例，“十三五”末全部取消非调节性煤电发电计划。二是有序引导其他类型发电机组进入市场，保障优先发电，鼓励机组参与市场化交易。三是推动电力用户与发电同步放开，鼓励大用户直接参与意愿有电力交易与。四是分类有序放开跨省区放电计划，从指令性计划向优先发电与直接交易结合的市场化过渡，跨省区大型基荷机组可通过“长期合同+交易市场”模式实现过渡性保障。五是研究落实优先发电、优先购电制度。

第二，加快放开配售电业务，积极培育售电侧市场主体。一是健全市场准入机制，明确和简化市场主体准入程序。二是完善电力交易规则，总结试点的各类电力交易规则并提升为统一的制度规范。三是推进增量配电投资试点，吸引多元投资参与以增量配电设施为基本单元的试点。

第三，加快推进交易机构示范试点，将交易业务与电网业务分开。

一是推进交易机构示范，促进投资多元化等多模式探索。二是推进区域市场管理机构示范，在主要的交易中心组建市场管理委员会。三是推进直接交易示范，总结直接交易与竞价交易对市场化交易的促进作用。四是推动京津冀电力市场试点，组建京津冀电力交易机构，探索跨省区域电力交易机构。

第四，加快完善电价形成机制，进一步释放输配电价改革红利。一是进一步推进输配电价改革，2017年年中前实现省级电网和区域电网全覆盖。二是尽快制定输配电价形成机制，重点推进成本归集和会计核算规则。三是测算并规范政策性交叉补贴，建立支撑电力普遍服务新机制。四是落实两部制电价电价调整政策，简化用户申请变更的条件与限制，降低用户基本电费支出。五是充分考虑电网建设改造对输配电价的影响，加强政府对电网建设改造的规划引导。

第五，加快输配电网规划建设，重点完善电力外送能力不足地区的网架结构。一是继续完善骨干网架，推动特高压项目规划与建设，加快外送通道和环网工程建设。二是重视相关配电网建设与改造，建设与负荷相适应的智能化中低压配网。

第六，完善可再生能源消纳保障机制，统筹可再生能源优先发电与有效消纳。一是积极落实优先发电制度，保障规划内多发满发，鼓励超额电量参与市场交易。二是探索完善可再生能源调峰机组补偿机制，用市场机制提升提升火电灵活性参与调峰积极性。三是解决可再生能源资金缺口，完善上网电价与度电补贴制度，适时推进可再生能源电力配额制。四是突进新能源微电网建设，结合局域电网、配网改革实现就近消纳。五是开展煤电机组灵活性改造，增加系统调节能力。六是加强对电力调度机构的监管，提升电力安全，实行（省际）区域电网调度和电力平衡，加强区域调峰平衡和省际调剂能力。

第七，完善煤电建设管控机制，有序引导地方煤电建设。一是加强规划引导，约束地方煤电建设冲动。二是制度化发布、更新全国及分省风险预警，严控新增煤电产能。三是规范自备电厂运行管理，承担与其他电厂同等的税费与交叉补贴等社会责任。

第八，加强电力行业监管和制度化建设。一是加快清理、规范调整电价中的各种政府性基金和附加。二是加快电力领域法律法规立改废，重点完善涉及电网调度和节能调度、电力供应与使用、供电营业区划分等内容的法规。三是加强电力体制改革重大发展问题俺就，全面梳理需要出台的配套文件。五是完善监管措施和约束机制，加强交易机构和调度机构规范运行、市场主体行为合规的监管。

此外，还应完善农网可持续投入机制，开展新一轮农网改造升级。一是加大中央预算内投入，二是积极推进配电领域投资多元化，三是探索农网投资的长效机制。

执笔人：洪涛、郭焦锋

参考文献

[1] 本书编写组.《中共中央关于全面深化改革若干重大问题的决定》辅导读本. 北京：人民出版社，2013

[2] 杨伟民. 大力推进生态文明建设——十八大报告辅导读本. 北京：人民出版社，2012

[3] 国务院办公厅. 国务院办公厅关于印发能源发展战略行动计划（2014~2020年）的通知（国办发〔2014〕31号），2014

[4] 中国共产党第十八届中央委员会第五次全体会议. 中共中央关于制定国民经济和社会发展第十三个五年规划的建议，2015

[5] 中国共产党第十八届中央委员会第五次全体会议. 中国共产党第十八届中央委员会第五次全体会议公报，2015

[6] 中国国际经济交流中心课题组. 中国实施绿色发展的公共政策研究. 北京：中国经济出版社，2013

[7] 中国国际经济交流中心课题组. 中国能源生产与消费革命. 北京：社会科学文献出版社，2014

[8] 高世宪、任东明. 中国能源生产与消费革命. 北京：中国经济出版社，2013

[9] 王仲颖、张有生等. 生态文明建设与能源转型. 北京：中国经济出版社，2016

[10] 国务院发展研究中心、壳牌国际有限公司. 中国中长期能源发展战略研究. 北京：中国发展出版社，2013

[11] 国务院发展研究中心、壳牌国际有限公司. 中国天然气发展战略研究. 北京：中国发展出版社，2015

[12] “改革的重点领域与推进机制研究”课题组.改革攻坚（上）——改革的重点领域与推进机制研究. 北京：中国发展出版社，2013

[13] 中国科学院可持续发展战略研究组. 2010中国可持续发展战略报告——绿色发展与创新. 北京：科学出版社，2010

[14] 林卫斌、方敏. 能源管理体制比较与研究. 北京：商务印书馆，2013

[15] 范必. 中国能源政策研究. 北京：中国言实出版社，2013

[16] 中国能源财经税收政策研究课题组. 中国可持续能源——财经与税收政策研究. 北京：中国民航出版社，2006

[17] 中国工程院重大咨询项目中国中长期发展战略研究项目组. 中国能源中长期（2030、2050）发展战略研究：综合卷. 北京：科学出版社，2011

[18] 史丹，冯永晟，李雪慧.深化中国能源管理体制改革——问题、目标、思路与改革重点. 中国能源，2013（2）

[19] 洪涛.天然气分布式能源的互联网基因. 能源，2016（3）

[20] 田磊、刘小丽、张有生.中国油气行业税费制度改革研究. 国际石油经济. 2014，22（12）

[21] 郭焦锋、洪涛、蔡圣华.以绿色开放发展理念谋划能源安全战略. 国务院发展研究中心《调查研究报告》，2016

[22] 许伟.中国煤炭流通体系的现状、问题及发展趋势. 国务院发展研究中心《调查研究报告》，2014

[23] 中国工程院课题组.推动能源生产和消费革命战略研究，2014

[24] 国务院发展研究中心资源与环境政策研究所.中国能源监管体系建设：职能、机构、立法需求，2014

[25] 国家能源局法制和体制改革司.能源法律法规体系研究总报告，2013

[26] 周大地.能源革命推动绿色发展.光明日报，2014-12-04

专题报告四

环境监管体制“垂直管理”问题研究

十八届五中全会，中央提出“十三五”时期实行省以下环保机构监测监察执法垂直管理制度。总结环境监管垂直管理改革的实践具有重要现实意义。通过文献调研，重点梳理了既有的垂直管理改革实践，其积极的作用体现在：增强了环境执法独立性、基层环保机构经费得到保障、部门之间的协调更加顺畅、能够统筹解决跨区域跨流域环境问题，同时分析了实践中存在的问题，包括，垂直管理改革后，地方环境监管责任不清，积极性降低；地方政府失去监管抓手，陷入两难境地；地方改革缺乏规范性指导；县区环保局与县区政府在环保行政执法上出现矛盾；省级环境监察总队远程监督乏力。最后，结合中国行政管理体制中相关社会性监管领域的垂直管理改革经验以及环境监管体制“垂直管理”的国际经验，提出中国环境监管体制垂直管理改革实施需要注意的问题，包括：如何落实地方党委和政府的环境保护责任；如何设计省、市、县机构设置及职能；如何协同推进环境监管程序再造；如何与现行的环保督察制度衔接；市、县环保监察执法机构与同级环保部门日常工作应如何衔接；市、县环保监察执法机构的组织人事与保障如何衔接。

实行垂直管理，适应了当前的环保形势，此次垂直管理制度改革被视为我国环境治理体制改革的破冰之举，是生态文明制度建设的大背景下，国家应对环境问题的制度创新，反映出中国环境治理体制已经进入全面深化改革阶段①。

第一，十八大以来，我国生态文明体制建设进入新阶段。在生态文明体制建设框架下，环境监管体制改革是生态文明体制建设中最为重要、影响最为深远、难度最大的改革举措之一，也是我国环境治理体系中长期性、战略性、基础性的制度安排。通过环境监管体制改革重塑我国环境监管体系，其目标是增强环境监管"独立性"、克服长期以来的"监管失灵"。环境监管体制改革包括"省以下环保机构监测监察执法垂直管理制度""河长制""按流域设置环境监管和行政执法机构""环保督查制度""排污许可证制度"等一系列基础的制度安排。随着上述改革方案的出台或开始试点，当前到2020年左右，是我国全面推进环境监管体制改革的重要阶段。鉴于大量政策密集出台，有些政策还在试点、推进过程中，及时跟踪这些政策的进展，评估实施效果，识别政策演进中存在的问题，对下一阶段的改革方向具有十分重要的参考价值，有助于改革的更好实施。

第二，环境监管体制改革中的一些改革举措，推进难度较大，且存在较大争议。2016年9月，国务院印发了《关于省以下环保机构监测监察执法垂直管理制度改革试点工作的指导意见》（简称"垂改"）。根据相关部署，河北、上海、江苏、福建、山东、河南、湖北、广东、重庆、贵州、陕西、青海等12个省（市）在2016 ~ 2017年开展"垂

① http：//www.cepb.gov.cn/doc/2016/10/25/145501.shtml.

改”试点工作；2020 年，全国全面完成“垂改”。“垂改”是一个热点、难点问题。其一，“垂改”在学术界存在广泛的争议。其二，在实践上，我国 2000 年以来部分省市的环保“垂改”多以失败告终。与此同时，我国社会性监管领域的“垂改”实践总体并不理想。此外，《生态文明体制改革总体方案》提出的“将分散在各部门的环境保护责任调整到一个部门，逐步实行城乡环境保护工作由一个部门进行统一监管和行政执法的体制”并没有得到广泛的共识。总之，对这些改革难度大、争议较大的重点改革举措开展跟踪研究、建立纠错机制至关重要。

第三，环境监管体制改革涵盖的多项改革已经陆续展开，改革举措之间系统性问题比较突出。其一，如何处理好地方政府对当地环境质量负总责和环境监测、监察机构垂直管理的关系。如何进一步明确各级政府以及环境监管机构的权责需要深入研究并进行规范。其二，目前环境监管的事前、事中、事后环节被分散配置在各级环境保护主管部门以及所属的监测、监察机构，垂直管理需要环境监管程序的调整协同推进。其三，省以下各级环境监管机构的监管执法、环境监管执法后的督察制度需要研究。其四，从操作上，省以下环境监测监察垂直管理还需要在人员的编制、机构设置、经费保障等诸多方面研究具体的配套制度。此外，要稳妥处理“垂直管理”与“监管属地化原则”和“分权化趋势”之间的关系，以及“垂直管理”与“河长制”“按流域设置环境监管与行政执法机构”“环保督查机制”等政策的衔接。

第四，在简政放权、行政管理体制改革深入推进的过程中。推进环境监管体制改革，强化监管职能是现代国家治理体系建设的重要内容。从理论和全球实践来看，在现代国家治理体系中，现代国家制度仍然处于中心地位（Bell & Hindmoor，2009）。从现代国家的国家建构角度看，监管是现代国家基本职能，监管制度是现代国家的基本制度安排，发达国家过去100年的工业化、现代化的历程，见证了监管国家的兴起和变迁（Sunstein，1990；Glaeser & Shleifer，2003；胡鞍钢、王绍光，2009；高世楫，2010）。

随着法治的不断完善、市场化的深入推进，国家的监管职能也不断调整。20世纪70年代以来，大部分发达市场经济国家放松了经济性监管，同时加强了包括环境监管在内的社会性监管。20世纪70年代以来，主要发达工业化国家强化了环境保护责任，加快了政府环境监管体系的制度建设和能力建设。比如，1970年美国设立了联邦环保署（EPA），这是一个属于联邦政府的监管机构而不是独立监管机构，是美国在社会性监管领域的重大制度创新，环境监管的重心开始转向提高环境质量（史普博著，余晖等译，2008）。联邦环境保护署履行了一个专业监管机构的监管职责，通过建立标准、监管执法、创新市场监管工具等手段，对美国环境污染实施了有效监管，保障了美国环境质量的稳步提高。其他发达市场经济国家的环境监管也经历了类似的历程。我国自十八大以来进入了全面制度建设阶段；“十三五”期间，加快环境监管体制改革，建立和完善环境监管体制、提高环境监管体制的有效性，是重塑国家权力、保障公民权利的重要组成部分，也是建设法治政府，建设现代国家制度的重要内容。从本质上讲，建立和完善环境监管体制，是我国推进国家治理体系、提高国家治理能力的重要内容。

在绿色发展理念的背景之下，开展环境监管问题研究具有十分重要的现实意义和紧迫性。第一，环境监管体制改革在生态文明体制改革中处于核心地位，研究深化环境监管体制改革对于推进生态文明体制改革具有重要的现实意义。第二，跟踪“垂改”试点的进展，评估实施效果，识别存在的问题，及时提出改进建议，对于推进包括“垂改”在内的环境监管体制改革具有重要现实意义。第三，环境监管是社会性监管的重要领域之一，研究推进环境监管体制改革，对于推进食品药品、生产安全等其他社会性监管领域改革具有借鉴意义。第四，通过对环境监管体制改革的跟踪研究，试图对我国建立体制改革试错、纠错机制提供借鉴。

垂直管理一般指的是政府职能部门实行垂直管理，脱离地方政府管理序列，不受地方政府监督机制约束，直接由省级或者中央主管部门统筹管理“人、财、物、事”；除了上述形式的垂直管理以外，中国实行的督查制度又催生了来自不同中央部门的跨省区的大区机构，通过巡视、检查来督查中央政令在地方的实行情况，这也可以看成另外一种特殊的垂直管理形式。

截至2016年12月，已有陕西、贵州、辽宁、河北、山西、黑龙江、湖南、广东、江苏、山东、浙江、吉林、海南、甘肃、重庆等15省份和直辖市开展了环境监管体制垂直试点。2016年9月22日，《关于省以下环保机构监测监察执法垂直管理制度改革试点工作的指导意见》印发，河北、上海、江苏、福建、山东、河南、湖北、广东、重庆、贵州、陕西、青海等12个省（市）提出了改革试点申请。梳理和总结已有环境监管垂直管理改革的实践具有非常重要的现实意义，通过对试点地区改革实践的评价，提出“十三五”时期中国环境监管省以下垂直管理改革的方向。

（一）理论分析

对于应采用垂直管理还是属地管理这一问题，学者基于中国式分权体制背景，指出中央政府和地方政府的目标差异、信息不对称、任务的多维性和冲突性，中央政府和地方政府之间形成了一种任务冲突的多任务委托—代理关系，所以中央政府仅让地方政府承担经济增长任务，对承担社会发展任务的机构实行垂直管理，能够降低激励成本（王赛德等，2010）。从监管的角度出发，认为当监管任务较容易考核且坏项目带来的损害较大时，垂直管理体制更优；当监管任务较难考核，或坏项目带来的损害不太大时，属地管理体制更优（尹振东，2011）。从经济增长与环境污染的视角来考虑，如果中央政府比较在乎经济增长以及税收总量，那么应该选择属地管理体制；如果中央政府更希望让更多企业选择好的生产方式，以降低污染和各类安全事故，那应选择垂直管理体制。属地管理比较适合改革开放初期，发展经济是首要，环境问题次之，当时中央也主要采用了属地管理，激励地方政府发展经济；垂直管理较适用于当前形势，随着经济的发展，各种环境污染问题和安全事故不断产生，中央政府也在很多监管部门实行了垂直管理改革，如工商、质检和安监等部门（尹振东等，2015）。

环境监管体制“垂直管理”改革主要涉及以下理论。

1. 环境外部性理论

环境外部性是指由于环境资源产权不明晰、交易成本过高或信息不对称等原因导致的环境资源低效配置的一种损失，并且这种损失可以通过政府干预，也就是实施环境政策来减少甚至避免。环境本身是一种具有公共性的物品，就地域范围而言，环境问题的影响往往跨越行政区、流域甚至国界。外部性影响存在于一定的空间和时间范围内，而环境问题经常表现为跨区域、跨代际的外部影响。

宋国君（2008）认为环境外部性的内部化，首先需要政府干部，促进产权明晰。政府干预主要包括三个方面：一是通过完善法律法规界定和调整产权；二是通过执行法律法规保护产权；三是通过干预市场限制和引导产权交易。各级政府应对所辖区的环境外部性问题负责，中央政府应对跨省的、国际的外部性环境问题进行负责，甚至进行垂直管理。各级政府在环境管理中的分工可以概括为：①中央政府的环境管理职能不仅包括制定全国环境管理的法律法规、规章制度、标准等，还必须直接管理跨省外部性问题。②省政府直接管理跨市外部性问题。同时，省政府和市、县政府在中央政府的政策体系下执行环境管理的政策制度。③在明确了管理机构和管理职能的基础上，完善的法律体系和政策体系也是环境政策体系必不可少的组成部分。

福利经济学家庇古主张通过政府干预，来实现私人成本和社会成本的一致，从而通过政府管制解决环境污染问题。相反，自由市场代表者科斯赞同通过界定权利来实现资源最优配置，从而通过市场激励解决环境污染问题（Coase，R. H.，1960）。由于环境问题具有负外部性，又面临着“公地悲剧”，以及集体行动的难题，更多的学者主张通过加强政府管制来实现环境保护，即加强环境保护主管部门权力或将环境保护主管部门纳入更高的权力等级序列（李文钊，2015）。

这些观点概括而言主要包括四方面（李文钊，2015）：一是权力升格论。在国家环境保护总局没有改为环境保护部之前，主张将国家环境保护总局上升为国务院组成部门，而成立环境保护部之后，又进一步主张推进“大部制”改革，扩充环境保护部的职权和范围。二是垂直管理论。对省以下的环境保护主管部门实现垂直管理，通过垂直管理来避免地方保护主义，使得地方环境保护主管部门拥有较多职权和独立性，从而能够避免地方政府对环境保护主管部门严格执法的干预。三是增加“硬权力”论。赋予环境保护主管部门更多“硬权力”，如包括直接吊销企业执照、关停企业，甚至主张设立专门的环境警察来解决环境执法难问题，通常认为《环境保护法》赋予环境保护主管部门的权力偏软。四是扩大职权论。环境保护职责是环境保护主管部门的垄断性职责，只有将其他部门涉及环境保护事项划归环境保护主管部门才有利于环境保护职责的落实，否则很难通过部门之间的合作来实现环境保护。

2. 财政联邦主义

财政联邦主义是处理中央政府与地方政府之间财政关系的一种制度设计，其重点在明确中央政府和地方政府财政职能分工的基础上，强调地方财政的自主性和独立性。

联邦财政主义理论体系的核心是财政分权。根据财政联邦主义的理论基础及其发展情况，财政联邦主义提倡如下理念（刘银喜，2008）。

（1）各级政府财政应具有相对独立性

这一特征包括两个层次的含义，一是中央和各级地方财政之间相对独立；二是没有统一的国家预算（孙开，1994）。地方财政是否成为一级独立的财政，是区分一个国家的财政体制是否是财政联邦主义的关键所在。财政联邦制下的中央与各级地方政府间的财政关系相互独立，地方财政也是一级独立的财政，地方政府制定本级政府预算，自求财政平衡。中央政府预算一般不包括地方政府预算。全国不编制统一的国家预算，中央或联邦预算就是国家预算，地方预算则独立于国家预算，下级地方预算也是独立于上级地方预算的真正一级预算。由于各级财政和预算是对各级政府负责，因而中央（联邦）财政也难以用行政命令来安排指挥地方财政的活动。中央财政通过转移支付制度，对地方财政实行宏观调控，平衡各地财政状况。

（2）按照公共产品受益范围确定各级政府的职责和各级财政的支出范围

当代西方财政理论是以公共产品理论为依据，根据公共产品的层次性来确定各级政府的支出范围。在实行市场经济的西方国家，各级政府的财政支出是由宪法或财政法加以规定的，并且在较长时期内保持不变。西方财政理论界普遍认为，政府具有配置资源、收入分配和稳定经济三大职能，并把事关国家全局利益的分配职能和稳定经济职能主要赋予中央政府，而主张地方政府在行使地域性较强的资源配置职能方面可以有更多的作为（理查德·A. 马斯格雷夫，1996）。

（3）各级政府应拥有相对独立的税收收入

由于设立了中央和地方两套税制体系，各级财政均拥有自己的主体税种。所以，不但中央可以行使国税的税权，而且地方在对待本级税收问题上也享有必要的权利。对属于本级的税种起码拥有调整权，各级政府各征各的税，各有各的收入。

（4）在分级财政体制中保证中央财政的宏观调控主导地位

即使在财政联邦制条件下，西方国家中央财政在宏观经济调控中依然发挥着重要作用，各级地方财政仍受到来自中央财政的制约。具体表现为：中央财政在取得财政收入的过程中，通常掌握了超出其提供全国性公共产品所需要的财力，中央财政又以灵活多样的转移支付形式，对地方财政进行转移性补助，并且在补助时可能附加必要的条件，从而体现中央财政意图。实际上，这是将市场经济中的间接调控引到了中央与地方政府财政关系中来，它有助于避免因中央直接干预地方财政而产生负面效应。

根植于财政分权理论的环境联邦主义理论认为环境保护职能在不同级次政府间进行合理配置是解决环境污染问题的关键，而究竟选择怎样的环境职能划分需要综合权衡环境事务的外溢性和地区差异性两个因素，Oates（2001）认为当外溢效应明显时，环境政策应该由中央政府制定，当地区差异性明显时，环境政策应该由地方政府制定。Banzhaf & Chupp（2012）发展了一个理论模型进一步讨论了中央政府与地方政府的环境政策效应，他们认为环境政策的选择与减排的成本曲线形态有关，当减排的边际成本为递增的凸函数时，中央政府的环境政策效应优于地方政府的环境政策效应，也即减排的成本曲线的凹凸性是环境政策选择时应该考虑的第三个因素。本质上讲，Oates以及Banzhaf & Chupp讨论的是环境集权与分权管理的问题，由此可见，能否有效治理环境污染，环境管理体制的选择至关重要（陆远权等，2016）。

（二）国际研究状况

从国外文献对中国环境监管体制的纵向研究来看，部分学者提出中国现行体制存在的缺陷和不足。从集权与分权的视角，Angel Hsu（2013）认为中国自上而下分权的环境管理体制不利于环境统计数据的收集、传递，以及对各级政府环保政策落实的绩效评价，现行管理体制导致中国省级环保部门缺乏机构间的协调，缺乏环境绩效考核激励，强制执行有限的自治权以及不能充分满足公众多样化的信息需求。Ye Qi和Lingyun Zhang（2012）强调中央政府作为规则制定者，必须采取行动，调整现有的中央与地方之间的政治促进制度和税收分配机制的关系。同时，中央政府必须对环境数据的披露采取更严格的程序和标准，以促进有效的公众参与。从环境监管体制对政策执行的影响角度，Hideki Kitagaw（2017）通过对中国环境保护目标责任制的研究，揭示了环保机构及其在政府层级中的较低地位导致环境政策执行不力、落实不到位，存在宽大处理现象。HUAN Qingzhi（2011）对集中在中国南部的监管中心的分析表明，环境保护区域监管中心目前只能在具体的或“小”的任务上表现出色（大多由环保部指定或交办），在复杂的或“大”问题上能力不足。

进一步地，有关学者提出了中国环境监管体制改革的建议：①中国环境监管体制改革要重点体现在几个方面，包括地方政府要更加关注环境问题、正式的公众参与法规和机制、信息公开以及一些为自己利益而上蹿下跳的人（Thomas Johnson，2009）。②为了使环境保护区域监管中心做得更多、更好，最理想但却激进的政策选择是通过充分授权区域监管中心作为环保部的“次级机构”重塑他们（HUAN Qingzhi，2011）。③ Lingxuan Liu et al.（2012）提供了两种改善中国环境治理体系的方法：国家治理体制的分权和公众参与。另外，还有学者通过调查访谈，发现中国地方政府有能力根据地方优先事项有选择地实施国家和省级政策，而且需要重新评估中国地方政府缺乏自主权的传统理念，特别是与行政责任持续下放以及日益强大的经济利益的出现有关（Skinner M W，2003）。

（三）国内研究进展

在环境监管是否应该实行垂直管理体制的争论上，一些学者认为，环境监管应该实行垂直管理体制。主要原因包括：地方环境监管乏力，可以通过中央集权的方式来迫使地方政府参与环境治理的集体行动（周适，2015）；实行环保部门垂直管理可以增强纵向领导力度，有利于中央环境政策与目标的贯彻和执行，克服其在各级地方政府的层层扭曲（曾贤刚，2009）；地方层级环境监管机构改革是我国环境监管体制改革的重点，其核心是提高监管功能的独立性和监管能力，要实现这一目标，可以通过探索“省以下环境监测监察垂直管理”的方式从一定程度上增强基层环境监管机构的独立性（陈健鹏等，2016）。因此，学者建议，①除了环保部，其他各级政府的环境管理部门直接对上一级部门负责，在行政上接受本级政府的领导，财政直接拨付，建立直属机构（赵晖，2015）；②局部试点垂直监管，建立由中央到地方“自上而下”的统一监管机制，由环境保护部统领全国的环境保护事务（王洛忠，2011；柴发合，2013）；③将地方环保机构的人事任免权统一归口于上级环保主管部门，并对环境保护系统建立独立财政体制，削弱地方环保局对地方政府的依赖（侯佳儒，2013）；④中国建立跨省区的大区域环保监管机构，对各方的环保下属机构从人权财权上实行垂直管理，实现对跨省区环保问题的有效监管（涂晓芳，2011），由中央政府负责跨行政区域的资源生态问题，以及危害较大和影响较深的问题，并对地方政府负有监督和指导职责，当地政府负责属于地域性的资源生态问题（张惠远等，2015）；⑤优化行政监管能力，探索建立基层垂直管理、整体分级管理的纵向结构（幸红，2013）；⑥改革环保部机构设置，构建以环境要素保护为核心的生态环境保护管理体制（辛志伟等，2015）；⑦建立生态环境垂直管理的行政监管系统，将国家环境保护部作为生态环境最高统管部门，同时由各省（自治区、直辖市）分别设立省（自治区、直辖市）环保部门统一管理各个行政区域内的环境保护工作，并接受环保部的行政管理，减少地方政府对环境事务的干预（曾贤刚等，2015）。

而且，有学者研究了环境管理制度安排对污染排放的影响，如，陆远权等（2016）研究了环境分权对碳排放的影响效应，发现环境分权显著地加剧了碳排放，原因在于分权的环境管理制度安排容易造成激励扭曲和约束不足，无法对碳排放形成有效约束。对于环境事务管理而言，不宜过多地配置给地方政府，而应该适当地向中央集中，但与此同时，中央政府也应该承担与之对等的环境支出职责。

进一步地，关于环保监管的垂直层级问题，部分学者认为中国地区差异较大，实行中央统一的垂直管理，不利于地方政府在环境治理中积极性的发挥，也无法使其对辖区内的环境质量负责，但考虑到垂直管理有利于在使地方环保部门脱离地方政府、增强其独立性，可以尝试在省、市级以下实行垂直管理（陈健鹏等，2016；范俊玉，2011；郭朝先，2015；曾贤刚，2009；王怡，2011）。而且，学者认为目前全面实行垂直管理不现实，可以率先推行地市以下环保部门垂直管理，遏制地方政府对环境执法监督的干预（赵美珍，2010；幸红，2013）。然而，李萱（2011）认为应将垂直管理改革的行政层级局限在区县级环保部门，既可有效提升基层环保执法的独立性，又可将改革带来的不利因素控制在最小范围内。

部分学者并不赞同环保的垂直监管，认为垂直管理是一种更官僚主义的难以为社会所监督的行政管理体制，制度风险和制度效率可能更大（梁本凡，2008），一旦与地方经济利益冲突加剧，就难以获得地方政府的有效支持而影响监察绩效（祁毓，2014）。祁毓（2014）认为如果能够设计出中央与地方监察激励相容、地方政府兼顾权衡发展与监管的机制，将环境监察事务依然交由地方政府并辅之以中央政府的协调和适度监督，潜在优势可能更大。杜万平（2006）指出垂直管理与世界各国环境行政执法上的分权趋势不相符合，认为专门的执法监察机构一样可以强化上级环境行政机关对地方环境执法的监控，实施起来也比较简便和可行。还有一部分学者则认为垂直管理不但不能解决环境管理的体制问题，而且有可能引发其他问题，比如，不能排除地方政府对环境执法的干扰；架空地方管理；监督部门减少，容易滋生腐败问题。

此外，也有学者提出了新的环境管理体制，如李文钊（2015）提出了多中心的环境治理体制，建议根据环境问题自身的属性建构一个基于管治、共治和自治的多中心环境治理体制，使得各方力量能够共同行动和合作行动解决环境问题。

近两年来环境监管领域的多项政策屡屡出台，在对新政策的跟进方面，尤其是试点省市的实施效果、存在问题，已有文献稍显不足；在环境监管体制的研究中，定量研究比较罕见，现有文献以定性研究为主。因此，本研究拟从环境垂直监管系列新政策的跟进与评估、试点省市的案例研究及实施效果的定量评估方面有所突破，为下一步垂直管理体制改革提供依据。

一、环境监管体制“垂直管理”改革的进展述评

（一）垂直管理改革最新进展

2016 年 9 月 22 日，中共中央办公厅、国务院办公厅印发了《关于省以下环保机构监测监察执法垂直管理制度改革试点工作的指导意见》。

1. 三大重要改革

根据《意见》规定，此次垂改主要有以下几方面的重大改革（见图 4–1）：一是市、县环保部门职能上收。市、县两级环保部门的环境监察职能将由省级环保部门统一行使，通过向市或跨市县区域派驻等形式实施环境监察。现有的市级环境监测机构将调整为省级环保部门驻市环境监测机构，由省级环保部门直接管理，人员和工作经费均由省级承担。二是取消属地管理。市级环保局将改变之前的属地管理，实行以省级环保厅(局)为主的双重管理，虽然仍为市级政府工作部门，但主要领导均由省级环保厅（局）提名、审批和任免。而县级环保局

将直接调整为市级环保局的派出分局，由市级环保局直接管理，其人财物及领导班子成员均由市级环保局直管。三是强化地方政府的环境保护责任。《意见》指出，试点省份要进一步强化地方各级党委和政府环境保护主体责任、党委和政府主要领导成员主要责任，完善领导干部目标责任考核制度，把生态环境质量状况作为党政领导班子考核评价的重要内容①。

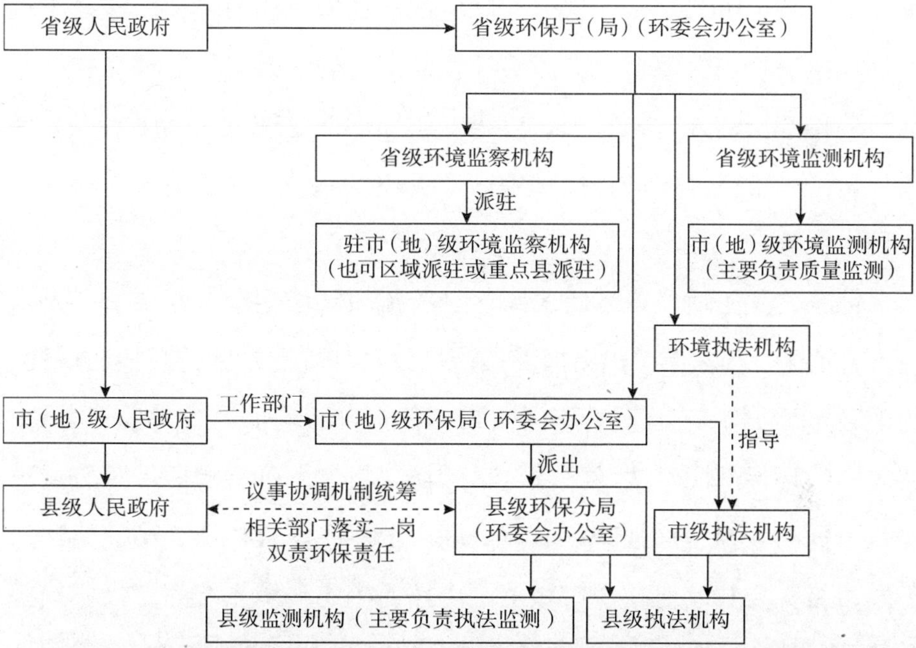

图4-1　省以下环保机构监测监察执法垂直管理制度改革典型模式（改革后）

资料来源：任勇：“垂直管理改革的逻辑与任务”，《中国环境报》，2016年10月13日，http：//news.cenews.com.cn/html/2016-10/13/content_51038.htm。

2. 如何解决现阶段环保管理体制存在的突出问题

《意见》从四个方面回答如何了解决现阶段环保管理体制存在的突出问题。第一，关于落实对地方政府及其相关部门的监督责任问题。

① http://www.cepb.gov.cn/doc/2016/10/25/145501.shtml.

明确了地方党委政府对生态环境负总责的要求，并加强监督；制定了相关部门环境保护责任清单并严格落实，依法追责；提出了省级环保部门统一行使环境监察职能，经省政府授权，落实对市级县政府及其相关部门的监督责任。

第二，关于解决地方保护主义对环境监测执法干预问题。体制上，省级环保部门直接管理市级环境监测机构，确保生态环境质量监测数据真实有效；市级统一管理行政区域内的环境执法力量，依法独立行使环境执法权。保障上，驻市级环境监测机构的人财物管理在省级，县级环保部门的人财物管理在市级。领导干部管理上，县级环保分局领导班子由市级环保局直接管理，市级环保局领导班子由省级环保厅（局）主管。

第三，关于适应统筹解决跨区域跨流域环境问题的新要求。要求省（自治区、直辖市）积极探索按流域设置环境监管和行政执法机构、跨地区环保机构，有序整合不同领域、不同部门、不同层次的监管力量；要求省级环保部门牵头建立健全区域协作机制，推行跨区域跨流域环境污染联防联控，加强跨区域流域联合监测、联合执法、交叉执法；鼓励市级党委和政府在全市域范围内按照生态环境系统完整性实施统筹管理，整合设置跨市辖区的环境执法和环境监测机构。

第四，关于规范和加强地方环保机构队伍建设。要求地方结合事业机构改革，将目前还是事业性质、使用事业编制的县环保局逐步转化为行政单位，规范设置事业单位性质的环境执法机构；尽快出台规范性文件，全面推进环境监测监察执法能力标准化建设；实行环境监测与执法测管协同，配备环境执法调查取证、移动执法等装备，实行行政执法人员持证上岗和资格管理制度；建立运行大数据平台，提高信息化水平和共享水平。

3. 垂改的基本方向

落实条块两个方面的责任、实现条块结合是垂改的基本方向。实施垂改，调整机构隶属关系是手段，重构条块关系是方向，落实各方责任是主线，推动发展和保护内在统一、相互促进是落脚点。《意见》把充分调动条块两方面积极性作为基本出发点，既不能因改革削弱、上交地方党委和政府环保主体责任，也不能让地方党委和政府权责不等、没有手段、无法履责。根据《意见》第七条、第八条第一款和第十条第二款的规定，可在省级层面设置按片区块状为主的监察和监测体制。如湖南省拟设立湘南片区、湘中片区、湘西片区、洞庭湖片区、长株潭片区的监察分局和监测分站，由省厅统一管理，统一调度，人员由省厅和片区内环保局抽调组成，机构级别、职能、领导职数、内设机构等纳入省厅统一的机构编制“三定”方案中去，确保环境质量考核的科学性和准确性，确保“督政”的时效性和权威性[①]。

4. 五项垂改措施

《意见》提出五方面的措施，确保市县政府履责。一是强化责任分解落实。各地应制定负有生态环境监管职责的相关部门环境保护责任清单，着力构建权责明确、齐抓共管的大环保格局。二是强化议事协调机制。要求省市县政府建立健全环保议事协调机制，由环保部门承担日常工作，这将有利于强化综合决策，统筹协调各方面力量。三是强化市级对县级环保工作的综合统筹。市级环保局仍为市级政府工作部门，市级党委政府环保履责情况与改革前差别不大，并可以在市级环保议事协调机制平台上做好各县环保工作的统一谋划、科学决策，

① 陈华勋：“一个地方环保局长关于垂改的心里话”，《中国环境新闻》，2017-01-01，http://mp.weixin.qq.com/s?__biz=MzAxMjU1ODAxOQ==&mid=2650888748&idx=3&sn=884fdfcb98bc540842492c6fbe16d17b&chksm=8045f180b732789683fba8213bc3c71a18d5a007ae2fe76ae98ad16d4b9de272bf0654795cc5&mpshare=1&scene=1&srcid=0101BwWFLoB0PaMGhjSabVjb#rd。

按生态环境系统完整性实施统筹管理。四是强化工作支持与协作联动。地方各级环保部门继续支持地方政府环保履责，落实环保部门与地方党委和政府及其相关部门协作联动的制度性安排。五是强化监测执法信息共享。各地建设数据共享平台，在环保系统和地方党委政府间实现信息互联互通、共享共用①。

5. 12 个试点省（市）的垂改动态

目前，河北、上海、江苏、福建、山东、河南、湖北、广东、重庆、贵州、陕西、青海等 12 个省（市）提出了改革试点申请，开展了改革实施方案起草等前期准备工作②。截至 2017 年 7 月，河北、江苏、山东正式出台了垂直管理改革实施方案，按照环保部 2016 年确定的时间表，这项“垂管”需要在 2~3 年内完成改革任务，“试点省份要力争在 2017 年 6 月底前完成试点工作，形成自评估报告；未纳入试点的省份力争在 2018 年 6 月底前完成省以下环保管理体制调整工作；到 2020 年全国省以下环保部门按照新制度高效运行。”从目前进展来看，省以下环保机构“垂管”改革试点推进缓慢。

（1）河北和重庆

2016 年 1 月，河北省办公厅印发《河北省生态环境监测网络建设实施方案》，提出率先启动省以下环保机构监测监察执法垂直管理制度试点工作。分步研究提出规范省以下环境监测监察机构职能定位、人员编制、经费保障垂直管理改革意见及市、县环保部门机构管理体制改革意见，稳步推进实施，到 2020 年全面实行省以下环保机构监测监察执法垂直管理③。

---

① http://www.zhb.gov.cn/xxgk/hjyw/201609/t20160923_364595.shtml.

② http://money.163.com/16/0923/14/C1LF22I2002580S6.html.

③ http://www.hbjjrb.com/yaowen/yw/201601/803313.html.

2016 年 11 月，环境保护部、中央编办正式函复河北省和重庆市人民政府，同意《河北省环保机构监测监察执法垂直管理制度改革实施方案》《重庆市环保机构监测监察执法垂直管理制度改革实施方案》备案，可以启动改革实施工作。这是省以下环保机构监测监察执法垂直管理制度改革的又一重要成果，标志着全国垂改试点工作正式步入实施阶段。2016 年 12 月 17 日，河北省委办公厅、省政府办公厅印发《河北省环保机构监测监察执法垂直管理制度改革实施方案》，全文详见附件 1。

河北省和重庆市垂改工作是12个申请垂改试点省份中的先行者。一省一市均成立了省级党委或政府主要领导任组长的垂改领导小组，主要领导亲自部署，把握改革方向；分管省领导靠前指挥，抓好组织实施；省级环保厅（局）、编办等相关部门通力协作、主动作为、联动有力，抓好具体落实。同时，两地与环境保护部、中央编办多次对接协调、充分交流研讨，不断完善改革实施方案和政策措施。经深入调研、广泛征求各方面意见和数次修改完善后，形成了改革实施方案，分别通过河北省深改组、省政府常务会议和重庆市委常委会、市政府常务会议审议，方案总体成熟可行。

总体上看，一省一市方案为省和直辖市两种不同行政体制架构下的环保垂改做了有益的探索，对于其他省份具有较好的借鉴意义，在全国具有较好的标杆和示范效应[①]。截至 2017 年 5 月，河北 6 个环境监察专员办公室、11 个驻市环境监测中心在各驻地正式挂牌成立。改革后，河北环境监察职能将由省环保厅统一行使，6 个环境监察专员

① 全国环保垂改试点工作正式启河北重庆率先开展环保垂直管理制度改革，http://www.gov.cn/xinwen/2016-11/29/content_5139597.htm。

办公室按照厅内设机构进行管理[①]。

《重庆市环保机构监测监察执法垂直管理制度改革实施方案》全文并未正式公开，但根据相关媒体报道，其主要内容包括：重庆市各区县环保局实行以重庆市环保局管理为主的双重管理体制，仍为区县政府工作部门，区县环保局局长、副局长由市环保局党组提名，提交区县党委、政府按程序任免。上收区县环保部门环境监察职能，由市级环保部门统一行使，补齐环保“督政”短板，分区域定期和不定期派驻专门人员，对地方生态环境保护工作开展日常监察和集中督察。

厘清环境监测事权，上收市级考核涉及的生态环境质量监测事权，由市级环保部门统一承担，主要负责全市生态环境质量监测。区县环境监测站仍由区县环保局管理，主要负责本行政区域内的环境执法监测、污染源监督性监测和突发环境事件应急监测。

同时，将环境执法重心进一步向区县下移，环境执法机构列入政府行政执法部门序列。重庆市环境监察总队更名为重庆市环境行政执法总队，主要负责查处重大环境违法行为以及跨区域、跨流域的环境违法案件，指导、监督区县环境执法工作；区县环境监察支（大）队更名为区县环境行政执法支队，仍由区县环保局管理，主要负责调查处理本行政区域内的环境违法行为。此外，规范乡镇、街道环保机构设置，配备必要的工作力量并保持相对稳定[②]。重庆市在“垂改”过程中，先后出台多项政策，明确检察机关、公安机关和环境保护行政主管部门在环境资源案件办理过程中的职能职责，健全了行政执法和

① “环保体制‘垂改’试点6月底前全部完成”，《经济参考报》，http://news.eastday.com/eastday/13news/auto/news/china/20170510/u7ai6760700.html。

② “重庆实施环保机构监测监察执法垂直管理改革”，网易新闻，http://news.163.com/16/1217/14/C8GBS02B000187V5.html。

刑事司法的衔接机制[①]。

（2）上海

上海市第十四届人民代表大会第四次会议上，市长在政府工作报告中表示将试点环保机构监测监察执法垂直管理。推动行政执法部门与司法机关之间的信息共享，建立更加紧密的行政执法和刑事司法衔接机制。试点行政执法类公务员分类管理，形成更加有效的激励约束机制[②]。

（3）湖北

2016年6月23日，湖北省印发《关于开展环保机构监测监察执法垂直管理制度改革情况摸底调研工作的通知》（鄂环发〔2016〕17号），调研内容包括：①实行省环保机构监测监察执法垂直管理后，如何合理确定省、市、县三级党委政府及有关部门环保责任清单；如何合理划分省、市、县三级环保部门事权。②地方环境监测监察执法机构设置、人员编制及管理、资金和资产等情况，通过改革环境监测监察执法机构如何设置（包括编制数、级别及内设机构等），身份主体如何确定，现有人员如何进行划转等。③改革后省级垂管监测监察执法机构与市、县环保部门之间如何建立顺畅高效的工作机制。④省级环保部门如何对市（州）环保部门实行双重管理；县级环保部门作为市级环保部门派出机构，如何明确其职责定位并正确处理与同级党委政府及其他部门的关系；乡镇或农村环保机构设置情况，如何通过改革强化农村环境保护。⑤关于推动按区域（流域）设置环境监管和行政执法以及环境监测机构的有关建议。⑥市（地）级环保局实行以省环保

① “环保体制‘垂改’试点6月底前全部完成”，《经济参考报》，http://news.eastday.com/eastday/13news/auto/news/china/20170510/u7ai6760700.html。

② http://sh.eastday.com/m/2016shlh/u1ai9193852.html.

厅为主的双重管理，县级环保部门作为市级环保部门派出机构后，关于加强对基层环保部门党组织建设和纪检监察工作的建议。⑦各级环境保护委员会及其办公室设置和运行现状，如何通过改革强化该机构统筹协调环境保护工作。⑧实行省环保机构监测监察执法垂直管理后，根据监测监察执法人员编制和机构设置，如何规范编制部门预算，统一纳入省级财政预算管理体制；针对监测监察执法机构人员经费情况（单位性质、核定编制数、实有在职人数）、针对单位资产状况、工作需要对日常公用经费以及项目支出（环境监测、监察执法）的经费，如何提出准确、真实、完整的预算经费来保障人员和工作运行的需求。⑨结合本地区实际，认真思考梳理本地区单位实行垂直管理改革可能遇到的困难和问题，对下一步我省实行省以下环保机构监测监察执法垂直管理制度改革工作提出意见和建议，对本地区实行垂管提出设想。

（4）广东

广东将加快推进省以下环保机构监测监察执法垂直管理改革，珠三角地区2016年上半年要率先完成县级空气质量监测点位联网，年底前要完成国控重点污染源监测信息联网。“十三五”期间，广东将持续深化环保重点领域改革，逐步解决制约环保事业发展的体制机制障碍。将推进环评登记表备案制度试点；创新“三同时”管理，推行建设项目工程环境监理，引入第三方进行过程监管，探索环保“三同时”验收备案制；建立覆盖所有固定污染源的企业排放许可证制度等。同时将强化地方政府治污主导责任，建立相应的环保督察工作机制，对地级以上党委、政府及有关部门贯彻落实国家和省环境保护决策部署、处理突出环境问题、履行环境保护责任等有关情况开展巡视督察[①]。

（5）湖南

2017年7月19日，湖南省人民政府发布通知，明确将全省环境保护执法机构纳入政府行政执法机构保障序列，要求各级机构编制、发展改革、财政、人力资源社会保障、法制、机关事务管理等部门要依据各自职责，按照行政执法机构保障标准和要求，落实相关保障措施，支持环境保护部门有效开展行政执法工作[②]。这对全面加强和改进当前环境监管执法，推进加快解决突出环境问题、改善环境质量、建设生态强省具有十分重大的现实意义。该项工作走在全国前列。目前，省环保厅正在与省编办等相关部门沟通协调研究制定《湖南省环保机构监测监察执法垂直管理制度改革实施方案》。

（6）试点省市垂改动态比较

总结对比试点省市已出台的垂改方案，如表4-1所示。

表4-1　试点省市垂改动态比较

省份	垂改方案	出台时间	主要内容对比
河北	已有全文《河北省环保机构监测监察执法垂直管理制度改革实施方案》	2016年12月17日	河北省侧重点在于考虑省、市、县三级，以及省直辖县等环境管理体制机制安排（敖平富，2017），环境监测监察事权上收的同时，强调环境执法重心向市县下移，强化属地环境执法。明确了各级党委政府要对生态环境负总责，并接受监督；明确了相关部门的环境保护责任清单。
重庆	没有全文只有媒体报道的部分内容		重庆在实施改革时立足于重庆直辖市两级行政管理体制、中等省规模、城乡二元结构明显等特殊市情（敖平富，2017）。
贵州	全文草拟稿		
上海	无		

① http://news.xinhuanet.com/fortune/2016-02/29/c_1118193629.htm.

② 《湖南省人民政府关于将全省环境保护执法机构纳入政府行政执法保障序列的通知》，湖南省环境保护厅。

续表

省份	垂改方案	出台时间	主要内容对比
江苏	官方公布全文《江苏省环保机构监测监察执法垂直管理制度改革实施方案》	2017年7月4日	调整环境保护管理体制、环境监测管理体制，实行生态环境质量省级监测、考核。环境执法重心向设区、县下一，强化属地环境执法。强调完善环境保护议事协调机制，提出建立健全省市县三级环境保护委员会，统筹协调负有生态环境保护监管职责的相关部门。
福建	无		
山东	审议通过《山东省环保机构监测监察执法垂直管理制度改革实施方案》，全文未公开	2017年6月29日	
河南	无		
湖北	无		
广东	无		
陕西	无		
青海	无		

资料来源：本研究整理，截至2017年7月。

（二）地方层面“垂直管理”改革的进展

在本次国家层面垂直管理改革之前，已有很多地方尝试了垂直管理。截至2016年12月，中国已有陕西、贵州、辽宁、山西、黑龙江、湖南、广东、江苏、山东、浙江、吉林、海南、河北、甘肃、重庆等15个省份和直辖市试点了环境监管的垂直管理体系，但绝大多数是市级以下垂直监管，详见附表1。

2004年，陕西省在全国第一个在全省范围基本推行市以下环保机构垂直管理，起因是2001年陕西旬阳县多个小铅锌选矿厂违法排污，废水严重污染汉江水域，旬阳县政府袒护违法企业、县环保局执法不力等问题被揭露。为冲破地方保护主义的干扰，确保环保部门独立行使执法权，陕西省才厉行此制。各县（市）环保局成为市环保局的直属机构，各市辖区环保局成为市环保局的派出机构；在干部管理方面，实行市环保局和县级政府双重管理并以市环保局为主；经费则由市环保局统一管理（李宜春，2012）。自此，中国环境监管的垂直管理拉开了序幕。2009 年成立陕北环境保护督查中心，在解决省（区）内跨区域环境纠纷和突发环境事件中发挥了重要作用①。

据统计，中国已有约 200 个基层环保行政机构开展了垂直管理改革。各省环保垂直管理改革试点主要是在市级环保部门对区、县环保部门的垂直管理改革，集中表现为通过设立区级环保分局的形式进行垂直管理，个别地区也同时进行了环境监测与监察部门的垂直管理改革（鞠昌华，2013）。

除此之外，还有省以下垂直监管和县以下垂直监管两种模式。

1. 市以下垂直监管

根据已有资料的搜集结果，目前，实行市以下环保机构垂直管理试点的主要包括陕西的西安、宝鸡，辽宁的大连、浙江的杭州主城区，山东的青岛和临沂，吉林长春和辽源，江苏的徐州、江阴、东海、镇江、南通，甘肃，重庆，内蒙古包头，黑龙江的哈尔滨与佳木斯，湖南，广东，贵州等省份。对以上省份的垂直监管特点总结如下：

在机构设置上，①各县环境保护局为市环境保护局直属机构，在市环境保护局的领导下，负责本行政辖区内的环境监督管理和行政执法工作。②市辖区环境保护机构，作为市环境保护局派出机构，具体设置方式根据辖区多少和环保工作任务大小，由各市具体确定。监测监察执法属于同级环保局直属事业单位。

① http://www.mep.gov.cn/zhxx/hjyw/201109/t20110920_217458.htm.

在人员编制管理上，①市以下环境保护机构编制的权限上收到市一级。市、县（区、市）环境保护部门及其所属事业机构的编制，领导职数，由市机构编制管理部门征求市环境保护局意见后，统一核定和管理。②县级环境机构改革与县级机构改革同步进行，现有行政编制按照县级机构改革确定的编制精简比例精简，人员编制核定以不低于同级执法部门编制数确定。对原来设立环保局和将环保局设立为事业局的县（市、区），其变更后所需行政编制，由各市在市行政编制总数内统筹考虑。

在干部管理方面，市以下环境保护机构的干部管理，实行市、县双重管理并以市环保局为主的管理体制。

在财务、经费和资产管理方面，市以下环境保护机构实行垂直管理后，财务经费由市环境保护局按照收支两条线原则，实行统一管理。市、区、县环境保护部门及其直属单位的人员经费、办公经费、业务经费、科研经费和专项经费，统一纳入市级财政预算，由市财政予以保障。各城区和开发区环保部门及所属单位所有资产，一次性无偿划转市环保局，实施统一管理。

县（区、市）级排污费，罚没收入和行政收费按照收支两条线原则直接上缴市财政，作为预算专项资金，由市环境保护局会同市财政局实行统一管理；市级征缴的排污费，罚没收入，行政收费按现行管理体制执行。

2. 省以下垂直监管

目前，中国海南省、江苏省实行了省以下环保机构垂直管理试点。海南省在“十五”期间，对各地环保部门的领导班子实行垂直管理，环保局长及其班子成员由省局任命。

江苏省是在2004年开始实行省以下环境监察垂直监管，2008年

8 月实行市以下环保垂直监管。具体来讲，2004 年开始，江苏省按区域分片设立区域环境监察分局，作为派出机构，隶属省环境监察局，加大区域环境监管力度、提高监管效能。

3. 县以下垂直监管

浙江省实施了县级以下垂直监管，截至 2007 年底，县（市、区）环保局辖区的中心地域或经济较发达、人口较集中、环保监管任务较重的重点乡镇分片设立环保派出机构，监管 3~5 个乡镇行政区域，由县（市、区）环保局垂直管理。机构性质以财政保障的事业单位为主，每个派出机构的正式编制人员一般是 3~5 名。

4. 一些地方从垂直管理改回属地管理

根据调查发现，一些地方环保机构从属地管理改为垂直监管，后来又改回属地管理。例如，沈阳铁西环保由垂直管理改回属地管理（专栏一）、沈阳环保垂改七年阵痛（专栏二）。

【专栏一】“市”字头变“区”字头 铁西环保实行属地管理

2015年6月3日，随着“管理权限调整协议书”的签署，沈阳铁西区、沈阳经济技术开发区环保部门的管理权限，正式由沈阳市环保局下放至铁西区委、区政府，取代已实行多年的市区垂直管理机制。这在全市，尚属首试。沈阳市环保局铁西区分局这一名称，也将随之变更为铁西区环保局。“市”字头变“区”字头，虽几字之差，却是沈阳市委、市政府落实“蓝天行动”计划、推进环保体制改革分步实施试点的一次大动作。

对于这次改革，相关人士用四个“更”来评价：“主体责任更加明确，责权利更加平衡，相关部门协调更顺畅，更有利于环保工作的开展。”管理权限下放，直接促使区一级政府将环保视为分内之事，在引进企业、项目时更加注重环保考核，在日常实施更加严格的环保管理措施。

沈阳市环保局局长李超表示，环保并不是一个部门的事，涉及城管、执法、交通等多个部门，只有各部门联动才能见效。环保管理权限下放至区，将有利于日常各部门协同作战。

作为工业集聚区，“铁西一感冒，沈阳打喷嚏”的现象，不仅体现在经济上，也体现在环保工作上。这也是为何环保管理体制改革第一步先从铁西迈出。环保管理权限下放后，如何接住、管好？铁西区委书记李松林表示，铁西已经出台并开始实施“史上最严的环保政策”，下设底线红线，上设高压线。

据悉，此次改革在岗人员全部由铁西区（沈阳经济技术开发区）接收；经费渠道按现行体制不变；管理权限调整后，区属环保机构需满足现行环保工作需求，完成各项人、财、物、事的顺利交接。

资料来源：《沈阳日报》，2015年6月4日，http://mp.weixin.qq.com/s?__biz=MzAxMjI3MDM2Nw==&mid=400746786&idx=1&sn=b0855e8da7bcd6a51a0e7020629774d5&scene=1&srcid=1122sPHexhejWMfWoF1udFjm&from=groupmessage&isappinstalled=0#wechat_redirect。

【专栏二】一场回到原点的探索丨沈阳环保垂直改革七年阵痛

八年前，沈阳先行探索环保机构垂直改革；八年后，国家拉开改革大幕，但沈阳却转了一圈，回到原点。老毛病、新难题，都在折磨着这一改革先行者。

2008年4月3日，沈阳市政府下发《沈阳市迎接国家环保模范城市复查工作实施方案》，方案提出：将建立市、区两级环保机构垂直管理体制。在沈阳市决定取消垂直管理5个月后，党的十八届五中全会公报提出“实行省以下环保机构监测监察执法垂直管理制度”。2016年9月22日，中央《关于省以下环保机构监测监察执法垂直管理制度改革试点工作的指导意见》（简称“指导意见”）公开发布。

沈阳解垂的步伐也因此停止。目前沈阳市辖区环保机构的隶属关系纷繁复杂：铁西区、沈阳经济技术开发区等已完成了解垂，为区政府职能部门；而有的区仍为环保分局，由市局管理。沈阳在环保机构改革中早于全国做了先行探索，但在编制、财政保障、与地方政府部门协调等因素困扰之下，最终走了回头路。不过，沈阳积极探索中发现的问题，也为新一轮环保系统垂直改革下，各地制定具体方案提供了镜鉴。

沈阳垂改前传

环保垂直管理对解决地方干预环保审批、执法等方面，作用非常明显。这种干预越在基层，问题越突出。“当年政府更关注经济发展，基层环保工作往往要服从于经济发展，在污染治理、严格执法、建设项目审批等方面，不时会出现一些干扰执法问题。”沈阳市经济技术开发区环保局局长王志军2015年接受《中国环境报》记者采访时坦承。

解决地方干预的诉求非常迫切，但时任沈阳市领导对于实行垂改并无政策依据的担忧也同时存在。最终在国发2005年39号文《国务院关于落实科学发展观加强环境保护的决定》中找到这样的一句表述：“探索设区城市环保派出机构监管模式，完善地方环境管理体制。”

垂改最直接的变化是人事权上收，此后区环保分局干部的管理交由市环保局说了算。行政上不再隶属区政府。另外，沈阳垂改只针对市辖区，各县则并未设置环保分局。垂改完成后，市环保局的权力变大了，能调动的资源多了。

地方干预未解

事实上，沈阳实行垂管后，地方干预执法的问题依然存在。在执法过程中面对地方干预，仍然没有底气说“不”。这并非个例。沈阳另一个区环保分局亦证实了这类现象的普遍性。实行垂直管理后，区环保局成为了市局的派出机构，但监察执法大队的身份困惑仍然存在，依然不属于执法队伍，没有纳入行政执法序列。现在监察大队执法都是委托执法，法律规定环保执法的主体是地方政府环境保护行政主管部门，也就是说是受环保局委托才能进行执法，没有独立的执法权。只要身份问题不解决，执法腰杆子硬不起来，就不可能完全避免地方干预。对此，近期中央“指导意见”已经提出解决之术。文件明确规定：“将环境执法机构列入政府行政执法部门序列。”

老毛病折磨垂改

沈阳的环保系统长期都是混岗混编状态，属于历史遗留问题，在垂直管理前就是如此。因为局机关公务员的编制非常少，很多人编制挂在监察大队，但在机关科室上班。这并非垂管而产生的问题。在锦州等没有实行垂改的地市，混岗混编的问题同样存在。而这却成为了长期影响沈阳垂管的因素。

据了解，2008年进行垂改时，并没有解决掉环保系统编制混乱的问题，而是采取了一种临时过渡的办法——冻结了所有人员的编制。由于环保局和人事、财政部门没有协调好，所以当时垂改留下的尾巴比较长。“现在我们的工作人员有市里编制，有区里编制；有公务员编制，有事业编制。编制在市里，工资就由市级财政解决；在区里，就是区财政解决。”沈阳环保人士介绍，垂管以来，环保分局上收的排污费交由市财政、上收的监测费交由区财政。而上述费用是环保人员开支和工作经费的来源。财政受制于区里，这使得环保机构垂直难以彻底。而编制冻结导致的另一个负面影响是人心不稳。困惑的亦包括省环保厅。2016年10月，辽宁省一名环保官员反映：“目前，国家关于省以下垂改文件已经出台，但对于环境监察机构改革方向尚不清晰，人员编制全部冻结，造成现有人员去留不定，人心不稳。”

最后一根稻草

权责不清，导致的是各部门分工不明确，部门配合不畅的问题。

2015年，沈阳市环保局局长李超接受《中国环境》报采访时称，由于介入不了宏观决策、监督层面，环保部门被动地成为粗放经济增长的助推者，发展计划目标制定的远望者，城市基础设施建设的旁观者，财政预算资金的乞讨者，公众百姓责骂的首选者。

“垂直管理不能实现环保工作的多方参与，也破坏了环保的责权体系，试点取消垂直是为了明晰各方责任，贯彻新环保法中落实地方政府主体责任的要求。”李超当时认为，如果不改变目前垂直的管理体制，上级环保部门对下级政府的监督将是空话一句。李超自2004年起担任沈阳市环保局局长至今，亲历了垂直改革的全过程。与兄弟部门沟通不畅，责任不清，成为了压倒沈阳环保垂管的最后一根稻草。

2015年4月24日，沈阳提出关于市区环保管理体制改革分步实施、试点推进的工作要求。次月，李超在铁西区蓝天行动工作大会上表示，沈阳市环保局铁西分局、沈阳经济开发区分局将实行属地管理试点，从行政管理体制上不再隶属于市环保局。

2015年6月3日，沈阳市环保局与铁西区、沈阳经济技术开发区签署《环保机构管理权限调整协议书》，区环保部门由沈阳市环保局下放至铁西区委、区政府。沈阳市取消垂直管理的帷幕由此拉开。一个半月后，于洪区亦解垂。

据介绍，在多年垂直管理实际工作中，只要是环保系统下到区政府的文件，区政府往往直接甩给环保分局。相当于市环保局的文件绕了一圈，最后还是回到自己家里了。由于权责不清，并没有实现相关职能部门各自分工的局面。

资料来源：http://note.youdao.com/share/index.html?id=14e23706ea5163eeabb1a84cb29eb2d0&type=note&from=groupmessage&isappinstalled=0#/.

（三）地方层面垂直管理改革实践的评价

1. 垂直监管的积极作用

（1）增强了环境执法独立性

从已有的环保部门垂直管理实践来看，环境监管能力相对增强，环境执法权威性和独立性有所提高，环保部门的执法主体地位进一步确立，环保执法队伍得到有效整合。如，西安市2002年8月份开始探索对市以下环保系统垂直管理，在垂直管理体制下，市、县两级环保机构和人员编制得到加强，执法力度明显加大，有效克服了地方保护主义。尤其是县级环保局班子打消了“碰硬”的顾虑，敢抓敢管，集中解决了一批老大难问题，使区域环境质量得到明显提升[①]。一份基于地方环保干部的问卷调查结果显示，受访人员认为“突破地方保护主义”是地方环保垂直管理改革最突出的成果，“强化执法监督，打击违法行为”和“解决跨界纠纷”分别排在第2位和第3位（李萱等，2011）。

（2）基层环保机构经费得到保障

环境垂直监管后，基层环保部门的人员经费均由上级环保部门承担，这样，基层环保部门就不受制于同级地方政府，避免了地方财力不足导致的环境监管弱化问题，所以，垂直后，基层环境执法、监测、监察有了经费保障。比如，西安市在市以下垂直管理的体制下，基层环保部门的经费由上级环保机构划拨，排污费等收支两条线，杜绝了“吃人家嘴短”和权力寻租等现象。尤其在治理区域性环境问题时，垂直管理使地方环保部门有底气顶住各方压力。地方领导不可能到市里发号施令，这样也倒逼地方政府逐步提高对辖区环境质量负总责的意识[②]。

（3）部门之间的协调更加顺畅

改革前的属地管理，不同层级环保机构及其监测监察执法机构职责交叉，多头执法、重复执法、监管缺位及越位等问题普遍存在。实行市以下环保机构垂直监管后，统一规范环境监察机构，名称和队伍独立设置，强化了环保队伍和能力建设，增强了环境执法监管的统一性、权威性和有效性。而且，在环保队伍执法上基本消除了地方政府直接领导不够科学的发展经济，直接干预和影响环保执法力度的不利因素[③]。

---

① http://www.hb114.cc/siteall/hb114jcfx/newsInfo_36048.html.

② http://www.hb114.cc/siteall/hb114jcfx/newsInfo_36048.html.

③ 陕西法制办：“环保垂管运行机制、特点和行政处罚存在的问题及对策”，《环保之家》, 2015-11-22, http://mp.weixin.qq.com/s?__biz=MzAxMjI3MDM2Nw==&mid=400746786&idx =1&sn=b0855e8da7bcd6a51a0e7020629774d5&scene=1&srcid=1122sPHexhejWMfWoF1udFjm&from=groupmessage&isappinstalled=0#wechat_redirect。

（4）统筹解决跨区域、跨流域环境问题

由于近年中国环境污染形势的转变，跨行政区已成为显著特征之一，尤其是大气污染治理，必须从更大范围来协调才能有效解决。一方面，现实存在区域性环境问题的城市之间缺乏联动，不同城市执法标准、执法尺度往往不统一，易造成污染源流动到“执法洼地”。另一方面，为了追求各自政治、经济利益的最大化，地方政府趋向于回避相对利他的区域分工和责任，协调难度大，一贯的“属地监管”模式不能有效解决跨区域性的污染问题。因此，鉴于大气污染和河流污染的流动性问题，要更加强调区域联防联控，因而需要建立长期有效的跨区域协作机制。实行垂直管理，能够摒弃行政区域的限制，促进污染问题协同治理。

2. 地方垂改实践中存在的问题

（1）地方环境监管责任不清，积极性降低

目前垂直监管较为突出的问题是地方政府环保的积极性降低，影响国家政策落实（李萱等，2011）。实施垂直管理体制后，人财物收归上级环保部门，有些地方区、县环保部门统一监管协调有关部门的配合能力受到削弱；个别地方政府和环保部门推脱或懈怠环保责任，影响了国家环保方针、政策和法规的贯彻落实（李萱等，2011）。随着监督、管理等职责的上收，县级政府监管履责手段缺失、对质量负责失去抓手。改革后，县级政府难以全面对环境质量负责，影响其履行环保职责的主动性和积极性，出现问题后责任难界定，有可能出现推诿、扯皮等现象，造成职责不清，影响改革目标的实现。例如，部分县区地方政府对环保工作有“松一口气”的现象，认为对于本辖区的环境质量好坏是属于市级环保部门的事，他们只管招商引资，发展区域经济，只要有利于经济发展的事就千方百计地去发展，引进、扩大、刺激当地经济的快速增长，经济发展和环境保护形成了相互脱节的现象[①]。因此，必须彻底清理地方政府和其他负有环保监管职责部门的事权，防治今后在履职过程中相互推诿扯皮，导致乱作为或不作为。尤其是将涉及环保部门的职能、范围、方式、责任等具体化、法制化，从而做到各级各部门全责统一、分工明确，避免“有人讲、没人管”。

（2）地方政府失去监管抓手

垂直管理后，县级环保部门作为地市级环保部门的派出机构，不再是县政府组成部门。环境保护规划规划、总量控制、环评等工作是具体落实环保责任的体现，这些工作到县级，履行却没了“腿”，从目前看，还没有太好的解决办法。未来，县级政府可能没有能力承接这些工作，只能移交给当地环保部门（派出机构）。这样的移交是否将责任一并推卸了，还有待考察。另外，如果县级人民政府不需要对本行政区域的环境质量负责，那么《环境保护法》第六条规定“地方各级人民政府对本行政区域的环境质量负责”，就需要修改为省和市级人民政府对本行政区域的环境质量负责。由此，垂直监管后，县级政府对环境的监管处于两难的境地。

（3）地方改革缺乏规范性指导

垂直管理改革的主要措施是人财物管理权从地方的剥离，但这些要素如何从地方剥离，剥离后又该如何重新构建基层环保部门与地方政府间的关系，省级环保部门如何对市县环境监测监察执法的人财物进行管理，这些问题在改革实践中表现得较为随意，缺乏规范性。比如环保干部双重管理的现行规定与垂直管理改革中干部管理权上收的

---

① 陕西法制办：“环保垂管运行机制、特点和行政处罚存在的问题及对策”，《环保之家》，2015-11-22，http：//mp.weixin.qq.com/s?__biz=MzAxMjI3MDM2Nw==&mid=400746786&idx=1&sn=b0855e8da7bcd6a51a0e7020629774d5&scene=1&srcid=1122sPHexhejWMfWoF1udFjm&from=groupmessage&isappinstalled=0#wechat_redirect。

关系应如何处理；在目前“分级管理、分灶吃饭”的财政体制下，中央与地方的环保行政管理的财权、环保专项资金的分配如何划分等，都是一些有待解决的现实问题（李萱等，2011）。

（4）地方环保行政执法上出现矛盾

①环境保护行政执法在限期治理项目的实施过程中，县区环保局与县区政府在环保行政执法上出现矛盾，或关系处理僵硬，不和谐时，依据《中华人民共和国环境保护法》第四章防治环境污染和其他公害，第二十九条“对造成严重污染的企事业单位，限期治理”。县区环保部门对企业、事业等单位需要做出限期治理时，势必造成县、区政府对下达限期治理单位会有抵触情绪，拖延时间，不闻不问，长期拖下去的办法，致使县、区环保部门在下达期限治理任务上毫无脾气，在环境执法上既轻不得也重不得，根本无法可施。

②县、区环保部门，依据全国人民代表大会常务委员会所颁布的环保法律，中华人民共和国国务院颁布的办法、条例，对所属县、区内企业、事业单位、私营企业、个人进行环保行政处罚后，需要所在地法院、公安、检察院配合。如果县、区环保局与县区政府在环保行政执法上出现矛盾，或关系处理僵硬、不和谐时，当地的法院、公安、检察机关会看政府的脸色行事，很难立案给予大力配合和支持，势必影响环保行政执法的力度，也难以保障环境保护行政处罚的法律性、合法性和权威性[①]。

（5）远程监管乏力

垂直管理后，省级执法部门与地方环保部门对排污单位的监管责

① 陕西法制办：“环保垂管运行机制、特点和行政处罚存在的问题及对策”，《环保之家》，2015-11-22, http://mp.weixin.qq.com/s?__biz=MzAxMjI3MDM2Nw==&mid=400746786&idx = 1&sn=0855e8da7bcd6a51a0e7020629774d5&scene=1&srcid=1122sPHexhejWMfWoF1udFjm&from=groupmessage&isappinstalled=0#wechat_redirect。

任很难划分，在已经尝试垂直执法的一些地方，存在环境监察总队远程监督乏力的问题[①]。省级环保部门对排污单位的具体情况可能掌握得不够全面，或者了解程度不如市级环保部门和县级环保派出机构，而且由于空间距离上的制约，省级环保部门在对污染源的实时监督与检查方面，显得不够灵活，远程监管乏力。

二、行政管理体制中相关社会性监管领域改革的经验

改革开放以来尤其是1994年分税制改革以来，中国政府的分权改革在激发地方政府积极性，促进社会经济飞速发展的同时，也造成了中央与地方政府间“条块”矛盾日益突出，中央政府集中控制力相对下降等问题（董娟，2009）。近年来，中国经济在持续快速增长的同时，也产生了各类问题，如食品与生产安全问题频发、环境污染加剧、土地违法高发等。如何解决这些问题，已成为社会各界关注的焦点，政府也采取了多种措施，如加大对违法企业的惩罚和对渎职官员的问责，改进以GDP为主的考核地方官员的指标体系，以及改革政府对市场的监管体制。

从垂直的层级来看，分为中央垂直管理、省垂直管理、市垂直管理等。安全、海关、国税、外汇、粮食、煤矿安全监察、地震、气象、测绘、出入境检查检验、烟草、邮政、物资储备、海事、银行、证监、保监、银监、电监等工作是中央垂直管理；工商、地税、土地管理、质量技术监督、食品药品监督等工作是省垂直管理。还有一些地方在

① 鞠昌华等：“地方环保局角色尴尬，县市环保垂直管理应解决五个问题”，《环保之家》，2016-08-04，http://mp.weixin.qq.com/s?__biz=MzAxMjI3MDM2Nw==&mid=2652449748&idx=2&sn=73bc4b2f8a936aba6f43c780b583e910&scene=1&srcid=0805FDslqB9iYpA69E9yirWg#rd。

一些工作领域推行市以下垂直管理。比如，2004年陕西在全国第一个在全省范围基本推行市以下环保机构垂直管理（李宜春，2012）。

（一）重点部门经验

1. 药品

近年来，中国药品监管体制主要经历了两轮重大改革，其一是1998年国务院机构改革，组建了国家药品监督管理局，2000年实行省以下药品监管机构的垂直管理；其二是2003年国家将食品、化妆品、保健品的综合监管职能与药品监管合并，成立了国家食品药品监督管理局。至今，中国已经建立了基本趋于规范和完善的药品监督管理体制（张新平等，2006）。

在中国现行的药品监管体制中，国家药品监督管理局主管全国的药品监督管理工作，对药品的研制、生产、流通、使用等环节进行行政监管和技术监督，并实行省以下垂直管理的药品监督管理体制，机构、编制、干部、人事、财务经费上实行“统一领导、垂直管理、统收统支、分级核算”的财务管理体制，省以下药品管理的支出经费，由省逐级划拨（熊进光等，2011）。

实行省以下药品监督管理系统垂直管理体制改变了省、市、县药品监管机构在法律关系中的地位，更加明确了各自的权利和责任，有利于药品监管机构依法行使职权，履行职责，维护药品监管行政执法的统一（侯根福，2000）。省级机构从过去的上级业务指导机构，转变为市级的领导机构，主要职能也从指导职能转变为上级行政主管职能。市、县级机构由以往市、县政府的职能部门转变为单一的省级药品监管行政机关的直属机构。这种转变使得市、县级机构的行政责任，直接向上一级的省、市局负责。药品监管机构实行统一垂直管理后，在全国范围内形成了一个庞大的信息网络和协作网络，彻底打破了在过去药品执法办案中的“属地管辖”的限制，对于跨区、跨省的药品违法案件能通过网络协作办案，提高了执法实效，有效打击违法犯罪，充分体现药品监管法规的威严（张新平等，2006）。

2. 食品

（1）半垂直管理阶段（1998 ~ 2008 年）

面对地方分级管理引发的一系列监管不力的问题，中央机构深刻认识到了改革的必要性，迫切需要通过强化上一级政府监督权力来加以整顿。1998 年 11 月，国务院下发了《国家工商行政管理局工商行政管理体制改革方案》，开始了食品监管省级以下的垂直管理模式。改革方案在机构、编制、干部、财务经费四个方面进行了规定。1999 年国家质量技术监督局、2000 年国家药监局也陆续开始了省级以下垂直管理的监管模式，至此半垂直监管模式下的食品安全监管团队正式形成。该监管模式的实施在当时的背景下能够有效避免地方政府的干扰，提高整体的行政能力，使得上级机构作为一个权威的指导机构对下级进行监管方面的指导。

2004 年国务院下发《关于进一步加强食品安全工作的决定》，正式确立了“分段监管为主，品种监管为辅”的多部门分段监管体系中，进一步明确了各监管机构的相关职责，逐渐形成了多部门联合监管的格局。因此，食品安全监管从原来的卫生部一家基本独揽所有监管任务，发展到监管部门涉及农业、卫生、食品药品监管局、商务部等，这表明中央政府采取的是一种逐渐精细化管理方式。半垂直一体化管理政策的实施确实起到了良好的效果。但是由于各种主客观原因，半垂直管理体系仍然存在一些问题：第一，权力的争夺，无法彻底摆脱地方干扰。第二，各自为政、职责不清，由于地方政府和地方监管机构之间不存在隶属管理，双方便呈现出不配合的态势。第三，人事沟通不方便，主要是在人员的培训、考察、任用上地方监管部门和地方政府间沟通不畅。第四，在垂直监管机构的监控下，很多有利可图的项目因为不符合质检标准而被禁止，垂直监管机构和地方政府存在利益冲突。

（2）地方分权为主的混合管理体制阶段（2008 年至今）

2008 年 10 月，国务院下发了《国务院办公厅关于调整省级以下食品药品监督管理体制有关问题的通知》：第一，食品药品监督管理机构由省级以下垂直管理变更为地方政府分级管理，不仅要接受上级主管部门的指导同时也要接受同级卫生部门的监督；第二，将省、市、县三级监管机构与同级的卫生部门进行整合，接受同级卫生部门的指导；第三，将人事管理权下放，由原来的省级行使调整为市、县机构分别行使。2011 年，《国务院办公厅关于调整省级以下工商质监行政管理体制加强食品安全监管有关问题的通知》颁布，明确取消工商和质监部门省级以下垂直管理体系，改为地方政府分级管理体制，这是食品安全监管体制重新回到地方政府分级管理体制的重要标志。2013 年最新一轮国务院机构改革，将分散的食品安全监管职能集中到新组建的国家食品药品监督管理总局、卫生计划生育委员会以及原来的农业部，同时在《国务院关于地方改革完善食品药品监督管理体制的指导意见》中，明确指出“地方各级政府要切实履行对本地区食品药品安全负总责的要求，在省级政府的统一组织领导下，切实抓好本地区的食品药品监管体制改革。”

在半垂直的监管体制下，食品安全恶性事件仍然不断爆发，究其原因首先是垂直监管体制的先天不足，垂直管理体制本身并没有彻底杜绝地方政府干预，当地方政府的政绩目标与职能部门垂直监管相冲突矛盾时，地方政府还是可以动用丰富的资源力图影响甚至俘获监管机构。其次，分级管理改为垂直管理后，也带来一些其他问题。垂直监管部门本身的监督弱化，地方的法律、纪律检查监督机关被排除在垂直管理部门之外，可能对机构本身反腐倡廉不利；职能部门过多的垂直集中管理，可能导致地方政府管理的架空，从长远角度来看对地方经济发展不利。综上所述，条块分割带来了部分不同隶属职能部门间的权力摩擦和各自为政，进而由权责不清导致行政壁垒和纠纷。因此，在地方保护主义得到一定遏制的情况下，垂直管理体制暴露出的问题说明，半垂直管理体制在实践中并非一定优于分级管理体制（刘鹏等，2015）。

3. 安全生产

中国现有的安全生产监管体系如图 4–2 所示（叶永峰等，2012），已基本建立了覆盖全国各地区、各行业、各领域，中央和地方相结合，综合监管和行业监管互动的安全生产监管监察工作体系。

多年来，中国实行“企业负责，行业管理，国家监察，群众监督”的安全生产管理体制。但随着社会主义市场经济的发展，这种管理体制还存在不尽完善和对新形势不太适应的方面。尤其是在近期煤炭市场需求旺盛，固定资产投资规模较大，交通运输能力紧张的局面下，一些问题也就逐渐突显出来。分割的监管体制分散了安全生产的监管职责（王钦，2006）。其中，尤以煤炭安全生产管理工作最为突出。中国煤炭安全生产管理体制从纵向看主要存在着三个体系：一是安全生产监督管理局；二是煤矿安全监察局；三是在河南、山西等产煤大省仍然保留设立省、地级的煤炭管理局。

就监管职责而言，安全生产监督管理局是主管检查各行业（包括煤矿）生产安全的管理机构，分设国家级、省级、地市级和县级。国家煤矿安全监察局体系是完全的垂直管理，作为独立的第三方监管人，与煤炭生产单位之间没有任何经济或体制上的联系，分设国家级、省级、地市级（煤矿安全监察站或办事处）。煤炭管理局作为地方行业管理机构，负责煤矿生产技术、安全、经销等一系列管理，并负责颁发煤炭的生产许可证。

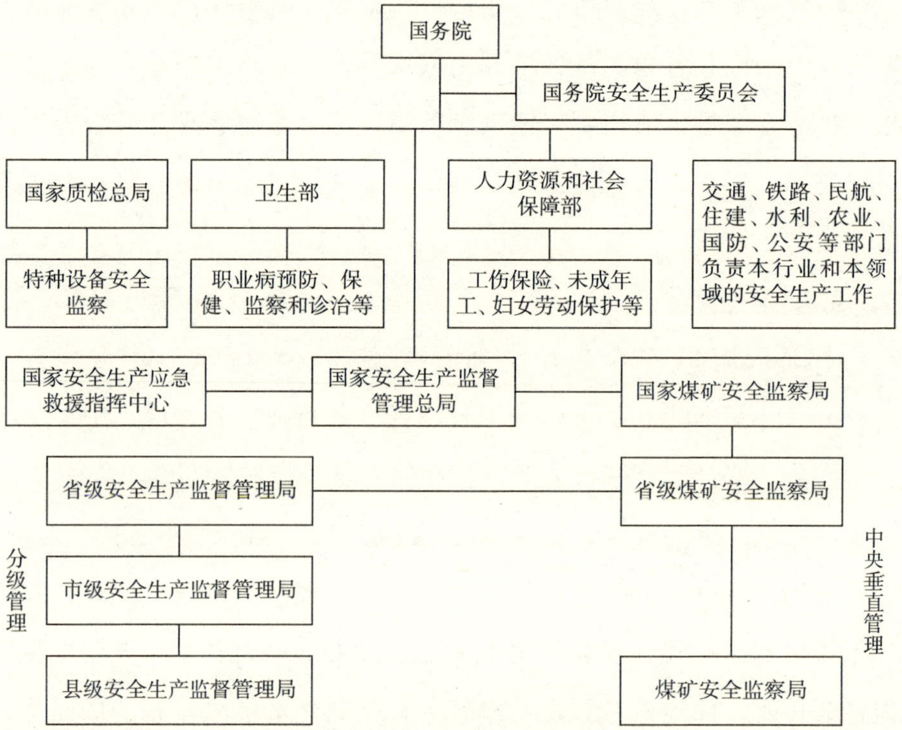

图4-2 中国安全生产监管体系

资料来源：叶永峰、顾智世："中日安全生产监管体系的比较分析"，《安全与环境工程》，2012年第2期，第98~102页。

煤矿安全监察机构和煤炭管理局具有颁发许可证的权力，并同各地安全生产监督管理局共同承担地方煤矿安全管理的职责。因此，在产煤大省就出现三个安全管理体系共同负责煤矿安全生产的局面。这种三部门共同监管的格局，实际上是分散了监管责任，使得安全生产的监察和管理的职责相互交叉，最终不仅是安全生产的行业管理职责没有加强，而且安全生产的监察职责也很难落实（王钦，2006）。

（二）评价

自1990年代中期以来，为克服过度分权产生的弊端，中央实行了一定程度的再集权。此次集权过程是以多个部门的垂直化管理为典型特征的。

强化垂直管理在提高中央调控能力、维护政令畅通、建立统一市场、破除地方保护等方面发挥了重要的作用。综合典型部门的垂直管理改革实践，与属地管理相比，垂直管理的适用条件主要包括以下几方面：

第一，对地方政府及其相关部门的监督责任难以落实，可以实行垂直监管。如，药品监督管理实行省以下垂直管理体制后，改变了省、市、县药品监管机构在法律关系中的地位，更加明确了各自的权利和责任，有利于药品监管机构依法行使职权，履行职责，维护药品监管行政执法的统一。

第二，地方保护主义盛行，干预地方监管和执法，垂直管理可以有效遏制。例如，食品监管中，地方分级管理监管不力，上下级监管机构间业务指导关系不顺畅，造成下级监管部门的消极抵抗，监管标准和频率差异较大，甚至为争夺监管权而放松监管，而垂直管理可以通过强化上一级监督权力加以整顿。

第三，对于跨区域跨流域的问题难以统筹解决，垂直管理是有效的选择。比如，药品监管机构实行统一垂直管理后，在全国范围内形成了一个庞大的信息网络和协作网络，彻底打破了在过去药品执法办案中的“属地管辖”的限制，对于跨区、跨省的药品违法案件能通过网络协作办案，提高了执法实效，有效打击违法犯罪。

三、环境监管体制“垂直管理”的国际经验

从西方发达国家的环境监管实践来看（表 4–2），目前以环境监管分权为主。中央层面的环保机构职责主要体现在宏观性和权威性上，重点负责制定全国性环境保护政策法规、环境保护标准，进行环境保护重大决策、规划部署，并有权对地方进行监督。在地方层面，环保机构主要是执行中央层面的环保法规政策，也包括部分地方环境政策的制定，所制定和执行的地方环境质量标准和污染物排放标准比低于中央层级标准。地方层面的环境管理职能不同国家或者同一个国家不同地区或者州有所不同，像美国和法国在地方层面是按照水、空气等环境要素划分进行环境监管；英国四个不同的区域中央和地方的环境监管职能有所区别。

纵向上环境监管组织体系以中央指导下的省级环境监管机构为主。首先，虽然部分国家在市一级设立市级环保机构，但地方层面的环境监管权力主要集中在省级 / 州 / 大区层面。例如，在法国的环境管理体系中起重要作用的是省长以及省层面上的环保机构，即大区环保局，中央层面的环保部把部分权力授予了其派出机构的首长，由大区长或省长对派出机构实施统一领导。其次，地方层面的环境管理机构主要按照环境要素划分实施管理。例如，加州环保局下设空气资源局委员会、水资源控制委员会、农药监管局、资源回收利用局、毒物质控制局、环境健康危害评估办公室六个机构。

表4-2 各个国家不同层级环境监管机构权责对比

国家	中央环保机构权责	地方环保机构权责
美国	EPA负责联邦守法和执法规划。规划的各项内容分别由EPA总部和10 个EPA地区办事处来完成。总部主要负责制定国家守法政策、调查和追究所有刑事案件、制定并执行国家重点、处理对国家有重大影响的民事案件、检查地区执法规划、监督各州的活动并提供法律和技术支持和指导等。EPA 地区办事处一般对以下问题负主要责任：实施检查、提供守法援助、发布行政命令、准备民事诉讼、监督行政和司法命令的守法情况并与各州的机构进行合作等。	地方层级的环境监管主要是由各州独立行使环境管理权。美国各州的环保局不隶属于联邦环保署，而是依照州的法律独立履行职责，除非联邦法律有明文规定，州环保局才与联邦环保署合作。各个州的环境管理机构向州政府负责，但是接受美国环保局区域办公室的监督检查。 州环保机构有权对违法者处以罚款，对违法者和违法行为进行现场检验、抽样、监测、取证等权力。州的环境监管工作根据环境要素进行划分。 以加利福利亚州空气质量监管机构为例，EPA第九分局在空气方面主要是监督加州是否提交州实施方案（SIP）；加州环保局资源局主要是指导下属35个空气区域执行SIP以及负责移动源的管理；地方空气区域管理负责固定源包括排污许可证，环境污染监察、法律法规的制定以及相关检测等。
英国	英格兰和威尔士： 环境、食品和农村事务部与威尔士议会政府负责解释所有的环境政策，并建立法律框架（也包括自然资源管理的法律框架）。而英格兰和威尔士环境署（1996 年成立）是主要的环境监管部门。该部门是独立的公共机构，负责主要工业、放射性物质、废水排放许可和废弃物管理的申请和受污染土地的监管，同时，它还有广泛的水务管理职能（包括防洪）。位于布里斯托的环境署总部负责制定更为详细的政策和指南，而8个区域办事处和22个地区办公室（主要根据水流经分界线划分）负责实际的执行。	英格兰和威尔士： 地方政府（通常有一个环境健康部门）履行以下环境保护管理职能：①一些IPPC设备以及非IPPC设备的许可批准、检查及执法，其中非IPPC设备只考虑那些涉及大气排放的设备；②管理地方空气质量，包括可移动源的大气排放；③处理土地利用规划及土地污染等问题；④对“法定的公害”（如噪声、恶臭和烟雾等）进行执法。地方议会官员可以发送一份治理噪声通知书，要求被通知者停止制造滋扰，如果通知不被执行，噪声制造者就会面临起诉。

续表

国家	中央环保机构权责	地方环保机构权责
英国	苏格兰： 在政策层面，苏格兰的官员负责制定环境政策并进行环境立法。在操作层面，苏格兰环境保护署（SEPA）是省级的环境管制部门，和环境署一样有独立的地位。SEPA的总部位于斯特林，另有 3 个区域办事处以及21个地方办公室负责日常的工作。SEPA 和非地方性部门负责监管非IPPC 的固定空气污染源。SEPA不负责防洪方面的事宜。 北爱尔兰： 北爱尔兰的环境部门负责环境政策和环境立法的发展。和环境署及SEPA不同，北爱尔兰环境局是监管部门，是政府的一部分，而非独立的实体。该机构监管的对象包括：主要的工业、放射性物质、对水体的污染物排放、一些企业排放的气体和废弃物管理。	苏格兰： 苏格兰的地方机构只监管移动污染源。 北爱尔兰： 在地方层面，区委员会负责管制微小污染源的大气污染以及损害问题。许可和检查职能由相同的人员来履行。
法国	法国行政区域自中央到地方可分为四级：中央政府、大区、省、市、镇。生态和团结过渡部是中央层面的环境保护管理部门，负责制订和实施控制政策应对全球变暖和空气污染，促进稀缺资源的可持续管理，负责对气候的国际关系，率领欧洲和国际气候谈判，并确保在咨询欧洲事务大臣兼外交达成的协议的执行情况，负责社会经济的推广和发展、参与开发研究，教学和鼓励创新。以水资源管理为例，该部门是法国水资源管理的统管部门，负责实施水法规与政策，分析、监测水污染状况，制定国家标准等。	地方政府环境管理的职能主要是环境政策的实施，也包括部分环境政策的制订。大区环境局是在环境工作方面的地方职能部门，负责组织、调整、汇集、分类、使用和传播有关环境的数据资料，参加制定和落实研究，治理、管理和保护自然环境及其资源的方法，并力求使这些方法适应本地区条件，执行国家环境政策方针。大区环境局下设建筑设计处、水体治理处、流域管理处。 以水资源管理为例，流域委员会负责审议和批准流域水资源管理局提交的工作计划，制定水管理政策、提出流域水资源开发管理的总体规划等。流域水资源管理局接受环境部的监督，负责流域水资源的统一管理，在管理权限和财务方面完全自治，同时在流域内必须执行流域委员会的指令。 地方水务委员会作为地方一级的水资源管理机构，按照法律法规和流域水资源开发管理规划，制订和实施当地的水资源开发和管理计划。

续表

国家	中央环保机构权责	地方环保机构权责
德国	联邦环境部是德国环境和资源保护的最高主管机关，联邦环境局是其内设机构之一。联邦环保局主要职责包括：协助联邦环境部制定环保法规和行政条例；协助制定各项环境规划并为与环境有关的措施提供生态鉴定；环保宣传教育，提供环境信息咨询服务；提供环境数据；国际环保信息合作；协助研究环境问题管辖权划分，协调联邦的环境研究。	州政府环境管理的职能包括：州环境法规、政策规划的制订；欧盟、国家污染控制，自然保护法规政策的具体实施；对各区环境行为的监督等。 地方政府负责相对更为具体的环境管理事务以及对联邦级、州级环保政策的执行，接受其直接委派的环境管理任务。在与联邦或州级规章没有冲突的情况下，地方对解决当地环境问题有自治权。
加拿大	环境和气候变化部是加拿大联邦政府的第一大部，承担环境管理事务的主要职责，研究、制定政策以服务加拿大人民，同时对加拿大进行环境监管和环境执法，发展战略伙伴关系。重点涉及保护和提高自然环境的质量；支持加拿大人做出有关天气、水和气候变化的明智决策；减少本国环境污染以及外部环境威胁；协调可持续发展与经济福利之间的关系。环境和气候变化部在全国五个主要地区设有地区环保办公室，负责贯彻联邦环境部制定的全国性政策法规、原则标准。	省环境部负责该省的环境质量保护和改善，基本权限类似于加拿大环境部的相应权限。 市环保局主要负责居民生活的供水与排水、城市垃圾处理、污染物治理工程、工业生产等。 省环境部不隶属于联邦环境部，除非联邦法律有明文规定，省环保局才与联邦环境部合作。各省的环境管理机构向各省政府负责，但是接受加拿大环境部区域办公室的监督检查。 省环境部负责当地环境的管理、保护和改善，包括鱼类、野生动物、水域、陆地和空气资源的保护、保全和管理，王室土地的管理和分配，省级公园、娱乐授权地区、生态保护区的保护和管理。
俄罗斯	俄罗斯以中央和地方的环保职权划分为依据，中央政府监督地方的目的是落实自身的法定职责，而不是干预属于地方的事务。 负责制订和执行俄罗斯联邦环境政策和法律的主要机关是自然资源和生态部。联邦环境、技术和原子能监督局和联邦自然资源利用监督局都隶属于自然资源和生态部，分别负责监督工业的影响和自然资源的使用。	俄罗斯的环境执法已经在向更大程度上的分权演变：到 2006 年，地方行政机构（包括市级）获得了管理和检查工业特定领域的权力。

续表

国家	中央环保机构权责	地方环保机构权责
俄罗斯	联邦环保机构保证执行俄罗斯环境发展方面的联邦政策；制定和颁布联邦环境保护法律及其他规范性法律文件并监督执行；编制批准并保证实施俄罗斯环境发展方面的联邦规划；制定进行国家环境监测制度，建立国家环境状况观测体系并保证运行；制定实施国家环境保护监督制度；建立实施国家环境保护管理的联邦执行权力机构；编制和发布国家环境状况和环境保护年度报告；规定环境保护要求，编制和批准环境保护领域的标准、国家标准和其他标准性文件，对排放污染物、处置废物及其他对环境造成不良影响的行为，规定收费办法；保证向居民提供可靠的环境状况信息等。	地方层面根据俄罗斯联邦各主体的地理、自然、社会经济及其他特点，确定各主体区域内的环境保护基本方向，执行有关俄罗斯环境发展的联邦政策，制定和颁布主体的环境保护法律和其规范性法律文件，并监督其执行；制订和批准包含不低于联邦规定的相关要求、规范和准则的环境保护标准、国家标准和其他标准性文件；制订、批准和实施各主体的环境保护专项规划；在各主体区域内实施自然保护和其他措施，改善生态灾难区的环境状况，组织并进行国家环境监测，建立地区的环境状况观测体系并保证其运行，保证向居民提供可靠的环境保护信息。地方自治机关在环境保护关系领域的职权，根据俄罗斯联邦法律确定。 地区层面和市级层面的机构能力差别很大。一些政府机构已经建立了强有力的环境委员会承担守法保障的职能。在其他地区，行政机构倾向将能源、市政服务、环境管理委托给一个部门完成，其中环境问题的优先次序是排在最后的。在大多数情况下，市一级是没有环保专业人士的，即使有，他/她不仅要负责环境事务还要肩负其他的控制职能。
日本	环境省对大气、水和土壤的污染管制、环境监测、废弃物预防和管理、生物多样性保护等负有主要责任。同时，环境省也负责环境政策、环境规划、环境指南以及环境标准的制定和执行。环境省识别要管制的物质、确定环境的标准并制定管制的区域范围。	国家环境法律的实施和执法职责主要靠日本的47个县政府来履行。有几个国家指定的大城市市政府（一般人口超过50万人），他们的环境职责和上述的县是对等的。县和市政府的环保部门根据具体介质组织架构，一些县也有自己的环境办公室。其他的市政府没有进行环境管制的责任（只有对废弃物实施管理的职能）。对于特定污染物或区域，县和指定的大城市市政府可以设定高于国家的地方排放标准。根据环境省的命令，他们也可以设立地区污染控制项目，针对严重受影响的地区制定特殊的管制措施或管制要求。县政府从被管制设施那里接收环境通告，为废弃物管理设备签发许可证、收集自我监测报告并进行实地检查。检查人员是县政部门的正式成员。许可和检查的职能在制度上或人员上并没有加以区分。 在执行管制的执法功能时，县政府经常与县警务部门、相关的税务部门以及其他部门进行合作（如联合开展废物处理设施的实地检查工作）。当国家和地方政府的意见相互冲突时，或者通过行政程序问题没有办法解决时，日本可以通过独立的争议解决程序来处理。不同的机构（如中央和地方政府争议管理委员会）了解事件并根据参与各方的情况提出解决建议。

资料来源：各国别分报告。

环境监管是政府依法控制环境外部性的权力、程序、责任。政府监管仍然是环境治理的核心。无论从各国环境治理的发展历程还是中国面临的现实挑战看，当前政府依法、公开、专业化、可问责的环境监管是生态环境保护的核心内容。研究垂直管理的国际经验，有如下启示和建议。

第一，稳妥推进省以下环境监测监察垂直管理。地方层级环境监管机构改革是中国环境监管体制改革的重点，其核心是提高监管功能的独立性和监管能力。要实现这一目标，可以通过探索“省以下环境监测监察垂直管理”的方式从一定程度上增强基层环境监管机构的独立性。但是，在这一过程中，要稳妥处理“垂直管理”与“监管属地化原则”和“分权化趋势”之间的关系。

第二，统筹环保督察与环境监管体制改革。处理好中央层面高强度的环保督查和地方政府有效履行环保责任的关系，要调动和保护地方政府和地方各级环保机构加强环境监管的积极性。处理好环保督查与监管“属地化原则”和在一定阶段环境监管“分权化趋势”的关系。处理好高强度的环保督查和推进生态文明体制改革若干制度的关系。目前，生态文明体制改革总体方案出台之后，环境监管体制改革相关制度也在逐步推进，但是要协调好二者之间的关系，特别是一些“非常态化”的措施和“常态化”的制度安排之间的关系。

第三，建立纵向协调机制和信息共享机制。进一步强化中央层级环境保护部部门对环境信息的获取能力。建立中央环保督察组与省级环境保护主管部门的沟通协调、信息共享、整改反馈机制。将环保督察作为监测监察执法的后监督手段，建立信息交流共享平台，省级环保主管部门应及时反馈整改措施和效果，形成督察对垂直监管效果的制约和监督。

四、环境监管体制“垂直管理”改革实施需要注意的问题

中国现行以块为主的地方环保管理体制存在四个突出问题：一是难以落实对地方政府及其相关部门的监督责任；二是难以解决地方保护主义对环境监测监察执法的干预；三是难以适应统筹解决跨区域跨流域环境问题的新要求；四是难以规范和加强地方环保机构队伍建设。中国环境监管体制“垂直管理”改革的政策目标是解决地方保护主义和属地监管失灵的问题。结合国内外垂直监管的实践经验，提出中国环境监管体制“垂直管理”改革的方向和政策建议。

（一）如何落实地方党委和政府的环境保护责任

《环境保护法》第六条规定：地方各级人民政府应当对本行政区域的环境质量负责；《党政领导干部生态环境损害责任追究办法（试行）》第三条规定：地方各级党委和政府对本地区生态环境和资源保护负总责。改革前，县级环保机构履行环保监督职能是政府对环境质量负责的主要途径和手段。改革后，省以下环保机构监测监察执法垂直管理后，省级环保部门将直接管理市（地）县的监测监察机构，承担其人员和工作经费，市（地）级环保局实行以省级环保厅（局）为主的双重管理体制，县级环保局不再单设而是作为市（地）级环保局的派出机构，监督、管理等职责上收，县级政府监管履责手段缺失、对质量负责失去抓手。

2016 年 9 月，国务院印发《关于省以下环保机构监测监察执法垂直管理制度改革试点工作的指导意见》，强调“落实地方党委和政府对生态环境负总责的要求。试点省份要进一步强化地方各级党委和政府环境保护主体责任、党委和政府主要领导成员主要责任，完善领导

干部目标责任考核制度，把生态环境质量状况作为党政领导班子考核评价的重要内容。建立和实行领导干部违法违规干预环境监测执法活动、插手具体环境保护案件查处的责任追究制度，支持环保部门依法依规履职尽责”。该《意见》明确了将生态环境质量作为党政领导班子考核的重要内容，但没有明确地方政府应如何去抓好环境质量、如何落实环境保护属地责任。

因此，垂直管理中事权上收的边界以及上收后县级政府环境保护职责的落实机制是需要首先研究解决的问题。必须进行科学的制度设计，保证市、县人民政府对本行政区域的环境质量负责，保证县级以上地方环境保护主管部门对本行政区域环境保护工作实施统一监督管理的法律规定落到实处，这也是关系到实行省以下环保机构监察执法垂直管理制度成败的核心问题所在。必须从法律与制度上科学划分环境保护事权，既维护好地方保护环境的积极性，又能保证环境监察执法的独立性[①]。

（二）如何设计省、市、县机构设置及职能

为有效破解地方保护主义对环境监测执法干预，提高地方政府在环境治理中的积极性。首先，从体制设计上，省级环保部门直接管理市级环境监测机构，确保生态环境质量监测数据真实可靠。市级统一管理行政区域内的环境执法力量，依法独立行使执法权，执法重心应实现下移，强化对企业的检查与监督。其次，从人财物保障上，驻市环境监测机构的人财物管理在省级环保厅，市无任何支配权。县级环

① 贺震：“监察垂直管理需啃下三块‘硬骨头’”《中国环境新闻》, 2015-11-27. http://mp.weixin.qq.com/s?__biz=MzAxMjU1ODAxOQ==&mid=400482349&idx=1&sn=78845a51f04550bf5923ec0a9a1e9d3b&scene=1&srcid=0128h62KUvFMjqedFROh2ich&from=groupmessage&isappinstalled=0#wechat_redirect。

保机构以及监测执法机构的人财物管理在市级环保局，县级无任何支配权。再次，从领导干部管理权限上解决干预。由省级环保部门主管所有市环保局长以及驻市环境监察和监测机构人员，调控能力明显增强。最后，可以考虑将一批地方环境监测监察执法公务员转成省级公务员，以壮大省级政府；把县级行政区升格为市级，以减少行政层级带来的环境监管扭曲，地方政府就变为省、市（含县）两级，通过行政制度的激励作用提升环境治理效果①。

另外，对于跨区域、跨流域问题的解决，第一，要探索按流域设置环境监管和行政执法机构、跨地区环保机构，有序整合不同领域、不同部门、不同层次的监管力量。第二，建立健全区域协作机制，推行跨区域跨流域环境污染联防联控，加强跨区域跨流域联合监测、联合执法、交叉执法。第三，市级政府应在全市域范围内按照生态环境系统完整性实时统筹管理，统一规划、统一标准、统一环评，整合设置跨市辖区的环境执法和环境监测机构。

（三）如何协同推进环境监管程序再造

目前环境监管的事前、事中、事后环节被分散配置在各级环境保护主管部门以及所属的监测、监察机构，例如，环境影响评价、“三同时”属于事前监管，总量控制、排污权交易、排污收费、排放标准属于事中监管，监管执法属于事后监管等，垂直监管需要对现有的各项监管制度进行优化，进行有效衔接，理顺环境监管事前、事中、事后各个环节，垂直管理需要环境监管程序的调整与协同推进。

---

① “央地关系大讨论：学界建议户籍管理、污染治理等由中央负责”，《21世纪经济报道》，2016-12-06，http://nads.ruc.edu.cn/displaynews.php?id=4249&from=timeline&isappinstalled=0#10006-weixin-1-52626-6b3bffd01fdde4900130bc5a2751b6d1。

（四）如何与现行的环保督察制度衔接

2015年7月1日，中央全面深化改革领导小组第十四次会议审议通过了《环境保护督察方案（试行）》。督察内容主要包括：国家环境保护决策部署贯彻落实情况、突出环境问题及处理情况、环境保护责任落实情况等。环境保护督察巡视的对象主要为“针对各省（自治区、直辖市）党委和政府及其有关部门开展，并下沉至部分地级市党委和政府及其有关部门”。督察巡视工作每两年开展一次，两年内完成对31个省市区党委和政府的督察巡视。同时，各省、自治区、直辖市的环境保护主管部门要对30%以上的市级政府开展综合督查，强化环保督政①。

2015年12月在河北省试点，2016年在15个省（区、市）开展，着重督察省级党委、政府和部门落实国家环境保护决策部署的情况、突出环境问题及处理情况，累计受理群众举报3.3万余件、约谈6307人、问责6454人，有力落实地方党委政府和部门环保责任，推动解决了一大批突出环境问题。全国有24个省份出台环境保护督察方案，21个省份出台有关环境保护职责分工文件，14个省份已开展省级环境保护督察②。

环保机构监测监察执法实行省以下垂直监管，省级环境保护主管部门将直接管理市级环境监测监察执法部门，市级环境保护主管部门将直接管理区、县级环保监测监察执法机构。根据《环境保护督查方案》，省级环境保护主管部门将巡视30%以上的市级党委和政府，

---

① 葛察忠、翁智雄、赵学涛：“环境保护督察巡视:党政同责的顶层制度”，《中国环境管理》，2016年第1期，第29、57~60页。

② “坚持问题导向 推进环保领域改革——环境保护部党组书记、部长 陈吉宁”，《紫光阁》，http://mp.weixin.qq.com/s?__biz=MzA3NDA4MDE2OA==&mid=2651373544&idx=1&sn=d17bbaaf2cfe353178f2211ac253c0e9&chksm=84f9552fb38edc39a1038f041c52f35a8cf1872e184342444b45e9b064004b2d1068b4565cf0&mpshare=1&scene=23&srcid=0525eR8P4ZnCKAjMQchKtJiW#rd。

但尚未下沉到区、县级。省级环保督查办公室设在省级环境保护主管部门，相当于省级环境保护主管部门既要垂直监管地市级的监测监察执法机构，又要巡视地市级的党委和政府。

鉴于区、县级党委和政府并未纳入巡视对象，并且省级环境保护主管部门的巡视对象和范围并未涵盖所有的地市级党委和政府，对于这部分的党委和政府，上级环境保护部门应该加强垂直监管力度，避免因未巡视而放松对环境质量的责任。另外，垂直管理改革试点，应注意与巡视小组进行对接和信息交流，将环保督查巡视实践中发现的问题进行经验总结，作为垂直管理的重点发力点。

（五）市、县环保监察执法机构与同级环保部门日常工作应如何衔接

垂直管理改革前，市、县（市、区）环境监察支队、大队作为同级环保部门的一部分，是在市、县环保局的领导下开展工作，其监察执法围绕局中心工作进行，与环保局机关绝大多数处（科）的业务工作深度交织融合。实行省以下环保机构监察执法垂直管理制度后，市、县（市、区）环境监察支队、大队与同级环保部门的关系便由一家人变成了“友邻单位”。在工作衔接上，有些问题必须考虑。

比如，市、县（市、区）环境监察支队、大队垂直管理后，与同级环保局同频运行，还是独立运行？如果其日常工作任务由省环保厅（局）下达，如何才能做到符合当地行政区域环境监管的实际需要？

再如，在信访的受理与处理、行政处罚流程设计等问题上。目前，各市、县（市、区）的环保信访投诉都是由环境监察支队、大队受理与处理的，作为公众反映和投诉环境问题的重要渠道之一的 12369 环境投诉专线，也设在环境监察机构。省以下环境监察机构垂直管理后，

环境信访受理与处理的职能是随着环境监察机构一道划走，还是由环保局担负，是需要考虑的。在市、县（市、区）环境监察机构垂直管理后，无论这项职能由谁担负，都要有一个好的制度设计，以免出现“百姓心声”的信息阻隔与工作上的推诿扯皮。

此外，根据查处分开的原则，目前在行政处罚的流程上，是环境监察机构进行现场执法“查”，同级环保机关的法规处（科）依据法律法规的规定审核确定“处”。在现行体制下，这一流程（“查”“处”分离）是不存在问题的。但在市、县（市、区）环境监察机构垂直管理后，其现场检查发现的问题及处罚建议由谁来审查、下达，就出现了问题。出现行政复议、诉讼由谁来承办，如果处罚发生失误谁来承担责任等问题也难以厘清。如果全省三级环境监察机构所有环境处罚的案件都由省级环保厅局法规处承办，不仅是对省环保厅局法规处人员配备（能力）的巨大考验，更会影响工作效率[①]。

因此，市、县环保监察执法机构与同级环保部门日常工作的衔接问题不可忽视，而在《关于省以下环保机构监测监察执法垂直管理制度改革试点工作的指导意见》中并未涉及。

（六）市县环保监察执法机构的组织人事与保障如何衔接

据环境保护部地方环保垂直管理工作小组办公室介绍，垂管改革如果在“十三五”期间展开，涉及全国31个省所有的地市和区县。据统计，省以下垂管改革，涉及环保行政主管部门50000多人，涉及环境监测机构59000多人，涉及环境监察执法机构63000多人，总数

① 贺震：“监察垂直管理需啃下三块‘硬骨头’”，《中国环境新闻》，2015-11-27. http://mp.weixin.qq.com/s?__biz=MzAxMjU1ODAxOQ==&mid=400482349&idx=1&sn=78845a51f04550bf5923ec0a9a1e9d3b&scene=1&srcid=0128h62KUvFMjqedFROh2ich&from=groupmessage&isappinstalled=0#wechat_redirect。

达 172000 人之多。环境监测、环境监察这两支队伍，74% 左右分布在市级，20% 左右分布在县级（其余 6% 左右分布在国家和省级）。其中，从编制性质上看，现有环境执法队伍中 80% 的人员是参公管理，监测队伍绝大多数人都是事业编制。改革后，监测队伍仍然是技术类的事业编制，监察队伍则列入行政编制，即按照公务员管理（孙佑海，2016）。

当前，环境管理和监管执法任务重，但环保机构编制员额少[①]、人手紧张，在全国范围内是一个普遍性问题。在此情况下，各地县级环保局机关与其所属的监测监察机构的人员都是混编混用，局机关许多科室多数人员是从这两个机构抽调的。

《关于省以下环保机构监测监察执法垂直管理制度改革试点工作的指导意见》提出要“稳妥开展人员划转，试点省份结合机构隶属关系调整，相应划转编制和人员，对本行政区域内环保部门的机构和编制进行优化配置，实现人事相符”。但并没有给出确切的方案，人员编制如何进行划转有待进一步研究。中国各地经济发展水平不一，不同的县级行政区域内污染源数量差别很大，执法监管工作量也存在很大差异；同时，人员待遇也存在着一定的差异。因此，在这方面也需要进行科学的制度设计，以免人心浮动，影响工作[②]。因此建议[③]：

---

① 这里指的员额既包括局机关人员的行政编制，也包括所属单位的事业编制，局机关行政编制少的矛盾更为突出。

② 贺震：“监察垂直管理需啃下三块‘硬骨头’”，《中国环境新闻》，2015-11-27. http://mp.weixin.qq.com/s?__biz=MzAxMjU1ODAxOQ==&mid=400482349&idx=1&sn=78845a51f04550bf5923ec0a9a1e9d3b&scene=1&srcid=0128h62KUvFMjqedFROh2ich&from=groupmessage&isappinstalled=0#wechat_redirect。

③ 陈华勋：“一个地方环保局长关于垂改的心里话”，《中国环境新闻》，2017-01-01. http://mp.weixin.qq.com/s?__biz=MzAxMjU1ODAxOQ==&mid=2650888748&idx=3&sn=884fdfcb98bc540842492c6fbe16d17b&chksm=8045f180b732789683fba8213bc3c71a18d5a007ae2fe76ae98ad16d4b9de272bf0654795cc5&mpshare=1&scene=1&srcid=0101BwWFLoB0PaMGhjSabVjb#rd。

①各地省厅率先垂范带好头起好步，把环保部门是行政机构、使用行政编、列入执法序列三件大事稳固下来。②行政编数在省级统筹时尽量向市县一级倾斜。③建立干部纵向和横向交流机制，用制度化来代替随意性。④积极稳妥地推进人员划转，保持队伍稳定有序。

执笔人：陈健鹏、李佐军、杜倩倩

参考文献

[1] 陈健鹏、高世楫、李佐军.“十三五”时期中国环境监管体制改革的形势、目标与若干建议.中国人口·资源与环境，2016（11）

[2] 陈颖鸿.我国政府垂直管理体制研究——以海关系统为例.厦门大学硕士学位论文，2013

[3] 柴发合、李艳萍、乔琦、王淑兰.我国大气污染联防联控环境监管模式的战略转型.环境保护，2013（5）

[4] 董娟.困境与选择：集权与分权间的垂直管理——以当代中国政府的垂直管理为考察对象.理论与现代化，2009（4）

[5] 杜万平.环境行政管理：集中抑或分散.中国人口资源与环境，2002（1）

[6] 杜万平.对我国环境部门实行垂直管理的思考.中国行政管理，2006（3）

[7] 范俊玉.我国环境治理中政府激励不足原因分析及应对举措.中州学刊，2011（1）

[8] 盖程程、徐丽娜.气象行政管理职能实现路径探析——基于几个地方气象部门履职案例的分析.行政管理改革，2015（10）

[9] 葛察忠、翁智雄、赵学涛.环境保护督察巡视：党政同责的顶层制度.中国环境管理，2016（1）

[10] 郭朝先.改革环境监管制度促进全国统一市场建设.经济研究参考，2015（27）

[11] 侯根福.药品监管系统实行垂直管理的优势.实用医技，2000（4）

[12] 侯佳儒.论我国环境行政管理体制存在的问题及其完善.行政法学研究，2013（2）

[13] 金亮新.我国政府垂直管理制度探讨.理论与改革，2008（1）

[14] 鞠昌华.环境保护垂直管理的探讨.环境保护，2013（8）

[15] 康晓琳、梁鹤年、施祖麟.透过 S-CAD 分析框架回顾土地垂直管理政策.中国土地科学，2014（6）

[16] 李文钊.“环境管理体制演进轨迹及其新型设计.改革，2015（4）

[17] 李萱、沈晓悦.我国地方环保垂直管理体制改革的经验与启示——基于地方环保行政体制改革效果的调查.环境保护，2011（21）

[18] 李宜春. 论分权背景下的中国垂直管理体制——概况、评价及其完善建议. 经济社会体制比较，2012（4）

[19] 李振、鲁宇. “中国的选择性分（集）权模式——以部门垂直管理化和行政审批权限改革为案例的研究. 公共管理学报，2015（3）

[20] 梁本凡. 环境保护垂直管理不能一刀切. 民主与法制杂志，2008（1）

[21] 刘银喜. 财政联邦主义视角下的政府间关系. 中国行政管理，2008（1）

[22] 刘鹏、张苏剑. 中国食品安全监管体制的纵向权力配置研究. 华中师范大学学报（人文社会科学版），2015（1）

[23] 刘洋、万玉秋、缪旭波、杨柳燕、汪小勇、刘灿嘉、朱玲. 关于我国环境保护垂直管理问题的探讨. 环境科学与技术，2010（11）

[24] [美]理查德·A·马斯格雷夫，董勤发译. 比较财政分析，上海：上海人民出版社，1996

[25] 陆远权、张德钢. 环境分权、市场分割与碳排放. 中国人口·资源与环境，2016（6）

[26] 祁毓、卢洪友、徐彦坤. 中国环境分权体制改革研究：制度变迁、数量测算与效应评估. 中国工业经济，2010（1）

[27] 孙开. 财政联邦制的理论与实践——发达国家各级政府间财政关系探析. 财政研究，1994（11）

[28] 孙佑海. 推行环保垂直管理 破解地方保护难题. 环境保护，2016（22）

[29] 盛智颖、张安录. 从制度经济学的视角对土地垂直管理制度进行分析. 生态经济，2015（12）

[30] 汤姆·泰坦伯格. 环境与自然资源经济学. 北京：经济科学出版社，2003

[31] 涂晓芳、黄莉培. 基于整体政府理论的环境治理研究. 北京航空航天大学学报（社会科学版），2011（4）

[32] 万劲波、张滨翔. 俄罗斯的环境管理政策. 北方环境，2001（2）

[33] 王丰、张纯厚. 日本地方政府在环境保护中的作用及其启示. 日本研究，2013（2）

[34] 王和平. 印中两国海关的体制、税制及出口退税政策之比较. 南亚研究季刊，2014（4）

[35] 王洛忠. 我国环境管理体制的问题与对策. 中共中央党校学报，2011（6）

[36] 王钦. 我国安全生产监管体制现存的突出问题. 经济管理，2016（9）

[37] 王赛德、潘瑞姣. 中国式分权与政府机构垂直化管理——一个基于任务冲突的多任务委托—代理框架. 世界经济文汇，2010（1）

[38] 王怡、王艳秋、李丽萍、纪锋. 完善中国环境管理体制的探讨. 生产力研究，2011（12）

[39] 幸红. 广东跨界水污染纠纷处理机制探讨. 广西民族大学学报（哲学社会科学版），2013（1）

[40] 辛志伟、付军. 改革生态环境保护管理体制加快推进环境管理战略转型. 环境保护，2015（13）

[41] 熊进光、齐传楠. 药品行政监管与市场公平竞争的冲突与平衡. 江西财经大学学报，2011（5）

[42] 叶永峰、顾智世. 中日安全生产监管体系的比较分析. 安全与环境工程，2012（2）

[43] 尹振东. 垂直管理与属地管理：行政管理体制的选择. 经济研究，2011（4）

[44] 尹振东、桂林. 垂直管理与属地管理的监管绩效比较——基于事中监管的博弈分析. 经济理论与经济管理，2015（4）

[45] 余大乐. 海关若干重大决策的回顾及其影响——纪念中国改革开放三十周年. 上海海关学院学报，2018（4）

[46] 张惠远、张强、刘煜杰、郝海广等. 关于深化我国生态保护监管体制改革的思考. 环境保护，2015（18）

[47] 张新平、郑明节. 论我国药品监管体制的特点与创新. 中国药房，2016（13）

[48] 赵晖、邱实. 规范集权与均衡分权：环境管理体制改革的路径选择. 行政论坛，2015（4）

[49] 赵美珍、邓禾. 立体化环境监管模式的创建与运行. 重庆大学学报（社会科学版），2010（1）

[50] 周适. 环境监管的他国镜鉴与对策选择. 改革，2015（4）

[51] 曾贤刚. 地方政府环境管理体制分析. 教学与研究，2009（1）

[52] 曾贤刚、魏国强. 生态环境监管制度的问题与对策研究. 环境保护，2015（11）

[53] Coase, R. H., 1960: “The Problem of Social Costs”, *Journal of Law and Economics*, Vol. 3, PP1~44.

[54] JACOBSEN G D, KOTCHEN M J, VANDENBE R GH M P, 2012: “The behavioral response to voluntary provision of an environmental public good: evidence from residential electricity demand”, *European economic review*, Vol.5, PP946~960.

[55] OATES W., 2001: “A reconsideration of environmental federalism”, Washington D. C.: *Resources for the Future*.

[56] Wallance E. Oates, 1972, FiscalF.

附表1 **中国环境监管体制垂直管理改革实践**

省份	出台文件	时间	具体做法
全国	关于印发《2006年全国环保工作要点》的通知		落实和规范国家区域督查派出机构建设，加强对区域重大环境问题的协调和监管。推动环境监察人员纳入公务员序列工作；积极探索实施设区城市垂直管理体制；积极推进企业环保监督员制度建设。加大干部培训力度，认真做好环保职（执）业资格制度建设和管理工作。规范全国环境监察工作职责，加强环境监察队伍建设，开展对地方环境监察机构的稽查，推进环境监察标准化建设（http：//www.mep.gov.cn/gkml/zj/wj/200910/t20091022_172373.htm）。 “十一五”期间，按照胡锦涛总书记提出的“建立健全国家监察、地方监管、单位负责的环境监管体制”要求，环境保护部建立华东、华南、西北、西南、东北、华北等6个区域环境督查派出机构和6个核与辐射安全监督派出机构（http：//www.mep.gov.cn/zhxx/hjyw/201109/t20110920_217458.htm）。
陕西	《陕西省“十一五”环境保护专项规划》《陕西省县乡机构改革的意见》《西安市人民政府关于印发西安市市以下环境保护行政管理体制改革实施方案的通知》	2002年8月	《西安市人民政府关于印发西安市市以下环境保护行政管理体制改革实施方案的通知》： （一）行政机构设置 1. 西安市环境保护局为同级人民政府的直属行政机构，对市以下环境保护系统实行垂直管理。在原有六个处室的基础上增设：组织人事处、科技监测处。环境保护行政管理体制调整后，市环境保护局内设机构、职能、人员编制进行相应调整和加强。 2. 新城区、莲湖区、碑林区、雁塔区、未央区、灞桥区、阎良区、临潼区、长安区设环境保护分局，为西安市环境保护局的派出机构，处级建制。 3. 周至县、户县、蓝田县、高陵县设环境保护局，为西安市环境保护局直属机构，其级别按照同级政府组成部门设置。 4. 浐河经济开发区、泾河经济开发区环境保护工作分别由西安市环境保护局灞桥分局、西安市高陵县环境保护局统一管理。 西安市环境保护局各分局、直属局内设机构的设置，由西安市环境保护局提出意见，市机构编制管理部门审批。

续表

省份	出台文件	时间	具体做法
陕西	《陕西省“十一五”环境保护专项规划》《陕西省县乡机构改革的意见》《西安市人民政府关于印发西安市市以下环境保护行政管理体制改革实施方案的通知》	2002年8月	（二）事业机构设置 1. 环境监理机构。西安市环境监理处增挂“西安市环境监察支队”牌子，处级建制，为市环境保护局所属事业单位。各分局、直属局所属环境监理站增挂分局环境监察大队牌子，正科股级建制，为各环保分局、直属局所属事业单位。 2. 环境监测、环境科研机构。西安市环境监测站与市环境保护研究所合署办公，一套机构，两块牌子，处级建制，为市环境保护局所属事业单位；区、县设环境监测站，科股级建制，为各环保分局、直属局所属的事业单位。 3. 将西安市环境信息中心更名为西安市环境宣传教育信息中心。 （三）人员编制管理 市以下环境保护机构实行垂直管理后，有关人员编制的管理权限上收到市一级。市环境保护局职能、机构设置、人员编制相应加强。在现有行政编制的基础上，增加10名行政编制，行政编制共44名。 （四）关于干部管理 1. 各区、县环境保护分局、环境保护直属局的领导干部，由市环保局党委统一管理。局长、副局长，包括同级非领导职务，在征求区、县委意见后，由市环境保护局党委研究决定。 2. 各分局和直属局人员工资基金由市人事部门核定，市环保局管理；人员管理和调配按管理权限由市环保局与各分局和直属局分级管理。 3. 区县环保机构上划后，市环保局及区、县环保分局、直属局党的机构按照党章规定设置。 （五）关于财政、经费和资产管理 1. 市以下环境保护机构实行垂直管理后，市、区、县环境保护部门及其直属单位的人员经费、办公经费、业务经费、科研经费和专项经费，以2001年度实际支出数为基数，统一纳入市级财政预算。原列入区县的财政经费，以2001年度实际支出数为基数上划市财政。市以下环保机构实行垂直管理后，原市本级环保部门继续实行部门预算，上划市管理的环保机构，比照工商、技术监督和药检部门管理体制改革后的财政经费管理办法执行。

续表

省份	出台文件	时间	具体做法
陕西	《陕西省“十一五”环境保护专项规划》《陕西省县乡机构改革的意见》《西安市人民政府关于印发西安市市以下环境保护行政管理体制改革实施方案的通知》	2002年8月	2. 区、县环保机构征收超标排污费、罚没收入和行政性收费，按现行的排污收费、罚没收入和行政性收费收缴管理办法上缴市财政，纳入市级财政预算。对这部分经费的使用，由市财政局会同市环保局共同安排。对市级环保机构征收的排污费、罚没收入、行政性收费仍按现行财政管理办法执行。 3. 环保执法、宣传以及区环保系统改善办公条件、技术装备等专项业务经费，按规定程序专项报批，市财政根据环保事业的发展和财力及环保部门征收的排污费、罚没收入、行政性收费等情况安排，以保证各项正常工作的开展。 4. 区县环保局及其所属单位所有资产一次性无偿划转市环境保护局，严防国有资产流失。 2002年8月，市以下环保行政管理系统开始实行垂直管理。改革前，县、区的环保局是当地政府的下属机构，局长由政府任命，经费靠地方财政提供，市环保局对其只作业务指导。改革后，县、区环保局的机构编制管理权限上收到市一级；干部由市、县双重管理，以市环保局为主，局长由市环保局任命；财务由市环保局按照收支两条线原则统一管理，经费由市财政保障（http：//www.hb114.cc/siteall/hb114jcfx/newsInfo_36048.html）。 《陕西省“十一五”环保专项规划》对十五的工作回顾：在全国率先实行了环境行政管理体制市以下垂直管理，市县两级环保行政机构增加行政编制281个，新增县级环保机构13个；理顺了核与辐射监管职能和机构，组建了固体废物管理中心、省环境工程评估中心、省环境咨询中心等监管职能和服务机构；建成了8个设区市（区）空气自动监测站，增加了环境执法车辆139台，设备仪器1826台（件），能力建设有所增强。
贵州			
辽宁	《大连市环境监察队伍建设总体规划》		2008年，沈阳开始实行区环保机构垂直管理（http：//www.chinaenvironment.com/view/ViewNews.aspx?k=20150603095518503）。 大连“十一五”时期，实行市级以下监测机构垂直管理（http：//www.mep.gov.cn/gkml/hbb/qt/201103/t20110314_206717.htm）。

续表

省份	出台文件	时间	具体做法
辽宁	《大连市环境监察队伍建设总体规划》		2005年年底，大连市出台了《大连市环境监察队伍建设总体规划》。2005年，大连市环境监察支队的人员机构完成整合，市内6个环境监察机构全部实现垂直管理，人员编制达146人，下辖的15个大队（办）均为副处级建制，其中有1个常驻的公安环保民警大队（http：//www.mep.gov.cn/zhxx/hjyw/201203/t20120319_224779.htm）。 “十一五”，大连所辖6个区、3个市和1个县。除市内四区由市环保局垂直管理设分局外，其他区、市、县实行属地管理，均设置一级局建制环保机构。各环境保护机构自主独立，环境监察和监测能力建设达到国家标准化建设要求。（http：//wfs.mep.gov.cn/mfcs/mfcsxx/cxgjcs/200701/t20070117_99722.htm）
内蒙古	包头	2005年	非核心文献《包头市环保管理优化对策及建议》：从2005年开始，包头市辖区在全自治区率先实行环保垂直管理，远郊旗县区单独设置环保局。 2008年，内蒙古自治区西部环境保护督查中心、东部环境保护督查中心相继成立，成为自治区环境监督执法史上的里程碑。两大督查中心的成立，充分调动了地方环保部门的积极性，开创了区域污染联防联治的新局面。（http：//www.mep.gov.cn/zhxx/hjyw/201210/t20121031_240752.htm）
山西			
黑龙江	哈尔滨、佳木斯		黑龙江省在2004年7月出台的《市（地）党政领导班子主要责任指标考核暂行办法》，第一次把环境保护指标列入其中。在考评指标中，经济发展、社会发展和可持续发展、社会评价三个方面指标分别为100分，其中环境保护指标占15分（http：//www.cpcia.org.cn/news/view.asp?id=29167）。 负责垦区环保系统管理工作。垂直管理垦区环保队伍，任免总局环保局科级以下干部和各环保分局副处级以上干部；管理总局环境监理站，对环境监测站实行业务领导（http：//bdhzw.chinabdh.com/bdhzw/zwlist.aspx?idd=121）。

续表

省份	出台文件	时间	具体做法
黑龙江	哈尔滨、佳木斯		哈尔滨市、佳木斯市实行了市以下县区环保部门垂直管理（http：//www.mep.gov.cn/zhxx/hjyw/200804/t20080407_120802.htm）。 2007年，佳木斯在全省率先调整县市区环保管理方式，对环保机构实行垂直管理（http：//heilongjiang.dbw.cn/system/2007/12/25/051096065.shtml）。2010年，市环保局成立了中共佳木斯市环境保护局委员会，实现了对所属县（市）真正意义上的垂直管理（http：//www.jmshb.gov.cn/shownews.php?id_688）。
湖南			
广东			
江苏	2004年4月《江苏省环境监察现代化建设实施方案》		“为加强环境现场监察，克服地方保护主义影响，按区域分片设立区域环境监察分局，作为派出机构。隶属省环境监察局，加大区域环境监管力度、提高监管效能。”2004年，江苏省按区域分片设立区域环境监察分局，作为派出机构。隶属省环境监察局，加大区域环境监管力度、提高监管效能。实行省以下环境监察垂直管理。从2008年8月起，推广江阴、东海等地“县（市）环保分局—乡镇环保所—村级环保办公室”的三级环境监管模式，全省3/4的乡镇设置了环保机构，苏锡常地区所有乡镇均设置了环保机构。在省辖市开展了市辖区环保机构垂直管理试点，减少地方干预，强化部门权威；在开发区开展环保派出机构试点，解决开发区监管不力的状况。镇江、徐州和南通的市区、开发区垂直管理试点工作已经结束，2006年将全面推广。2003年，徐州市在江苏省率先实施环保管理体制垂直试点，将辖内各区环保局及所属事业单位建制上划，作为徐州市环保局的派出机构实施垂直管理。 （http：//www.cpcia.org.cn/news/view.asp?id=29167） （http：//www.mep.gov.cn/zhxx/hjyw/201210/t20121031_240752.htm） （http：//www.mep.gov.cn/ztbd/gzhy/2009tjz/tpbd/200901/t20090113_133526.htm） （http：//www.mep.gov.cn/zhxx/hjyw/200902/t20090210_134081.htm） （http：//www.mep.gov.cn/hjyw/200701/t20070130_100375.htm） （http：//wfs.mep.gov.cn/mfcs/cmcsxx/gzbg/200701/t20070115_99630.htm） （刘洋、万玉秋、缪旭波、杨柳燕、汪小勇、刘灿嘉、朱玲：“关于我国环境保护垂直管理问题的探讨”环境科学与技术，2010年第11期，第201~203页市级以下监测机构垂直管理（http：//www.mep.gov.cn/gkml/hbb/qt/201103/t20110314_206717.htm）。

续表

省份	出台文件	时间	具体做法
山东	青岛、临沂	十一五期间	创新环境管理垂直管理：青岛先后制定修改了11件地方环保法规和政府规章。对各区环保局实施垂直管理，设立了专门的机动车排气和固体废物管理机构。青岛建成了环境监控信息系统，实现了对部分重点区域、重点污染源和机动车尾气的实时自动监测，提高了环境执法、环境监测效率和应急反应能力（http：//www.mep.gov.cn/ztbd/rdzl/cm10/xwbd/200708/t20070817_108085.htm）。 青岛市委、市政府在区级党政机关机构改革意见中明确提出“各区环境保护局由市环境保护局统一领导、统一管理，改为市局派出机构”，适时对各区环境保护机构实行垂直管理，改为分局制模式。市以下环保垂直管理：“十一五”期间，青岛、临沂，各区环境保护局由市环境保护局统一领导、统一管理，改为市局派出机构（http：//www.mep.gov.cn/hjyw/200110/t20011023_79390.htm）。 “十一五”，临沂市所辖3个区、9个县和2个开发区，全部设立了独立的环保机构，其中所有区由市环保局垂直管理设分局，各县实行属地管理，均设置一级局建制环保机构。各环境保护机构自主独立，环境监察和监测能力建设达到国家标准化建设要求并通过上级部门验收（http：//wfs.mep.gov.cn/mfcs/cmcsxx/gzbg/200807/t20080714_125600.htm）。
浙江			截至2007年年底，省乡镇环保机构设置模式主要有两类：一类是县（市、区）环保局的派出机构。县（市、区）环保局辖区的中心地域或经济较发达、人口较集中、环保监管任务较重的重点乡镇分片设立环保派出机构，监管3～5个乡镇行政区域，由县（市、区）环保局垂直管理。机构性质以财政保障的事业单位为主，每个派出机构的正式编制人员一般是3～5名，有些环保监管任务重的乡镇达到10余名；第二类是在乡镇政府内部挂环保办公室或环境监察中队牌子，设置乡镇环保专管员职位1～2个，专职从事乡镇环保工作，人员编制归乡镇政府管理，县（市、区）环保局负责业务指导和人员培训。目前，浙江省以第一类派出机构模式为多（http：//www.mep.gov.cn/zhxx/hjyw/200807/t20080718_125873.htm）。

续表

省份	出台文件	时间	具体做法
吉林	长春、辽源		长春2007年：创建“国家环境保护模范城市”，市编委、组织部、人事局、财政局和环保局联合下发了《关于对县（市）区和开发区（工业集中区）环境保护机构实行垂直管理的实施方案》，市编委下发了《关于我市环境保护管理体制改革等有关问题的通知》，将城区和市属开发区（经济、净月、高新、汽车）环保部门及其所属事业单位整建制上划市环保局统一管理。城区、开发区环保部门改设为市环保局派出机构，设立分局。同时，在市环保局各城区分局分别加挂区属开发区（工业集中区）分局牌子，突出和加强城区所属开发区环保工作（http：//wfs.mep.gov.cn/mfcs.mfcsxx/cxgjcs/200803/t20080306_119045.htm）。 《中共吉林省委吉林省人民政府关于加强环境保护促进科学发展的意见200€》：坚持实行辖区负责、条块结合、分级管理的环境监管体制。鉴于环境保护工作的特殊性，扩大县（市）经济社会管理权后，在已经明确下放到市（州）和县（市）环境审批权限不变的前提下，环境保护工作仍实行省管市（州）、市（州）管县的监管体制。设区的市环保机构实行市对区垂直管理，乡镇级政府设专职或兼职环保助理员。开发区和工业集中区确实需要设立环保机构的，由所在地人民政府环境保护行政主管部门派出。建立健全省、市两级辐射环境、固体废弃物管理机构，县级也要明确专、兼职人员，切实加强管理（http：//www.mep.gov.cn/hjyw/200609/t20060928_93287.htm）。 市环保局对全市环境保护工作实施统一监督管理，对各城区和开发区环境保护机构实行垂直管理，长春市所属的4个县市、6个城区以及4个市以上开发区的环保机构班子成员任免，白市环保局管理。 在机构设置方面，长春市各城区和市以上开发区环保部门及其所属事业单位整建制上划市环保局统一管理。环保部门与其他部门合并设置的，将环保机构及从事环保工作的人员编制上划市环保局统一管理。城区、开发区环保部门改设为市环保局派出机构，分别称为分局。为了加强对区县所属开发区的环保监管，长春市在市环保局各城区分局分别加挂区属开发区分局的牌子。对各县市的开发区和工业集中区，由当地政府环保部门直接管理。 实行环保机构垂直管理后，长春市各城区和开发区环保部门及其直属单位的人员经费，按照实际接收人数和2008年市级财政预算定额标准确定上划区级财政支出基数，专项经费纳入市级财政预算。长春市各城区和开发区环保部门及所属单位所有资产，一次性无偿划转市环保局，实施统一管理。

续表

省份	出台文件	时间	具体做法
吉林	长春、辽源		（http：//www.sxhb.gov.cn/news.do?action=info&id=8527） 辽源市实施区级环保机构垂直管理，将原龙山区、西安区环保机构整体上划，由市环保局统一垂直管理，更名为环保局龙山分局和西安分局，在全省环保系统率先实行了区级环保机构垂直管理，实现了资源重组和重新配置（http：//www.cqvip.com/read/read.aspx?id=1001309547）。
海南			“十五”，海南省对各地环保部门的领导班子实行垂直管理，环保局长及其班子成员由省局任命（http：//www.mep.gov.cn/hjyw/200612/t20061205_97015.htm）。
重庆			“十五”，重庆市规定，下级环保局长任命必须经过上级环保部门的同意（http：//www.mep.gov.cn/hjyw/200612/t20061205_97015.htm）。 科学优化机构设置：升格环保部门为政府组成部门，设立环境规划处，加强政策、规划和重大问题统筹协调的职责；设立主要污染物排放总量控制处，以强化总量控制促进经济发展方式转变和产业转型升级；设立主要污染物排放权交易管理中心，进一步发挥市场在资源配置中的决定性作用，促进环境容量资源科学配置，利用效率提升；设立大气环境保护处，加强大气污染防治工作，适应环境保护的新形势。 市区联动，完善环境监管网络为补齐乡镇没有环保机构的环境管理体制“短板”，健全市级—区县—乡镇三级环境监管网络，2013年以来，重庆市区联动，大力推进乡镇环保机构建设，对乡镇环保能力建设予以重点支持。截至11月底，全市已有乡镇环保机构604个，占乡镇（街道）总数的60%，新增乡镇环保机构316个，乡镇环保机构总数翻番，21个区县实现全覆盖，新增全覆盖区县14个。乡镇专职环保员391人，2013年新增80%（重庆市环保局.深化环境管理体制改革为环保行动提供有力保障. 环境保护，2014年第1期，第62~63页。

续表

省份	出台文件	时间	具体做法
甘肃	《甘肃省人民政府关于落实科学发展观加强环境保护的意见2006》		加强环保机构及执法能力建设，进一步理顺省、市州、县区市环境保护行政三管部门的职能、机构、编制。按照政府机构改革与事业单位改革的总体思路和有关要求，建立健全各级环境监察机构，逐步达到国家标准化建设要求。建立完善环境执法监管体制，研究设区城市环保垂直管理问题，有步骤地建立乡镇、街道环保综合执法机制，在重点乡镇、街道设立专兼职环保员制度。进一步加大对贫困地区和少数民族地区环境保护工作的支持力度，改善和提高环境执法能力和水平（http：//www.mep.gov.cn/hjyw/200609/t20060921_93022.htm）。

资料来源：网站新闻报道和相关文献。

附件 1

《河北省环保机构监测监察执法垂直管理制度改革实施方案》

为贯彻落实中共中央办公厅、国务院办公厅印发的《关于省以下环保机构监测监察执法垂直管理制度改革试点工作的指导意见》（中办发〔2016〕63 号）精神，切实做好河北省环保机构监测监察执法垂直管理制度改革工作，通过体制机制创新，解决现行以块为主的环保管理体制存在的突出问题，推进生态文明建设，加快污染治理、生态修复，营造良好人居环境，制定本实施方案。

一、总体目标

以党的十八大和十八届三中、四中、五中、六中全会精神为指导，深入贯彻落实习近平总书记系列重要讲话精神和对河北的重要指示批示要求，牢固树立创新、协调、绿色、开放、共享的发展理念，建立健全条块结合、各司其职、权责明确、保障有力、权威高效的环境保护管理体制，切实落实对各级政府及其相关部门的监督责任，增强环境监测监察执法的独立性、统一性、权威性和有效性，统筹解决跨区域、跨流域环境问题，规范和加强环保机构队伍建设，构建高效协调的运行机制，为实行最严格的环境保护制度，促进转型升级绿色发展，打造京津冀生态环境支撑区，建设天蓝、地绿、水秀的美丽河北提供坚实体制保障。

二、基本原则

（一）坚持问题导向。通过改革解决现行以块为主的环境保护管理体制存在的突出问题，促进环境保护责任目标的明确、分解和落实，调动各级党委和政府及其相关部门积极性，实现新老环境保护管理体制平稳过渡。

（二）强化履职尽责。各级党委和政府对本地生态环境负总责，建立健全职责明晰、分工合理的环境保护责任体系，加强监督检查，强化监察督察，落实环境保护“党政同责、一岗双责”。对失职失责的，严肃追究责任。

（三）理顺工作机制。强化省级环保部门对市县环境监测监察的管理，加强对市县党委和政府及其相关部门履行环保责任的监督检查，完善环保部门统一监管与属地主体责任、相关部门分工负责的协同配合制度，确保环境保护重大决策得到贯彻落实，提升生态环境治理能力和水平。

（四）搞好统筹协调。与生态文明体制改革各项任务相协调，与完善生态环境保护制度相联动，与事业单位分类改革、行政审批制度改革、综合行政执法改革相衔接，提升改革综合效能。

（五）加强基础建设。聚焦环境保护工作重点难点，完善生态环境监测与环境执法信息平台建设，规范和加强环境监测机构建设，规范设置环境执法机构，重点充实一线环境执法力量，夯实基层基础。

三、主要任务

（一）强化各级党委和政府及其相关部门的环境保护责任

1. 落实各级党委和政府对生态环境负总责的要求。进一步强化各级党委和政府环境保护主体责任，党委和政府主要领导成员对当地生态环境负主要责任，其他领导成员在职责范围内承担相应责任。完善党政领导干部环保目标责任考核制度，把生态环境状况和环境质量改善情况作为党政领导班子考核评价的重要内容。建立和实行领导干部违法违规干预环境监测执法活动、插手具体环境保护案件查处的责任追究制度，支持环保部门依法依规履职尽责。

2. 强化环保部门监管职责。省级环保部门对全省环境保护工作实施统一监督管理，在全省范围内统一规划建设环境监测网络，对省级环境保护许可事项等进行执法，对市县环境执法机构给予指导，对跨市环境污染纠纷及重大环境案件进行调查处理。市级环保部门对本市行政区域范围内环境保护工作实施统一监督管理，协助做好县级生态环境保护工作的统筹谋划和科学决策，负责属地环境执法，强化综合统筹协调。改革后的县（市、区）环保部门强化现场环境执法，现有环境保护许可等职能上交市级环保部门，在市级环保部门授权范围内承担部分环境保护许可具体工作。

3. 明确相关部门环境保护责任。制定负有生态环境监管职责相关部门的环境保护责任清单，明确各相关部门在工业污染防治、农业污染防治、城乡污水垃圾处理、国土资源开发环境保护、机动车船污染防治、自然生态保护等方面的环境保护责任，按职责开展监督管理。落实“管发展必须管环保，管生产必须管环保”要求，实行领导班子成员“一岗双责”，形成齐抓共管的工作格局，实现发展与生态环境保护的内在统一、相互促进。各级党委和政府将相关部门环境保护履职尽责情况纳入年度部门目标绩效考核，考核结果作为评价部门领导班子和领导个人的重要内容。

（二）调整环境保护管理体制

1. 调整市县环保机构管理体制。各市（含定州、辛集市，下同）环境保护局实行以省环境保护厅为主的双重管理，仍为市政府工作部门。省环境保护厅党组负责提名各市环境保护局局长、副局长、副处级（定州、辛集市副科级）以上非领导职务，会同市党委组织部门进行考察，征求市委意见后，提请市委、市政府按有关规定程序办理，其中市环境保护局局长提请市人大常委会任免；市环境保护局党组书记、副书记、成员，由省环境保护厅党组征求市委意见后审批任免；市纪委驻市环境保护局纪检组组长任市环境保护局党组成员的任免程序，由省纪委机关商省环境保护厅党组另行制定。

县（市、区）环境保护局调整为市环境保护局的派出分局，名称规范为 ×× 市环境保护局 ×× 县（市、区）分局，由市环境保护局直接管理，领导班子成员由市环境保护局任免。各市管理的开发区（高新区）等已设立环境保护分局的，仍作为市环保部门的派出机构；其他开发区（高新区）等的环境保护管理体制改革由各市根据实际确定，严格落实环境保护和监管责任。县（市、区）管理的开发区（高新区）等的环境保护工作实行属地管理。

环境保护管理体制调整后，各级党委和政府要统筹任用环保干部，促进交流使用。

2. 建立健全环境监察体系。加强对环境监察工作的组织领导和综合协调，构建新型环境监察体系，将市县环保部门的环境监察职能上收，由省环保部门统一行使，分配强省环境保护厅专职负责环境监察的领导和区域环境监察的负责人，加强环境监察内设机构建设。经省政府授权，省环保部门对市县政府及相关部门环境保护法律法规、标准、政策、规划执行情况，环境保护“一岗双责”落实情况，以及环境质量改善情况进行监督检查，及时向省委、省政府报告监督检查结果。

建立环境监察专员制度，在省环境保护厅设环境监察专员。跨区域设立环境监察专员办公室，按照省环境保护厅内设机构管理，并向各市派驻环境监察工作人员，驻市开展环境监察和环保督察工作，所需编制从市县现有环境监察执法机构编制中调剂解决，人员和工作经费由省级承担。

3. 调整环境监测管理体制。将市县生态环境质量监测、调查评价和考核职能上收，由省环保部门统一负责，实行生态环境质量省级监测、考核，将现有省环境监测中心站更名为省环境监测中心。

将市级环境监测机构调整为省驻市环境监测机构，由省环境保护厅直接管理，名称规范为河北省 ××× 环境监测中心（例如：河北省石家庄环境监测中心），主要负责本市行政区域内的生态环境质量监测，人员和工作经费由省级承担；领导班子成员由省环境保护厅任免；主要负责人任市环境保护局党组成员，事先应征求市环境保护局意见。省级和驻市环境监测机构主要负责生态环境质量监测工作。定州、辛集市环境质量监测、调查评价和考核工作由省环保部门统一负责。根据职能调整情况和工作需要，合理确定市级环境监测机构上收人员数量，上收后的其他人员和编制充实到市级环境执法等机构。

定州、辛集市环境监测站更名为定州、辛集市环境监控中心，由定州、辛集市环境保护局直接管理。将县（市、区）环境监测站更名为县（市、区）环境监控中心，随县环境保护局一并上收到市，由市级承担人员和工作经费，具体工作接受县（市、区）环境保护分局领导。市环境保护局根据实际对县（市、区）环境监控中心进行整合，组建跨县域环境监控机构。县（市、区）环境监控中心主要职能调整为执法监测、污染源监测和突发环境事件应急监测，支持配合属地环境执法，形成环境监测与环境执法有效联动、快速响应，同时按要求做好生态环境质量监测相关工作。

4. 加强基层环境执法工作。环境执法重心向市县下移，加强基层执法队伍建设，强化属地环境执法。将市环境监察支队更名为市环境执法支队，定州、辛集市环境监察大队更名为定州、辛集市环境执法大队；将县（市、区）环境监察大队更名为县（市、区）环境执法大队，随县（市、区）环境保护局一并上收到市，由市级承担人员和工作经费，具体工作接受县（市、区）环境保护分局领导。市环境保护局统一管理、指挥本行政区域内县（市、区）环境执法力量。依法赋予环境执法机构实施现场检查、行政处罚、行政强制的条件和手段。

（三）规范和加强环保机构和队伍建设

1. 加强环保机构规范化建设。根据有关规定，结合机构隶属关系调整，相应划转编制和人员，科学调整行政机构设置和事业机构设置，对本行政区域内环保部门的机构和编制进行优化配置，合理调整，实现人事相符。在不突破各市现有机构限额和编制总额的前提下，统筹解决好体制改革涉及的环保机构编制和人员身份问题，保障环保部门履职需要，逐步解决混编混岗、一编多人的问题，实现人编岗一致。目前仍为事业机构、使用事业编制的县（市、区）环境保护局，要结合体制改革和事业单位分类改革，逐步转为行政机构，使用行政编制。

规范和加强环境监测机构建设，强化环保部门对社会监测机构和运营维护机构的管理。结合事业单位分类改革和综合行政执法改革，规范设置环境执法机构。健全执法责任制，严格规范和约束环境监管执法行为。市县两级环保机构精简的人员编制重点充实一线环境执法力量。

健全乡镇（街道）网格化环境监管体系，明确网格监管节点、监管对象、监管职能，落实环境保护职责。乡镇（街道）要明确负责环保工作的机构和人员，确保责有人负、事有人干。建立健全农村环境治理体制机制，提高农村环境保护公共服务水平。

2. 加强环保能力建设。落实国家环保监测监察执法等方面的规范化建设要求，扎实推进环保监测监察执法能力标准化建设，大力加强人员教育培训，提高队伍专业化水平。加强县级环境监测机构的能力建设，妥善解决监测机构改革中监测资质问题。实行行政执法人员持证上岗和资格管理制度。将环境执法机构列入政府行政执法部门序列，配备调查取证、现场执法、移动执法等装备，统一环境执法人员着装，保障一线环境执法用车。继续强化核与辐射安全监测执法能力建设。

3. 加强环保系统党组织建设。认真落实党建工作责任制，把全面从严治党落到实处。市环境保护局设立党组，接受当地市委领导，并向省环境保护厅党组请示报告党的工作。市环境保护局党组报市党委组织部门审批后，可在县（市、区）环境保护分局设立分党组，接受市环境保护局党组领导。按照属地管理原则，建立健全党的基层组织，市县环保部门基层党组织接受所在地方党的机关工作委员会领导和本部门党组指导。市纪委派驻市环境保护局纪检组的设置，由省环境保护厅党组商省纪委机关同意后，按程序报批确定。

（四）建立健全高效协调的运行机制

1. 建立健全各级环境保护议事协调机制。建立省、市、县生态环境保护委员会，研究解决环境保护重大问题，强化综合决策，形成工作合力。各级生态环境保护委员会由同级党委或政府主要负责同志任主任，政府分管负责同志任副主任，负有生态环境保护职责的相关部门主要负责人为成员，同级环保部门承担日常工作。县（市、区）环境保护分局局长担任所在县（市、区）生态环境保护委员会办公室主任，参加县委常委会会议和县政府常务会议有关议题。

2. 加强跨区域、跨流域环境管理。积极探索按流域设置环境监管和行政执法机构、跨地区环保机构，有序整合不同领域、不同部门、不同层次的监管力量。加强京津冀空气、水环境质量预报会商、联合执法，建立日常联合会商、应急会商和信息通报机制。廊坊、保定、唐山、沧州市与北京、天津市实行统一预警分级标准，实现应急举措、减排力度相一致。深化全省域跨界断面水环境质量和大气环境质量生态补偿机制，严格考核标准，加大奖惩力度，加强信息公开，进一步构建共管共治的工作格局。

鼓励各市委和政府在全市域范围内按照生态环境系统完整性实施统筹管理，统一规划、统一标准、统一环评、统一监测、统一执法，整合设置跨市辖区的环境执法和环境监测机构。

3. 建立健全环境保护联动协作机制。构建完善环保部门与发展改革（能源局）、公安、国土资源、住房城乡建设、城管、工商、卫生计生、安全监管、水利、农业、林业等行政主管部门，以及金融监管、电力、气象等相关机构的联系会商、联动执法、联合响应机制。加强环保部门与司法行政机关、公安机关、法院、检察院的沟通联系，强化环境行政执法与刑事司法的衔接协作，深化定期会商、联合办案制度，及时沟通相关信息，完善协同配合、案件移送、强制执行等工作机制，实现快侦快办，切实加大对环境违法犯罪的打击力度。

4. 实施环境监测执法信息共享。省环境保护厅结合“智慧环保”信息化建设，整合现有生态环境监测管理系统，建立健全生态环境监测与环境执法信息共享机制，牵头建立、运行生态环境监测信息传输网络与大数据平台，实现与各市政府及其环保部门、县（市、区）政府及县（市、区）环境保护分局互联互通、实时共享、成果共用。在省环境监测中心构建全省环境质量监测信息系统，由省环境监测中心建设、运行、维护和管理，与市县政府及环保部门互联互通。市级环保部门构建市环境执法信息系统，由市级环保部门建设、运行、维护和管理，与省环境保护厅和市县政府信息平台联网。

（五）确保新老体制平稳过渡

1. 稳妥做好人员划转工作。根据履职需要和各地实际，研究确定人员划转的数量、条件、程序，公开公平公正开展划转工作。各级政府要研究制定政策措施，解决人员划转、转岗、安置等问题，确保环保队伍稳定。改革后，县（市、区）环境保护分局继续按照国家规定执行公务员职务与职级并行制度。

2. 妥善处理资产债务。根据有关规定开展资产清查，做好账务清理和清产核资，确保账实相符，严防国有资产流失。对清查中发现的国有资产损益，按照有关规定，经同级财政部门核实并报经同级政府同意后处理。按照资产随机构走的原则，根据国有资产管理相关制度规定的程序和要求，做好资产划转和交接。按照债权债务随资产（机构）走的原则，明确债权债务责任人，做好债权债务划转和交接。各级政府承诺需要通过后续年度财政资金或其他资金安排解决的债务问题，待其处理稳妥后再行划转。省驻市环境监测机构的办公场所、监测设备等固定资产调配划转交接工作由省财政厅、省环境保护厅会同属地政府协调解决，逐步平稳过渡。

3. 调整经费保障渠道。改革期间，环保部门开展正常工作所需的基本支出和相应的工作经费由原渠道解决。县（市、区）环境保护局作为市环境保护局派出分局后，核定县（市、区）环保部门支出基数随机构调整划转到市。各级财政要充分考虑人员转岗安置经费，做好改革经费保障工作。按照事权和支出责任相匹配的原则，将环保部门纳入相应级次的财政预算体系给予保障。人员待遇按属地化原则办理。各级环保部门经费保障标准由各地依法在现有制度框架内结合实际确定。

四、工作要求

（一）加强组织领导。各级党委和政府对环保机构监测监察执法垂直管理制度改革工作负总责，切实解决改革过程中出现的问题，确保改革工作顺利开展、环保工作有序推进。成立省环保机构监测监察执法垂直管理制度改革工作领导小组，主要职责是把握改革方向，研究制定改革政策措施，审定相关配套工作方案，协调解决改革过程中出现的重大问题，指导、推动、督促各地各相关部门落实改革任务，确保河北省的改革工作积极稳妥、扎实推进。各市参照成立相应的工作领导小组，具体负责本行政区域环保机构监测监察执法垂直管理制度改革各项工作，明确责任，细化分工，统筹做好人财物划转，妥善处理各种遗留问题，做到人员稳定、秩序不乱、工作不断。

（二）加强部门联动。省直相关部门要分工负责，制定专项工作方案，加强对环保机构监测监察执法垂直管理制度改革工作的指导，及时发现和解决存在的问题。机构设置、人员编制调整等工作由省编委办、省环境保护厅制定工作方案，干部管理和党的机构（含纪检监察）设置工作由省委组织部、省编委办、省委省直工委等相关部门制定工作方案，人员调整划转、招录、招聘及人事档案移交等工作由省人力资源社会保障厅、省环境保护厅制定工作方案，审计工作由省审计厅负责，专项资金、办公经费调整、财务移交和部门预算调整等工作由省财政厅制定工作方案，固定资产调整划转交接工作由省财政厅、省环境保护厅制定工作方案，保密工作由省保密局制定工作方案，档案移交工作由省档案局制定工作方案。省环境保护厅要为省直相关部门制定工作方案提供支持，积极做好配合工作。

（三）严明工作纪律。严肃政治纪律、组织人事纪律、机构编制纪律和财经纪律等各项纪律。严禁在体制调整过程中突击进人、突击提拔干部，严禁擅自转移、处置国有资产和违规调动资金，严防国有资产流失。对违纪问题要严肃查处，对情节严重、造成恶劣影响的，追究有关负责人的责任。各级政府及相关部门要及时了解和掌握干部职工的思想状态，有针对性地做好思想政治工作，关心和帮助解决实际困难，确保思想不乱、队伍不散。

（四）有序推进改革。鉴于河北省在全国率先开展省以下环保机构监测监察执法垂直管理制度改革，没有实践经验借鉴，且该项工作政策性强，涉及部门和个人的切身利益，各地各相关部门要高度重视，加强领导，精心组织，明确责任。省环境保护厅、省编委办要加强对环保机构监测监察执法垂直管理制度改革工作的分类指导和跟踪分析，加强统筹协调、督促检查和培训，对出现的新情况、新问题要研究制定相关措施，妥善解决，重大事项要及时向省委、省政府请示报告。

专题报告五

绿色发展考核制度研究

考核是调动人的主观能动性朝既定目标努力、前进的重要手段。考核可以调动绿色发展行为主体的主动性和积极性，可以督促绿色发展行为主体的行为，可以纠正绿色发展主体的行为变差，也可以规范绿色发展行为主体的行为。考核制度在绿色发展中具有不可替代的作用。加快建立一个科学、合理、可操作的绿色发展绩效评价考核体系，已成为当前促进绿色发展、走向生态文明不可或缺的重要手段。

一、绿色发展考核制度是促进绿色发展的“指挥棒”

（一）实施绿色发展考核利于建立绿色发展导向

绿色发展是对经济发展和环境保护之间的关系深入认识后，提出的一种科学发展理念，是思维方式由机械范式向生物范式转变的必然结果。实行政府绿色发展考核，建立健全绿色发展考核体系，有利于发现推进绿色发展过程中存在的不足与差距，有利于从法律和制度层面督促各利益相关方尤其是地方政府推进可持续发展，从而确保绿色发展科学、有序推进，使生态文明建设融入经济、政治、文化、社会建设全过程和各方面。

只有实行最严格的制度、最严密的法治，才能为推进绿色发展提供可靠保障，其中最重要的是要完善绿色发展评价考核体系，科学的考核评价体系犹如“指挥棒”。要把资源消耗、环境损害、生态效益等体现在绿色发展状况的指标纳入经济社会评价体系，使之成为推进绿色发展的重要导向和约束。要建立责任追究制度，对那些不顾生态环境盲目决策、造成严重后果的人，必须追究其责任，而且应该终身追究。

（二）实施绿色发展考核利于实施纵向问责

制度是制约党政领导干部行为的决定性因素。合理的制度安排可以对党政领导干部产生正面的引导作用；反之，不合理的制度安排也可以对党政领导干部产生负面的激励作用。改革开放35年来，GDP长期以来作为衡量地方政府政绩的重要手段，在诸多经济发展指标中处于核心地位。以传统GDP为核心的政绩考核制度极大地调动了各级政府、企业和所有经营者发展生产、搞活经济的积极性，为加速工业化和整个经济发展起到了重要的激励和促进作用，这是应当充分肯定的。但是，单纯追求经济的快速增长而不顾及环境容量和自然生态承载力，不计算资源、生态环境付出的代价，由此而带来的不良后果也是严重的、惊人的。为此，必须改变传统GDP考核体系，以从根本上改变党政领导的政绩观，推动经济发展方式根本转变，真正把生态文明建设落实到各个层面、各个领域。实行绿色发展考核，有利于监督地方政府推进绿色发展的成效，引导地方政府采取更多有利于绿色发展的管理手段。

（三）实施绿色发展考核利于发挥公众的监督作用

绿色发展不仅仅是政府的职责，企事业单位和公众也是推进绿色发展的重要力量，其广泛参与对绿色发展成功与否起着关键作用。公众满意度是检验绿色发展成效的标尺。通过实行绿色发展考核评价，公开绿色发展推进的相关信息，有助于公众了解区域资源环境状况及政府作为等信息，既满足了公众知情权，又利于提升公众参与绿色发展的积极性与主动性，这也是服务型政府建设的重要内容。另一方面，社会满意度是检验政府作为的重要标尺，信息公开的评价与考核是地方政府落实走群众路线方针的具体行动。

二、国内绿色发展考核制度的相关进展

（一）十八大之前我国开展了绿色发展相关考核工作的初步探索

由于环境问题的日益严重，中组部、人事部等有关部门于 1999 年、2002 年、2003 年会同国家环保总局，积极探索将环保指标纳入发展考核体系，具体要求包括“实行环境建设和经济建设同步规划、同步实施、同步发展，有效治理和逐步减少环境与水资源污染。”考核指标包括“‘三废’治理达标率、森林和绿地覆盖率。”2006 年中组部颁布实施《体现科学发展观要求的地方党政领导班子和领导干部综合考核评价（试行办法）》，其中环境保护、资源消耗与安全生产、耕地等资源保护 3 个细分评价要点，地方组织部门据此自行设计方案。

2003 年，原国家环保总局发布《生态县、生态市、生态省建设指标》，对生态县、生态市和生态省进行界定，分别制订了大体一致、

略有差异的评价指标体系及详尽的指标解释。指标体系包括约束性和参考性两类，主要分为经济发展、社会进步和环境保护三大层面，其中，生态县36个指标，生态市28个指标，生态省22个指标。相比较而言，生态县指标更加关注农村环境保护，生态市指标突出清洁生产与绿色消费，生态省指标侧重考察环保产业比重、物种多样性及流域水质等中观层面因素。

2006年3月，国家环境保护部出台《“十一五”国家环境保护模范城市考核指标及其实施细则》（简称创模指标）。创模指标由30项必考指标与两项参考指标组成，30项必考指标包括3项基本条件与27项考核指标。2008年1月，环保部对创模指标中一些关键性指标进行适当调整修订，整合为26项考核指标。其中，基本条件3项、社会经济4项、环境质量5项、环境建设8项、环境管理6项。新创模指标体系对地表水和空气环境质量、城市环境基础设施建设、集中式饮用水水源地、工业企业稳定达标等方面提出更高要求。

从“十一五”起，国家将单位GDP能耗降低和主要污染物排放总量减少作为国民经济和社会发展的约束性指标，国务院将节能减排指标根据各地经济社会环境的实际情况分成五类分解落实到各省级人民政府，并要求地方政府层层做好目标任务分解；国务院批转了国家发展改革委、环境保护部、统计局会同有关部门制订的节能减排统计监测及考核实施方案和办法，要求将节能减排目标完成情况纳入各地经济社会发展综合评价体系，作为政府领导干部综合考核评价的重要内容，实行严格的问责制，并对考核对象、内容、方法、程序、奖惩措施等作了具体规定。从2008年以来，国家发展改革委会同工业和信息化部、监察部、住房城乡建设部、交通运输部、国资委、质检总局、统计局、国管局、能源局等部门每年（2010年除外）组织开展了对省级人民政府的节能目标责任评价考核。考核结果报经国务院同意后，向全社会公告，并交组织部门作为省级人民政府领导班子和领导干部综合评价考核的重要依据。省级人民政府也相应每年对地市级人民政府的节能目标责任进行评价考核。节能减排目标责任评价考核的实施，对于强化政府目标责任、形成加快转变经济发展方式的倒逼机制、实现节能减排约束性指标，发挥了重要的推动作用。

2011 年国家水利部印发了《关于开展国家水土保持生态文明工程创建活动的通知》，决定在全国范围内开展水土保持生态文明工程创建活动。水土保持生态文明工程是指在中国生态建设中发挥重要引导带动作用的各类水土保持区域的总称，包括水土保持生态文明城市、水土保持生态文明县、生产建设项目水土保持生态文明工程三类。创建的思路是：按照“积极建设、科学评价，成熟一批、命名一批”的工作思路，推进水土保持生态文明工程创建。创建的目标是：到 2012 年，选择现有基础条件好的地区和工程进行完善提高，建成全国首批水土保持生态文明工程，组织考评并命名；到 2015 年，力争使 10% 的城市，20% 的县，10% 的生产建设项目创建为生态文明工程；到 2020 年，20% 的城市，30% 的县，30% 的生产建设项目创建为生态文明工程。创建工作采取地方或建设单位自愿申报，省级水行政主管部门初评、推荐，水利部组织专家评估、核准、公告、命名相结合的方式进行建设管理。水土保持生态文明工程实行优胜劣汰动态管理，水利部将不定期对已命名的生态文明工程进行抽检，对成果不能巩固的，取消命名。水利部将对创建工作成绩突出的地区和单位，在国家水土保持重点工程立项方面予以优先考虑，在资金安排上给予倾斜。对取得水土保持生态文明工程命名的地区、单位和做出重要贡献的个人，给予重点宣传。

（二）十八大之后我国绿色发展相关考核实践得到快速发展

2013 年，党的十八届三中全会《决定》在加强生态文明制度建设部分，提出了“探索编制自然资源资产负债表，对领导干部实行自然资源资产离任审计，建立生态环境损害责任终身追究制”，这样的表述基本上可以看作是一个地方政府主要领导环境问责体系，也显示了中央开始认可地方主要领导环境问责体系的重要性。2013 年 12 月，为了落实党的十八大和十八届三中全会关于加强生态文明建设要求，中组部印发了《关于改进地方党政领导班子和领导干部政绩考核工作的通知》，要求从制度层面纠正单纯以经济增长速度评定政绩的偏向，引导（各级）领导干部树立正确的政绩观，并从五个方面体现“不以 GDP 论英雄”：一是考核不能“唯 GDP”，二是不能搞 GDP 排名，三是限制开发区域不再考核 GDP，四是要加强对政府债务状况的考核，五是考核结果使用不能简单以 GDP 论英雄。以上都是生态环境绩效评价考核的重要实践形式，对于强化政府目标责任、形成加快转变经济发展方式的倒逼机制，发挥了重要的推动作用。

2013 年 9 月 9 日，国家林业局印发《推进生态文明建设规划纲要（2013 ~ 2020 年）》，明确提出，林业推进生态文明建设要紧紧围绕建设美丽中国、实现中华民族永续发展的宏伟目标，按照中央提出的“要把发展林业作为建设生态文明的首要任务”的要求，到 2020 年森林覆盖率达到 23% 以上，森林蓄积量达到 150 亿立方米以上，湿地保有量达到 8 亿亩以上，自然湿地保护率达到 60%，新增沙化土地治理面积达到 20 万平方公里，林业产业总产值达到 10 万亿元，义务植树尽责率达到 70%，构筑坚实的生态安全体系、高效的生态经济体系和繁荣的生态文化体系，切实担当起生态文明建设赋予林业的历史使命。《纲要》明确，推进生态文明建设的战略任务是紧紧围绕生态林业和民生林业两条主线，着力构建国土生态空间规划体系、重大生态修复工程体系、生态产品生产体系、维护生态安全的制度体系和生态文化体系，全面推进生态文明建设。

2013年10月，国家环保部研究制定了《国家生态文明建设试点示范区指标（试行）》。具体来看，生态文明试点县建设指标共包含生态经济、生态环境、生态人居、生态制度、生态文化等5个系统，共29项指标；而生态文明试点市则包含30项指标。2013年底，经中央批准，“生态建设示范区”正式更名为“生态文明建设示范区”。为推进生态文明建设示范区工作，2013年11月，环境保护部印发了《关于大力推进生态文明建设示范区工作的意见》。随后，2014年1月，环境保护部印发了《国家生态文明建设示范村镇指标（试行）》，制定发布适用于乡镇、村的生态文明建设示范区指标，从村镇层面对农村地区开展生态文明建设示范工作提出了要求。

2013年12月，国家发展改革委联合财政部、国土资源部、水利部、农业部、国家林业局制定了《国家生态文明先行示范区建设方案（试行）》。方案明确，选取不同发展阶段、不同资源环境禀赋、不同主体功能要求的地区开展生态文明先行示范区建设，总结有效做法，创新方式方法，探索实践经验，提炼推广模式，完善政策机制，以点带面地推动生态文明建设，对于破解资源环境瓶颈制约，加快建设资源节约型、环境友好型社会，不断提高生态文明水平，具有重要的意义和作用。方案明确，通过5年左右的努力，先行示范地区基本形成符合主体功能定位的开发格局，资源循环利用体系初步建立，节能减排和碳强度指标下降幅度超过上级政府下达的约束性指标，资源产出率、单位建设用地生产总值、万元工业增加值用水量、农业灌溉水有效利用系数、城镇（乡）生活污水处理率、生活垃圾无害化处理率等处于全国或本省（市）前列，城镇供水水源地全面达标，森林、草原、湖泊、湿地等面积逐步增加、质量逐步提高，水土流失和沙化、荒漠化、石漠化土地面积明显减少，耕地质量稳步提高，物种得到有效保护，覆盖全社会的生态文化体系基本建立，绿色生活方式普遍推行，最严格的耕地保护制度、水资源管理制度、环境保护制度得到有效落实，生态文明制度建设取得重大突破，形成可复制、可推广的生态文明建设典型模式。

2013 年国家水利部出台了《关于加快推进水生态文明建设工作的意见》，明确了水生态文明建设包括八个方面的主要工作内容：一是落实最严格水资源管理制度；二是优化水资源配置；三是强化节约用水管理；四是严格水资源保护；五是推进水生态系统保护与修复；六是加强水利建设中的生态保护；七是提高保障和支撑能力；八是广泛开展宣传教育。水利部将选择一批基础条件较好、代表性和典型性较强的城市，开展水生态文明建设试点工作，探索符合我国水资源、水生态条件的水生态文明建设模式。2013 年水利部出台了《水利部关于加快开展全国水生态文明城市建设试点工作的通知》，确定了 45 个试点城市。

2016 年 8 月 30 日中共中央全面深化改革领导小组审议并通过了《生态文明建设目标评价考核办法》，该办法要求强化省级党委和政府生态文明建设主体责任，重点评价各地区生态文明建设进展总体情况，考核国民经济和社会发展规划纲要中确定的资源环境约束性目标，以及生态文明建设重大目标任务完成情况。党的十八届五中全会提出，设立统一规范的国家生态文明试验区，重在开展生态文明体制改革综合试验，规范各类试点示范，为完善生态文明制度体系探索路径、积累经验。2016 年 8 月，中共中央办公厅、国务院办公厅印发了《关于设立统一规范的国家生态文明试验区的意见》及《国家生态文明试验区（福建）实施方案》，这为开展生态文明和绿色发展考核制度试点提供了重要平台。此外，2016 年国家统计局开展了《绿色发展指标体系》的相关研究和制定工作。

在地市层面，我国部分省市，如江苏、广东、青海、山东、四川、浙江等对绿色发展考核进行了探索试点，将空气质量变化、饮用水质量变化、森林覆盖率变化、环保投资增减率等指标纳入考核标准，并对绿色发展考核结果的使用和奖惩办法做了明确的规定。近几年，一些地方的生态环境考核权重也在不断提升，从 2005 年平均 5%，到 2008 年江西省的 16.7%，再到最近天津市的 22%，可以看出地方为之所做出的努力。北京市政府发布《关于贯彻落实国务院加强环境保护重点工作文件的意见》，明确提出环境优先这一基本原则，并规定今后所有有关环境质量的指标，如污染物总量控制、PM2.5 环境质量改善情况等，都将作为各级政府领导的考核指标，这样的做法值得称赞，但毕竟是少数。

从目前我国生态文明考核实践来看，各有关部门都将考核当作推动本部门工作开展的重要手段。各有关部门在考核主体、考核对象、考核内容、考核程序和方式、考核结果应用、考核数据采信等方面都进行了实践探索，积累了丰富的经验，为下一步继续完善生态文明考核制度奠定了基础。

三、现有绿色发展考核制度存在的突出问题

（一）考核指标体系设计不合理

指标设计笼统宽泛。目前绿色发展评价考核体系的首要问题是指

标设计的笼统宽泛，具体的可操作性指标较少。在考核指标设置上，应该淡化部分总量指标，突出发展质量指标，引导转型升级和绿色发展。目前，部分先进地区开始谋划重建政府考核体系，如上海及所属的浦东新区、静安区在2015年政府工作报告中均率先取消了GDP增长目标，更关注发展的质量和效益、经济结构的调整优化、制度创新和科技创新水平等指标。指标设计重共性轻特色。由于各被考核主体的发展基础、资源条件等方面的不同，在全国实施绿色发展评价考核体系时，应注重突出各自的重点，对被考核主体特点进行综合考虑，体现考核的科学性、合理性和公正性，而现有考核指标体系明显缺乏该层面的考虑。指标设计偏静态少变化。在制定绿色发展考核评价体系的时候，整治是一个方面，但同时要更加注重对区域未来发展的引导。指标设计重惩罚轻激励。目前的考核指标体系设计偏重经济总量、招商引资、项目建设、固定资产投资等量化指标，偏重总量、增量，但对关键技术的发明与运用的重大奖励额度明显不足，对园区功能发挥、发展质量、产业升级及可持续发展的持续激励机制明显缺乏。

（二）绿色发展的各项专项考核交叉重叠

目前各个部委已经开展专项的生态文明和绿色发展考核，建立了本部门的考核规则。各部门根据本部门职能推进绿色发展工作，在一定程度上存在职能交叉现象。环保部门的绿色发展考核强调污染物控制、环境质量的改善等指标。我国已先后制定了城市环境综合整治定量考核制度、创建国家环境保护模范城市、全国生态建设示范区和主要污染物排放总量减排考核等制度。林业部门的绿色发展试点强调森林覆盖率、保护生物多样性和林木、水资源保护等指标。水利部门的绿色发展考核，侧重对水资源丰富的沿海及江河流域，防止污染和保护水资源。考核工作的“碎片化”和“部门利益化”，影响了考核制度的执行效果。近期出台的《生态文明建设目标考核办法》也定位为专项考核，依然没有从体制上解决多部分交叉重叠考核的问题。调研中发现，各个部委开展的各类交叉重叠考核，为地方带来了一定负担。地方认为，现有的一些专项考核，完全可以结合在一起开展。

（三）绿色发展的考核程序不够透明，公众参与不足

当前各部委开展的针对地方政府领导干部的考核，考核过程大多为内部程序，从数据获取和复核、现场检查、考核过程、考核结果应用等都不对外公开，尽管一些地方在政府考核中，也正在逐步引入公众参与，比如深圳市建立了生态文明考核的公众评审团制度，但总体看，公众参与政府生态文明和绿色发展考核的程度仍非常低。推进绿色发展的目标之一是满足公众“盼环保”“求生态”的愿望，增强生态环境保护的获得感。如果公众缺席参与绿色发展考核过程，则难以衡量政府推进绿色发展的成效。另一方面，考核程序不透明，也难以对政府形成有效的监督机制，也不利于提高政府公信力。

（四）绿色发展考核结果的应用不足

评价考核结果未纳入主流考核系统。绿色发展评价课题体系并非无源之水，无本之木，其产生与发展必然具有符合当地发展特色与水平的继承性特征。现有的绿色发展评价考核体系其权威性并未得到有效发挥，即该评价体系独立于已有的主流评价考核体系独立存在，形成了“两张皮”，而更多情况下并不被考核对象接受和认可。

评价考核结果未与晋升奖惩直接挂钩。很多绩效考核最终失败是由于绩效考核结果应用不当引起的，一般来讲，绩效考核结果要和绩

效与晋升挂钩，这样才能实现薪酬绩效的激励作用。如果绩效考核结果与工资、奖金、晋升没有任何联系，那这样的绩效考核肯定是在走形式，因为没有涉及核心利益的变革，不会引起被考核人员的足够重视。但如果绩效考核结果与个人绩效工资挂钩程度太强的话，也可能对绩效管理的推进产生负面影响。

从目前各项转型考核实施情况看，鲜见领导干部因为某项生态文明和绿色发展专项考核不通过而被问责的案例。从地方调研发现，造成这种情况的原因主要有三个，一是考核周期和地方干部年底考核评优的时间不吻合，比如节能考核，当地节能考核要采用当地统计局公开的数据，而统计局公开的数据往往要滞后地方干部年底评优考核日期，这在一定程度上造成了节能考核难以起到真正的约束作用；二是目前大多考核都是定位于“督促工作”，是某个部委或者地方政府为了推进生态文明和绿色发展工作进程而开展的一项例行工作，尽管在一些考核管理办法中也提及了考核问责的具体规定，但行政法规的约束力较弱，难以真正行政强制约束力；三是尽管屡次提及生态文明和绿色发展相关考核在干部提拔任免中启动作用，但从组织部门获得信息，目前的绿色发展考核结果尚未在干部提拔任免中起到实质性的约束作用。

（五）绿色发展考核缺乏坚实的统计监测数据支撑

即使在国际层面，也存在绿色发展指标数据获取难以及数据质量不高、缺乏可比性的问题。在我国面临同样的数据获取方面的问题。同一生态环境要素由不同部门重叠交叉监测。导致监测结果缺乏可比性，也常出现监测结果差异较大甚至矛盾的情况。部门信息壁垒普遍存在。尽管相关法律法规中有不少关于各部门监测数据共享的规定，但由于部门利益分割，这些规定并未得到真正执行，部门间信息共享的长效机制也未形成[①]。央地监测网络分离，国控网的运行效能不高、地方政府的行政干预影响了国控网的独立运行。国控网与地方网的数据共享机制有待健全。目前各个部门都在推进本部门的生态环境监测信息化工作，国控网的监测数据基本能够自动传输或人工上报到中央，而大量地方网数据并没有汇交到国家统一集成，尚未实现全国联网。此外，监测技术水平有待提高，数据互联互通尚存技术瓶颈。环保物联网应用处于初期阶段，开展生态环境大数据分析面临体制障碍。当前国内外自动监测仪器仪表厂商没有统一的数据传输协议可共同遵守，监测仪器设备的联网改造是实现数据互联互通的薄弱环节之一。同时，开展生态环境大数据分析无成熟经验可借鉴，也面临由于部门分割、央地关系不顺而造成的数据规模不够、数据质量不高等问题。

四、绿色发展考核制度的设计思路

（一）理论基础

绿色发展考核的主要目的是影响政府的执政行为。也就是说，绿色发展考核要达到的目的，必定要以组织行为理论作为指导。在理论的指导下，研究设计考核体系，通过考核体系的诸多元素，影响组织成员的行为特征和绩效水平。具体的理论包括激励相容理论、期望理论、目标管理理论等激励理论。

① 比如，《水法》和《海洋环境保护法》分别规定，有关部门的水文资料和海洋环境监测资料应当向国务院环境保护行政主管部门提供，以编制全国环境质量公报，但环保部门从其他部门获取监测信息往往大费周折。

1. 激励相容理论

激励相容理论是一种基于“理性人”假设提出的一种合理制度安排。在这种制度安排下，行为人在追逐个人利益最大化的同时，恰好与组织实现组织价值最大化的目标相契合，从而实现个人和组织在最大程度上的共同满意。

古典经济学理论认为，在公私利益不可兼得时，“经济人”必然会追逐私利，这样就会妨碍公共利益。激励相容理论是伴随人性假设和公私利益观而不断发展。激励相容机制设计需要满足两个重要条件：一是，参与约束；二是，激励相容约束。参与约束是指代理人在委托代理理论中为了谋得私人利益，必须依据理性经济人假设参与到委托人所提供的机制约束中。激励相容约束是指代理人在参与到机制中时不但要使个人利益最大化，也要使委托人的目标和效用达到最大化。

2. 公平理论

公平理论是美国心理学家亚当斯提出的一种激励理论，关注的核心问题是报酬的激励作用。公平理论认为，组织成员对其投入、报酬之比以及与参照对象的比较，来形成公平或不公平的判断，进而影响到其进一步的行为：是努力工作、消极工作还是辞职。公平理论于公务员考核，主要是要指导所设计的考核体系在考核结果及其具体运用方面必须遵循公平的原则。

首先是考核结果的公平。这既体现在考核主体在考核过程中客观公正，不偏不倚，更体现在运用恰当的考核方式方法，尽可能减少考核中可能出现的程序性的、非人为的偏差。这方面的探讨已经为数不少，如：在考核中运用量化方法减少主观评判；设计通用和差异化相结合的考核指标体系和指标库，针对不同岗位公务员进行差异化考核；增加考核结果的等次划分，避免笼统的“称职”导致的无差别评价等。

其次是考核结果运用的公平。在目前的研究中，对考核结果使用进行深入研究的比较少。因为这涉及制度设计和安排的问题。考核结果的运用即公平理论所指的“报酬”，依照这一理论来探索如何更有效的在评优评先、惩罚处分等方面运用考核结果，从而使考核真正成为一种激励。

3. 期望理论

期望理论由美国心理学家弗鲁姆提出，它解释了人的行为与其目标偏好和对结果的预期之间的关系。简单来说，期望理论认为激发一个人行动的动力，一方面来自于他对行动目标的判断或估价，即他完成这一目标能够给自己带来多大程度的满足，这种估计被称为效价；另一方面，还取决于他对采取行动是否能够达成目标作出的判断，即期望概率。期望理论用公式表述为：激励力量 = 效价 × 期望概率。

期望理论可以解释为何以往政府考核经常出现走过场和激励效果不佳的情况。一方面，由于考核优秀的政府管理者并不一定是成长进步最快的政府，也就是通过考核获得的效价低；另一方面，因为考核制度设计的问题，政府考核结果只设定“优秀、称职、基本称职、不称职”四个等次，优秀等次名额比例较少，“基本称职、不称职”属惩戒类等次也比较少，大量的公务员集中在“称职”等次，没有更科学的梯度划分，也就是考核结果好和差的概率都不高。以上两方面综合起来，激励力量就十分有限，考核无法达到应有的效果也就不难理解。

从期望理论出发，要探讨如何对现有考核规定和个人成长机制等制度进行综合调整和改革，提高考核结果的效价和获得各类效价的概率，达到提高绿色执政的目的。

4. 目标管理理论

目标管理理论是美国管理学家德鲁克最先提出的，是一种过程型的激励理论，其基本思想是在组织整体目标和战略的指引下，组织中各级各部门的管理者和成员共同商议制定各自的目标和具体行动计划，并保证计划得到贯彻实施。同时，用基于目标完成水平的绩效奖励来促进目标的实现。目标管理理论认为，注重对下级的授权、强调自我管理和自我控制以及基于目标实现的奖励可以更好地调动组织成员的积极性。

（二）考核依据

中共中央、国务院《关于加快推进生态文明建设的意见》明确提出："健全政绩考核制度。建立体现生态文明要求的目标体系、考核办法、奖惩机制。把资源消耗、环境损害、生态效益等指标纳入经济社会发展综合评价体系，大幅增加考核权重，强化指标约束，不唯经济增长论英雄。"中共中央、国务院《生态文明体制改革总体方案》再次强调："研究制定可操作、可视化的绿色发展指标体系。制定生态文明建设目标评价考核办法，把资源消耗、环境损害、生态效益纳入经济社会发展评价体系。"前几个月，中央深改组通过《生态文明建设目标评价考核办法》，对生态文明建设目标评价考核做了系统规定，成为当前我国开展生态文明评价考核的重要依据之一。

行政考核的各方关系以相关法律法规为基础，包括政府权责等，直接决定了考核主客体及考核程序的合法性；考核程序及考核体系管理以考核制度为依据，考核制度通常由考核主体制定并执行。考核内容以相关规划及目标的设定值、法律法规标准等所规定的强制性的特定指标限值为依据，绿色发展的一些子领域已经开展的专项考核由相关部委主持，其考核依据体系已比较成熟。另外，绿色发展情况的评价结果可作为行政考核基本参考，评价结果中的关键性指标由评价结果经过核算加工成为客观性考核内容的主要部分，由独立机构开展的、外部（横向）的社会满意度、社会参与度为主要内容调查，是检验绿色发展及政府作为是考核的参考性依据。生态文明建设目标评价考核实行党政同责，按照客观公正、科学规范、讲求实效、奖惩并举的原则进行。

（三）考核主体

考核工作由党委和政府牵头，政府有关部门分工协同配合，共同组织实施好该项工作。一般来讲，在界定权力清单的基础上，上一级党委对下一级党委开展考核、上一级政府对下一级政府开展考核。同级政府对本级政府所属职能部门开展考核、同级党委对本级党委所属职能部门开展考核。中央层面，生态文明建设目标考核工作，由中共中央组织部会同国家发展和改革委员会、环境保护部等有关部门组织实施。

针对政府实行绿色发展考核，其主体是同级权力机构，具体由上级行政机构指导。根据中国法律规定，全国地方各级人民政府由国务院统一领导，执行本级人民代表大会及其常务委员会的决议，以及上级国家行政机关的决定和命令。从地方政府行使的职权上看，包括了绿色发展在内的社会经济环境等内容。可以说省及省以下政府是绿色发展的主体，接受同级人民代表大会监督，由中央政府统一领导，执行上级政府的决定和命令。因此，以政府作为考核对象的行政考核（政府考核）来说，在法律意义上，省域绿色发展政府考核的主体是省级行政区权力机关（人民代表大会及常务委员），具体可由国务院（或经授权的专门部门）统一指导。

外部考核的主体是政府系统外的第三方机构。外部考核的主体通常是社会公众或第三方机构，一般与考核对象不是直接的利益相关者。外部考核通常作为内部考核的监督参照，可以起到对内部考核再验证的作用。外部考核通常具有很高的独立性，但其权威性需要政府信息公开的支持。

（四）考核对象

考核的对象就是考核的客体。绿色发展考核属于行政考核，是上级政府对下级政府（如中央政府对地方政府）进行的行政考核，上级政府或授权机构是考核主体，下级政府是考核客体（被考核的对象）。而在地方政府对部门内部进行的考核，政府本身在考核体系中具有双重身份，既是考核主体又是考核对象。被考核的对象如市发改委、市国土局、市林业局等。

（五）考核内容

绿色发展政府考核是以地方政府政府作为核心内容的综合性考核，考核内容包括指定时间、空间内绿色发展状况和建设进展、基于绿色发展政府行为及效果、社会满意度与社会参与度。考核的重点领域包括以下几方面内容：

国土空间开发格局方面，考核内容注意包括：开发强度，土地利用结构，生产空间集约程度、生活空间宜居程度、生态环境等五大方面。

资源能源节约方面，考核内容分为集约利用、节能低碳和综合利用三方面，具体指标包括：单位 GDP 能源消耗下降率、单位 GDP 用水量下降率、单位工业用地工业增加值、非化石能源占一次能源消费比重、单位 GDP 二氧化碳排放下降率、一般工业固体废物处置利用率、农业废弃物综合利用率（秸秆 / 畜禽养殖粪便）等 7 个指标。

环境质量改善方面，考核内容分为大气环境、水环境和污染减排等三个方面，具体指标包括空气质量优良天数比例、水环境功能区水质达标率、主要污染物减排情况（SO_2、NO_X、COD、氨氮）等三个指标。

生态保护方面，考核内容包括森林、耕地、湿地、保护区等四个自然生态系统，具体指标为森林保有量、耕地保有量、湿地保护面积、自然保护区面积占辖区面积百分比等。

绿色经济方面，考核内容分为发展质量和绿色投资两类，具体包括：绿色 GDP 增长率、节能环保产业产值及增长率、环境保护支出占财政支出比重、R&D 投资额占 GDP 比重等。

绿色社会方面，考核内容分为人居环境和生活方式两方面，具体指标包括：城镇生活垃圾无害化处理率、城镇污水集中处理率、村庄环境整治率、村镇饮用水卫生合格率、危险废物处置率、公众绿色出行率、城镇新建绿色建筑比例、城市节水节能器具普及率等 8 个指标。

绿色发展制度方面，考核内容分为监督管理和文化宣传两方面，具体包括：环境信息公开率、规划环境影响评价执行率、生态保护红线执行率、应当实施强制性清洁生产企业通过审核的比例、两型社会建设综合配套改革、公众知晓度和满意度、党政领导干部参加绿色发展相关培训的人数等 7 个指标。

（六）考核方式与程序

考核评价采取日常检查督办、半年度考查和年终综合考核相结合的方式进行。日常检查督办重点检查日常工作开展落实情况；半年度考查重点考查总结上半年度的工作开展落实情况，发挥督促作用；年终综合考核发挥全面考核作用。

1. 日常检查督办

日常检查督办重点检查日常工作开展落实情况。根据工作需要，绿色发展考核评价领导小组授权办公室组织开展现场检查和督办指导，对于落实重点任务严重滞后或者发生突出资源环境问题的考评对象，以发函、约谈等方式，进行预警通知，并要求限期整改。有关整改落实情况作为年终综合考核的重要评分依据。

2. 半年度考查

半年度考查作为日常检查督办的重要补充。考查时间为当年 6 月至 8 月份。半年度考查重点考查总结上半年度的工作落实情况，并发挥督促作用。

3. 年终综合考核

年终综合考核每年开展一次。考核期为当年 1 月 1 日至 12 月 31 日。考核评价一般于次年一季度左右完成，由绿色发展考核评价领导小组办公室负责组织。

考核评价程序包括：成立考评小组并公布考评办法、召开考核评价工作部署会和组织培训、现场检查和通报、考评资料数据汇总、绿色发展考核评价领导小组委托评审团审议、复查审核、审定并公布考评结果等程序。具体如下：

（1）成立考评小组并公布考评办法

可考虑在政府的领导下成立绿色发展考核评价领导小组，环保、农业、水务、财政、统计、城管、监察、宣传及相关部门人员参与组成领导小组办公室。年终考核评价工作由绿色发展考核评价领导小组办公室委托评审团完成。绿色发展考核评价领导小组成立之后应及时公布绿色发展考核评价办法。

（2）召开考核评价工作部署会

绿色发展考核评价领导小组组织各有关单位召开年度绿色发展考核评价工作部署会，部署年度考核评价工作。

（3）现场检查和通报

日常检查在全年内按照定期检查和不定期抽查方式开展；半年检查在年中进行；年终检查在年末或次年年初开展，以督促各单位的相关工作。同时，考核评价办公室定期对各指标检查结果进行通报。

（4）考评资料数据汇总

①自测自评要求。

被考评单位应对当年度绿色发展完成情况、存在问题和上年度问题整改情况及下年度工作计划进行自测自评，应遵循实事求是原则，不得弄虚作假。一般于次年一季度提交本年度绿色发展工作实绩报告及佐证材料。绿色发展考核评价领导小组组织第三方机构对评价对象所提供的绿色发展工作实绩佐证材料进行资料审查。

②指标数据采集。

指标数据采集以平时数据为基础。数据来源单位必要时可以对相关数据和情况进行实地核查，并于次年一季度将指标分析、评价意见、评分依据、评分结果上报绿色发展考核评价领导小组办公室汇总。

③公众满意率调查。

公众生态文明建设满意率调查由绿色发展考核评价领导小组授权委托第三方机构通过电话、发放问卷、入户调查或者网络评议等方式进行。绿色发展满意率调查结果用于验证及修正指标数据考核结果。一般于次年一季度完成。

（5）绿色发展考核评价领导小组办公室委托评审团审议

绿色发展考核评价领导小组办公室委托评审团对绿色发展考评进行审议，并开展评审团培训工作。在完成考评资料数据汇总之后，成立评审团。绿色发展考核评价领导小组办公室负责委托评审团，对各考核评价对象绿色发展工作实绩报告进行集中评审和现场打分，一般于次年一季度完成审议工作。

绿色发展考核评价评审团原则上应当由政府（党代表、人大代表、政协委员）、生态文明建设和环境保护监督员、资源环境专家、公众市民代表等成员组成。评审团专家对各被考核单位绿色发展工作实绩及报告内容进行评议，提出专家意见。

在实际考核评价过程中，绿色发展考核评价领导小组办公室组织召开评审会议，根据被考评单位绿色发展工作实绩报告及有关考核佐证资料，委托评审团进行绿色发展实绩的分析研判与综合评价。会议重点分析被考评单位的工作思路和重点举措，主观努力程度、客观原因研判和主要工作成效，综合横向和纵向比较结果，全面、客观、公正地对被考评单位作出综合评定，形成考核评价意见并现场打分。使用“单项指标分值 × 权重”得到各指标小分，求出总体分数，即得到最终考核评价得分。评审团考核评价之后得出考评结果，将考评分数和排名向各考评对象公布。

（6）复查审核

被考评单位对考评结果有异议的，应当在考核结果公示后向绿色发展考核评价领导小组办公室申请复核并补充提交相应的证明材料。绿色发展考核评价领导小组办公室应及时组织复核，反馈最终结果。考核评价领导小组办公室应当在接到复核申请后，会同相关指标数据提供单位进行研究核实，作出答复。必要时可提请考核评价领导小组审定，考评办对复核的答复为最终答复。

（7）审定并公布考评结果

政府对绿色发展考核评价领导小组最终提供的考评结果进行审定并通报。

（七）考核结果应用

绿色发展考核结果还是作为干部任免奖惩的重要依据之一，应将考核结果与对干部的教育培训和管理监督结合起来，把绿色发展任务完成情况与财政转移支付、生态补偿资金安排结合起来，让绿色发展考核由“软约束”变成“硬杠杆”。评价与考核结果可以通过奖惩机制加以应用，引导领导干部深入贯彻落实科学发展观，重视推进绿色发展。将评价与考核结果好坏两端的突出情况应落实到地方政府各职能部门，有利于找出差距，奖优罚劣，必要时追究部门主要领导个人责任。对完成绿色发展任务成绩突出的，要给予大力表彰；对推进绿色发展和约束性指标任务完成不好的，要进行批评教育、诫勉谈话；对不重视绿色发展、发生重大生态环境破坏事故或环境群体性事件发生率上升的，要实行严格问责，在评优评先、选拔使用等方面予以一票否决，以此来有效激励各级领导干部推进绿色发展的积极性和主动性。

五、绿色发展考核制度的保障与推进

（一）立法支持

制定政府考核相关的法律法规，提高政府考核的重要性，在法律层面赋予相关部门对地方政府进行行政考核的权力，并以此为基础构建考核制度。

（二）体制保障

应将深化行政体制改革落实到绿色发展制度建设这个具体领域，可将地方政府（绩效）评价与考核作为深化行政管理体制改革和推动其职能转变的重要内容和有效手段，建议将地方政府（绩效）评价与考核扩大至绿色发展考核并进行试点。有必要设立新机构或赋权给现有机构，确立考核主体的合法性与高层级，确保考核主体的独立与权威性，这是创建政府考核制度的基础。

省域绿色发展政府考核体系的组织机构体系由三个层面构成：国家层面，中央政府（国务院及授权部门）为考核的组织者，各相关部委局负责绿色发展相关子领域业务指导并负责提供大部分考核目标价值；地方层面，省级行政区人大与政府分别为考核主体与考核对象；社会层面，主要是独立的第三方评价机构；此外，还包括作为考核具体执行者的经授权考核组织。

（三）协调机制

以地方政府为考核对象的行政考核具有多样性，既有以同级人大对政府工作（主要以“五年规划”与年度工作为重点）的综合考核，属于横向考核，也有中央政府对地方政府的专项考核（比如发展改革委对省级人民政府节能目标责任评价的考核等），属于纵向考核，不同的性质考核各有侧重点，影响力与涉及的好合主客体也不尽相同。有必要建立各考核主体间的协调机制，确保在考核内容上更多地采用一致性的指标，以减少考核对象的应对压力，促进各类考核高效、有序进行。

（四）监管机制

为维护评价与考核体系的良性运行，有必要建立监管体系，通过纵向的纠错机制与横向的信息公开机制，促进考核制度不断完善。在纵向上，有必要在政府体系内部尤其是上级对下级政府实行系统内监管；在横向上，有必要接受社会公众监督与问责，通过信息公开接受第三方的外部监管。评价与考核的监管体系将起到以下作用：

①增进社会监管，促进信息公开，提高公众、社会参与度。主要是对内容（标准）公开、过程公开、结果公开程度监管。不论是内部的还是外部的，不论是评价还是考核，都行将依据（法规、标准等）、内容、指标体系（含处理方法等）、程序、结果等事项向社会公开，这不仅是现代透明政府的必然要求，也是保障公众实现对绿色发展知情权与参与权的前提。评价与考核对象及时、准确、完整地提供相关信息，才能使考核主体据此做出合理的判断；考核主体全面公开有关内容、过程、结果，才能接受社会公众的监督，有利于更准确地找到绿色发展与评价考核体系本身的改进方向与着力点。

②依法考核，持续监管，保证对监管对象考核的正确性。对评价与监管实践活动进行全程介入、坚持标准、动态监控应在法律框架下进行。比如，评价与考核主体有权根据活动目的选择合适的方式和技术性支持单位；考核对象有复议、申诉等权利，通过申请对评价与考核结果的再验证，确保评价与考核结果真实反映实际情况。

③促进评价与考核及政府作为的持续改进。政府考核不是临时性的应急措施，而是从促进绿色发展与行政体制改革的角度进行的一项持续性改革措施，其根本目的在于帮助考核对象不断改进政府作为。因此，对政府考核的监管不仅要对评价与考核的实践行为进行监管，还要对评价结果的运用、考核结果的有效性和约束性以及被考核政府

的作为等方面进行跟踪监管，促进实现以评价与考核结果为导向的政府职能转变和政府作为持续改善的目标。

④促进评价与考核向专业化、规范化方向发展。评价与考核的主体与方式具有多样性，评价与考核主体包括政府综合评价组织、政府专门评价组织、政府内部评价组织，还有专业评价组织、社会评价组织、第三方中介机构评价组织等；评价与考核方式有内部、外部、内外结合的等方式。多样性决定了地方政府绩效评价监管不能搞“一刀切”，应针对评价与考核的不同环节（阶段）、不同主体、不同方式，区别对待，分类监督，做到监管适度。在对绿色发展实行政府考核的初期，有必要实行一般管理与归口管理相结合的管理模式；积累经验后，可扩大社会评价结果在考核内容中的权重，对专业评价组织实行职业化发展、专业化管理，可由政府归口管理，并由考核主体进行监管。

（五）能力保障

资金保障。设立专项资金，保障绿色发展考评日常运转。需为绿色发展考评设立专项资金，保障考评制度的顺利实施。专项资金应涵盖绿色发展考评顺畅实施的人员、办公保障费、专业技术人员培训费、专家咨询费、考核信息管理平台建设费等。专项资金应按国家财政预算按期开展立项工作，领导小组及办公室负责协调相关申报、审批、执行工作。地方建立奖惩配套资金，保障绿色发展考评奖惩制度落实到位。为激励各方推动绿色发展的积极性，要建立针对考核对象的奖惩机制。为激励各方开展绿色发展评价考评的积极性，党委和政府要建立针对考评对象的激励机制，并针对考评激励机制设立资金配套。配套资金由考评对象单位组织落实。

人力保障。建立专家网络，保障绿色发展考评科学性和权威性。

建立分领域的绿色发展评价考评专家库，广泛发掘专家队伍，建立一支优秀的专家团队，保障评价考评决策合理性、可行性、权威性。与智库建立合作关系，根据实际需要委托开展考评工作。组织专业技术人员，保障绿色发展考评专业性和准确性。定期邀请专家开展专业培训，在政府内部建立一支具有专业水准的评价考评管理人才队伍。同时，可从相关部门抽调具有相关专业背景的技术人员参与绿色考评工作。

信息保障。建立考评管理信息平台，保障考评数据及时准确。建立考核信息管理平台，加强信息交流与共享。建立信息管理平台，主要包括软硬件两方面：一方面依托已有信息共享平台开发考核管理专题模块；另一方面信息数据共享是平台建设的基础，信息是否完备决定了其所带来的节约成本、节约时间效果。在基础信息共享基础上，开发考评数据核算模块，将考评核算程序智能化。鼓励公众参与监督与信息公开，保障考评数据全面真实。随着新《环保法》的实施，公众的环保监督意识有了较大提升，加大考核结果信息公开力度，及时主动公布空气、水、土壤环境质量信息，发布重要党政考评信息，让每一部手机都成为一个移动监控点，让每一位公众都是一位环保监督员。

执笔人：王海芹、程会强、洪涛、俞敏

专题报告六

促进绿色发展的法治保障研究

十八届五中全会确立了“创新、协调、绿色、开放、共享”五大发展理念，绿色发展理念是其中浓墨重彩的一笔，内涵丰富、寓意深远。实现绿色发展、建设生态文明意味着要在经济建设中彻底摒弃“以资源换发展”的观念，转而在发展中秉持生态、绿色、低碳、循环的理念，坚持走可持续发展的道路。绿色发展不仅是破解能源资源和生态环境桎梏，实现人民群众对绿水青山期盼的必然要求，还是培育新的经济增长点的最佳选择。要将绿色发展从口号变成现实，必须不断健全绿色发展法律体系，进一步加大执法力度，切实推进绿色司法体制改革和实践。

一、绿色发展法治建设的成就

（一）政策法律体系不断完善，规范推进绿色发展法治

十八大以来，我国加快推进资源环境领域法律法规规章的“立改废”，以生态环境保护、资源节约集约利用为主的绿色发展法律体系

不断完善，加上各类纲要、规划、行动计划等，为实现“绿色法治”奠定了坚实的基础。

1. 中央政策陆续出台，为绿色发展提供顶层设计

十八大报告高瞻远瞩地提出了“着力推进绿色发展、循环发展、低碳发展”，大力推进生态文明建设的要求。此后，《中共中央关于全面推进依法治国若干重大问题的决定》《中共中央、国务院关于加快推进生态文明建设的意见》《生态文明体制改革总体方案》《中国共产党第十八届中央委员会第五次会议公报》《中共中央关于制定国民经济和社会发展第十三个五年规划的建议》等党中央和国务院的重要文件不断强调和深化“绿色发展”的科学表述，逐步形成了完善的绿色发展理念（详见表 6–1）。

此外，《关于设立统一规范的国家生态文明试验区的意见》《国家生态文明试验区（福建）实施方案》《编制自然资源资产负债表试点方案》《生态环境监测网络建设方案》《关于健全生态保护补偿机制的意见》《关于同意新增部分县（市、区、旗）纳入国家重点生态功能区的批复》《关于印发全国海洋主体功能区规划的通知》《能源发展战略行动计划（2014 ~ 2020 年）》《国务院关于加快发展节能环保产业的意见》《关于促进光伏产业健康发展的若干意见》《关于促进海洋渔业持续健康发展的若干意见》等相关政策规定了生态文明试验区建设、自然资源保护、生态补偿、海洋保护、能源发展、节能环保等方面的具体措施，以自上而下的方式推进绿色发展。

2. 法律体系逐步健全，为绿色发展提供规范依据

当前，我国在绿色发展领域已形成一套相对完整的法律体系，基本解决了无法可依的状况。环境保护、资源管理作为我国绿色发展法律体系的两大代表性领域，分别呈现出不同的结构分布。

一是环境保护类的法律体系呈金字塔结构分布。《环境保护法》作为污染防治和环境保护领域的基本法，位于最顶层，确立绿色发展领域的基本原则、理念和制度规范；《大气污染防治法》《水污染防治法》《环境噪声污染防治法》《固体废物污染环境防治法》《放射性污染防治法》《海洋环境保护法》《野生动物保护法》《海岛保护法》《水土保持法》《防沙治沙法》《防洪法》《环境影响评价法》等多部单行法紧随其后，确立各自保护领域的基本原则和主要制度；而《建设项目环境保护管理条例》《排污费征收使用管理条例》《医疗废物管理条例》《水污染防治法实施细则》等诸多行政法规细化落实前述单行法规定的制度；《环境保护公众参与办法》《突发环境事件应急管理办法》《放射性固体废物贮存和处置许可管理办法》《海洋生态损害国家损失索赔办法》等部门规章则对主要制度的权限、程序等内容进行规范。地方立法层面，数量庞大的地方性法规和地方政府规章为地方践行环境保护提供规范依据。

二是资源管理类的法律体系呈梯形结构分布。该领域目前尚无基本法，但针对各环境资源要素都有对应的单行法。《水法》《森林法》《土地管理法》《草原法》《矿产资源法》《煤炭法》《渔业法》《畜牧法》《海域使用管理法》《可再生能源法》《节约能源法》《循环经济促进法》《清洁生产促进法》《电力法》等分别规定了不同资源类型及其生产过程应当遵循的基本原则和采取的主要措施；《森林法实施条例》《矿产资源法实施细则》《渔业法实施细则》《土地复垦条例》等行政法规位列第二层，对规制资源生产和利用的单行法的规范予以细化；《国家级公益林管理办法》《海域使用金使用管理暂行办法》《国土资源行政处罚办法》《土地复垦条例实施办法》《商品煤质量管理暂行办法》《可再生能源发电全额保障性收购管理办法》等部门规章则对各职能部门在资源生产与利用领域的权限、程序、事项予以规范。地方上的立法数量最为庞大，各地针对不同种类资源的生产和利用都颁布了相应的地方性法规和地方政府规章，以确保法律制度落到实处。

无论是法律、行政法规、部门规章还是政策及规范性文件，在数量和规模上都比以往有了显著突破，在制度上也有了新的发展。主要体现在以下几个方面[①]：

第一，逐步落实了绿色发展理念。《环境保护法》（2014年修订，以下称为新《环境保护法》）将环境与健康调查、监测和风险评估制度纳入其中，注重防范绿色发展中的风险。《大气污染防治行动计划》（以下简称“大气十条”）《水污染防治行动计划》（以下简称“水十条”）《土壤污染防治行动计划》（以下简称“土十条”）的接连出台，表明政府加大对环境治理的决心和力度，绿色发展深入到了行业产业、经济金融、消费出行等各个领域。

第二，完善了具体可行的制度措施。在近年来出台的有关绿色转型发展方面的法律法规中，很多具体制度的建立、巩固及完善，都为实现立法宗旨和目标以及促进中国绿色发展转型提供了制度保障，例如环境治理领域的环境影响评价制度、“三同时”制度、限期治理制度、污染集中控制制度、区域限批制度、按日计罚制度等。同时，各级政府部门还制定了一系列相应的标准或目录，对相关技术标准和规范作出了细致的规定，为法律法规及政策的实施提供了技术参照系数，确保了法律法规在特定行业和具体领域的有效实施。

第三，建立了多元化的约束与激励机制。建立科学的约束与激励机制是法律得以有效实施的关键因素。行政手段运用呈现多样化，与

① 李佐军：《中国绿色转型发展报告》，中共中央党校出版社2012年版，第159~162页。本部分系附录内容，由吴平撰写。

以往单纯的政府监管相比，最新的法律法规还增加了政策扶持、税收优惠、奖励补助资金等政府支持的方式，不断引入排污权交易、环境税收等市场机制。

第四，配套制定了各层级的法规、政策。各部委近年来单独或联合制定了一系列绿色发展转型方面的部门规章及规范性文件，促进了相关法律法规的实施。近两年制定的有关绿色发展转型的地方性法规、规则，既保障了法律及相关政策的贯彻落实，同时还可能为法律制度的下一步创新提供具体实验样本。

（二）执法力度逐步加强，切实保障绿色发展法治

近年来，中央和地方不断加强执法力度，创新执法形式，各地执法能力有了显著提高。

1. 深化联动执法机制，执法效能得以提升

2013 年，环保部、公安部联合下发《关于加强环境保护与公安部门执法衔接配合工作的意见》，要求探索建立联动执法联席会议制度、联动执法联络员制度、重大案件会商和督办制度、紧急案件联合调查机制、案件信息共享机制等，以提高联动执法的效率。2014 年 10 月，十八届四中全会提出：应当推进综合执法，大幅减少市县两级政府执法队伍种类，重点在食品药品安全、工商质检、公共卫生、安全生产、文化旅游、资源环境、农林水利、交通运输、城乡建设、海洋渔业等领域推行综合执法，有条件的领域可以推行跨部门综合执法。

在地方层面，每年根据国家有关部署开展的各类大检查、大整治、环保专项行动等都是综合执法的实践，通常都由环保、公安、住建、发改、工商、水利、农林等多部门参与。比如我国首个国家级群岛新区浙江省舟山市就在全国率先探索“大海洋”综合行政执法模式，对

海洋渔业、港航、国土资源、水利、文化等多个部门的海洋执法职能进行整合，“一个口子对外”综合执法。实行一年多以来，有效破解了“多龙治海”所导致的执法缺失、低效、推诿等问题。

2. 完善生态信息技术，执法能力得以提高

2016 年 3 月，环境保护部办公厅印发的《生态环境大数据建设总体方案》（环办厅〔2016〕23 号）提出，将全面启动生态环境大数据在环评、监测、应急、执法、网站五大领域的应用建设。环境监管具有知识量大、工作量大、行业繁杂、环保专业问题复杂等特点。多年来，环境保护部及各级环保机构已经针对性地根据该特点开展了多种结构化的尝试，例如针对不同的生产工艺和设施发布不同的技术规范。各省市也相继编制辖区重点行业环境监察指南或简要指南、制作行业现场环境监察模板、系统性地收集归档辖区内污染源生产工艺、污染防治工艺、污染排放标准等信息。

陕西省环境监察移动执法系统在完善包含时间、空间、行业多维度的可定制化“一厂一档”的基础上，建立了一源一档与数据交换机制，同时运用指南化执法模板和企业经验模型不断校验优化系统数据[①]。广西壮族自治区环境监察移动执法项目将移动执法系统纳入环境监管与预警信息平台的建设中，实现了与重点污染源自动在线监控系统、排污费征收全程信息化系统、协同综合行政办公系统等相关业务系统的数据对接，极大地满足了内外部系统的交互需求。湖北省环境监察移动执法系统创新性地使用了灵活的企业总机服务，统一管理全省执法人员通信录，通过总机服务可以随时联系任意一名执法人员，并随时更新系统里的相关通信信息。

① 参见环境执法能力建设走在大数据路上. 中国环境报. 2016-05-23。

3. 推进执法检查及评估，执法效果得以保障

2014 年，国务院印发了《关于加强环境监管执法的通知》，要求全面加强执法，严惩环境违法行为。2015 年以来，“大气十条”“水十条”及“土十条”接连发布，彰显了政府治理环境污染、推动绿色发展的决心。2016 年，国家有关机构和部门分别对《环境保护法》和《大气污染防治行动计划》开展了实施情况的检查和评估。各地也针对不同的绿色发展法律法规分别开展执法自查。执法检查和评估对制定机关进行反思，确保法律制度落实到位，保障执法效果有重要作用。

受环保部委托，由中国工程院进行的《大气污染防治行动计划》实施情况中期评估报告指出：《计划》实施以来，2013 ~ 2015 年全国城市空气质量总体改善，各污染要素浓度逐年下降，重度及严重污染天数降幅显著。根据全国人大常委会执法检查组对新《环境保护法》实施情况的报告：2015 年在全国范围内开展了环保大检查，检查企业 177 万家，查处各类违法企业 19.1 万家。从 2015 年到 2016 年 8 月份，全国实施按日连续处罚案件 1163 件，查封、扣押案件 8647 件，停产、限产案件 4990 件。2015 年，各级环保部门下达行政处罚决定 9.7 万余份，罚款超过 42.5 亿元，分别比 2014 年增长 17% 和 34%。2015 年“清水蓝天”专项行动共破获各类环境污染犯罪案件 6035 起，抓获犯罪嫌疑人 1.2 万余人，分别比 2014 年增长 16% 和 42%。

2015 年，湖南省及其各市相继出台了《湖南省重大环境问题（事件）责任追究办法（试行）》《岳阳市一般及较大环境问题（事件）责任追究办法（试行）》，对各级党政机关、国有企事业单位及其工作人员在环境保护中责任追究情形、调查和方式进行了具体规定，建立了较为完善的责任体系和问责制度。在监管执法中，对监管单位和执法人员实行“双随机”抽查制度，下大力气解决“人情执法”“选择性

执法”等问题，对污染环境和破坏生态现象坚决做到零容忍、出重拳、严处罚。新《环境保护法》实施一年来，岳阳市立案查处环境违法案件 334 起，行政拘留 28 人，刑事拘留 12 人，判刑 4 人，进一步树立了新《环境保护法》的社会权威，起到了有效地规范和震慑作用。

（三）司法实践有序开展，严格落实绿色发展法治

1. 司法理念的转变，使绿色发展得到了重点关注

2015 年 11 月，第一次全国法院环境资源审判工作会议要求树立保护优先、维护环境权益、坚守法律底线、预防和惩治并重、绿色惠民和保障公众参与的理念，以绿色发展的现代环境司法理念引领审判工作。2016 年 11 月发布的《关于充分发挥审判职能作用为推进生态文明建设与绿色发展提供司法服务和保障的意见》（以下简称《意见》），进一步完善和发展了以绿色发展为核心的环境资源审判理念。

首先，绿色发展的生命力在于确保绿色法治得到实施，树立严格司法的理念。要求各级人民法院遵循职权法定的原则，坚持正当程序，严格依据环境资源法律和现行诉讼法律制度，独立公正审理各类环境资源刑事、民事和行政案件，通过刑事、民事、行政三大审判机制的有效衔接，提升绿色发展司法的保护力度，严厉制裁环境违法侵权行为，增强司法机关的公信力，充分发挥环境资源审判的惩戒引导作用，传播绿色法治声音，培育绿色法治的精神和社会氛围。

其次，绿色发展以保护优先为第一要义，树立注重预防和修复为主的理念。要求各级人民法院在审判环境污染和生态破坏案件时，在生态环境得到严格保护、资源能源得到高效利用的基础上，促进经济社会发展，基于资源破坏和环境污染本身的隐蔽、滞后及治理艰巨的特性，加大预防原则的适用力度，依法及时采取诉前禁令、先予执行、

行为保全、证据保全等措施，将资源环境风险控制在合理范围之内；以将受到损害的生态环境尽可能修复到损害发生之前的状态和功能作为环境资源审判的最终目标，灵活运用各种生态环境修复责任承担方式，监督责任人切实履行生态环境修复义务。

最后，绿色发展的根本目的是实现人民群众的福祉，树立绿色惠民、公众参与的理念。要求各级人民法院将人民群众的环境权益作为审判工作的出发点和落脚点，保障公众在健康、舒适、优美的环境中生存和发展的权利；坚持专业审判与公众参与有机结合，建立环境资源审判专家库，全面推行人民陪审员参与案件审理的制度，探索完善公益诉讼制度，增强司法便民和司法救助措施，加大司法公开和宣传力度，扩大公众参与的广度和深度，引导公众有序参与环境治理。

2. 司法体制的改革，专门化多方位推进了绿色发展

绿色发展司法体制专门化改革主要涉及机构、机制、程序、理论和团队五个方面。

第一，审判机构专门化的作用主要在于理顺机构职能，合理分配审判资源及科学确定环境资源民商事案件的审理范围。2014 年 6 月，最高人民法院设立环境资源审判庭，集中推进专门审判机构的建设，系统的环境资源审判专门化改革由此开始。2016 年 7 月发布的《中国环境资源审判》（白皮书）（以下简称《白皮书》）显示，各级人民法院环境资源审判机构建设成效显著，截至 2016 年 6 月，各级人民法院设立环境资源审判庭或者合议庭、巡回法庭共计 558 个，其中审判庭 191 个。此外，《意见》明确指出人民法院在保护生态环境、保障自然资源合理开发利用中的职责范围和受理案件类型。专门审判机构的建立和案件类型的确立促进了环境资源审判职能作用的有效发挥。

第二，审判工作机制专门化的主要内容为探索相对集中案件管辖制度，逐步实现案件归口审理，构建多元共治机制。在案件管辖制度改革方面，跨区划集中管辖的地方实践较多，《白皮书》指出，贵州、江苏、湖北、广东、河北、青海等省分别进行了探索；重点区域环境资源案件管辖机制暂无实践，处于号召探索建立长江流域水资源环境公益诉讼集中管辖制度阶段。在案件归口审理模式探索方面，2016年4月，最高人民法院环境资源审判庭开始实施审理环境资源案件民事、行政“二合一”工作模式；地方实践也有序开展，根据《白皮书》的梳理，贵州等地全面实施民事、行政“二合一”归口审理模式，福建、江苏、河南、重庆等地全面实行环境资源民事、行政、刑事案件“三合一”归口审理模式，贵州清镇、重庆万州、山东兰陵等地法院实行包括执行职能在内的环境资源民事、行政、刑事案件加执行案件的“三加一”模式。在多元共治机制构建方面，审判机关与公安机关、检察机关、环保部门之间的协调联动机制，环境资源司法与行政执法的具体衔接以及多元化纠纷解决机制的地方实践蓬勃发展，辽宁、吉林、黑龙江、福建、湖南、四川、贵州、云南、甘肃、陕西、内蒙古、河北、江苏、江西、浙江、河南、广东、新疆等省纷纷探索环境行政执法与司法的有效互补模式。

第三，审判程序专门化主要是指基于环境保护自身的特点，健全环境资源审判特别程序和环境诉讼专门审判程序规则。最高人民法院在环境污染案件审判规则、自然资源开发利用案件审判规则、气候变化相关案件审判规则、环境公益诉讼审判规则以及专业性事实的查明规则等方面都进行了有益的探索和实践。以环境公益诉讼审判规则的探索为例，在《民事诉讼法》和《环境保护法》增加关于公益诉讼的条款之后，2015年两高发布了《关于审理环境民事公益诉讼案件适用法律若干问题的解释》，进一步细化了环境民事公益诉讼的相关规则，明确了社会组织主体资格要件，公益诉讼跨区划管辖、同一污染环境、破坏生态行为导致的私益诉讼可搭公益诉讼“便车”等内容，确立了审理因破坏生态造成损害的民事案件与环境污染案件适用同一规则，统一司法裁判尺度。

第四，审判理论专门化是指加强环境资源审判理论创新，加强实证研究和对外交流合作。自2015年以来，最高人民法院不仅通过成立环境资源司法研究中心、建立环境资源审判咨询专家库、设立环境资源司法理论研究基地等方式打造审判理论研究的坚实平台，加强调查研究与实证分析，重视研究成果的转化，出版系列环境资源审判实务丛书，有效指导着审判实践；而且积极参与各类中外环境司法论坛，对域外环境司法体系及案例进行研究，通过参与国家“一带一路”战略、自贸区建设以及气候变化应对等工作，探索绿色发展的司法措施和裁判规则，加强环境资源司法领域的国际交流与合作。

第五，审判团队专门化主要在于加强审判队伍思想政治建设、业务能力建设和纪律作风建设。各级人民法院深入学习绿色发展理念，力求建设团结和谐、风清气正、领导力强的团队班子，提高集体决策力和整体合力。2014年以来，最高人民法院先后举办了3期全国法院环境资源审判业务培训班，对全国600余名法官进行系统的专业培训，为提高绿色发展司法保障水平奠定了坚实的人才基础。认真落实最高人民法院《关于完善人民法院司法责任制的若干意见》，建立健全各项规章制度，督促环境资源审判人员持续改进司法作风。

3. 司法案件增多，环境公益诉讼案件逐步增加

根据《白皮书》显示，2014年1月至2016年6月，全国法院共受理各类环境资源一审刑事案件39594件，审结37216件，生效判决人数 47087 人；共受理各类环境资源一审民事案件 227690 件，审结 195141 件；共受理各类环境资源一审行政案件 68489 件，审结 57738 件，有力打击和震慑了环境违法犯罪行为。而环境公益诉讼案件由点及面，由浅入深，公众参与不断扩大。形式上，环境公益诉讼案件呈现出以下特点：

第一，受理数量以新《环境保护法》实施为节点开始逐步增加。从 2007 年至 2014 年年底，各级人民法院共受理环境公益诉讼案件 65 件。但自新《环境保护法》实施以来，至 2016 年 6 月，全国法院共受理社会组织提起的各类环境民事公益诉讼一审案件 123 件，是之前 8 年案件总数的近两倍。

第二，受理类型以环境民事公益诉讼为主。在 2007 年至 2014 年的 8 年间，受理行政公益诉讼 8 件，占该期间环境公益诉讼案件总数的 12.3%；2015 年 1 月至 2016 年 6 月受理的环境公益诉讼一审 116 件案件中，环境民事公益诉讼案件达 104 件，只有 12 件为环境行政公益诉讼案件，占同期环境公益诉讼案件总数的 10.3%。虽然在 2015 年最高人民检察院开展行政公益诉讼改革试点后，环境行政公益诉讼案件有所增加，但相较于环境民事公益诉讼而言，其数量仍旧极少。

第三，起诉主体开始多元化，但仍以特定社会组织为主。2015 年后，地方起诉主体更多地出现了检察院的身影，官方背景和民间发展的社会组织亦有参与。按照民政部统计，符合环境公益诉讼原告主体资格的社会组织有 700 多家，但不可否认的是，实际上提起诉讼的社会组织仍以中华环境保护基金会、自然之友、中国生物多样性保护与绿色发展基金会、贵阳公众环境教育中心等组织为主，主要原因在于这些组织在本身的规模机构、诉讼能力等方面具备更大优势。

第四，诉讼对象与类型多样化，但仍以污染案件为主。诉讼案件既有污染案件，也有生态破坏案件和文物保护案件，但总体上以污染案件居多，尤其是水污染案件。这主要与污染类案件审理经验丰富、审理规则较为完善、水污染因果关系认定相对容易等有关。

二、绿色发展法治进程中存在的问题

（一）立法领域存在的问题

1. 内容上，现有立法未能全面体现绿色发展理念

目前，绿色发展的表述和解读更多地体现在意识形态话语和官方政策文件之中，绿色发展理念的核心要求在现有立法中并未得到充分体现。这不仅表现在传统法律部门对绿色发展的关注不够上，更反映在作为绿色法治重要组成部分的生态环境保护、资源节约集约利用、清洁循环生产等领域的法律体系并未对绿色发展理念进行全面吸收和内化上。由于存在上述问题，容易使绿色发展只停留在宣传口号和红头文件上，而不能深入地影响生产生活、环境保护、资源利用等社会的各个层面。

民法和刑法这两大主要的传统法律部门对环境资源利用和保护方面的关切并不足够，经济法则缺少对环境税制税种、绿色金融制度的关注。尽管在民法典的编纂过程中提倡“绿色化”，但如何使注重私权保护的民法体现对公共利益色彩极为明显的绿色发展的重视，尚且存在诸多难以轻易克服的障碍，极大地考验编纂者的智慧。此外，最新修改的绿色发展法律法规对绿色发展理念也只是点到为止。以新《环境保护法》为例，其虽然对生态补偿、生态红线、环境公益诉讼等制度有新增规定，甚至增加了“保护优先”的基本原则。但总体而言，该法并未全面体现绿色发展理念，仍侧重于污染防治，关于自然资源

开发利用、农林业环境、水环境、水土保持等方面的规定修改得很少；以末端控制为主，并未全面纳入风险预防的内容；以行政机制解决环境纠纷为主，司法处理纠纷空间较小。

2. 形式上，现有绿色发展立法缺乏统一布局，部门利益化现象严重

绿色发展涉及环境、经济、社会、文化等多个层面理念和行动的转变，因此绿色法治也应当统一布局，通盘考虑。但实际上，我国目前的绿色立法不仅在内容上没有统筹考虑绿色发展理念，在形式上也未能平衡协调部门利益，实现综合决策。

我国的绿色发展法律体系以部门立法为主，大多仅考虑单一资源环境要素或部门责权，存在相互冲突和覆盖遗漏，忽视绿色发展的整体性要求。每个环境相关行政部门都有自己负责实施的基础性和专门性法律，各成体系，这些法律的草案大都是由这些部门自己负责起草，带有浓厚部门利益的色彩。这类以各部门为主要实施主体的法律，一般只对本部门职责规定得相对具体，往往倾向于扩大本部门的行政权力，涉及其他部门的职责时，多只做原则性规定，难以从全局考虑绿色发展问题。这就会造成，对好处大而责任小的权力，大家都争抢；对责任大而权力小的职责，各部都推卸。可以说是合意则取，不合意就舍，各自为政，不利于生态环境法治和绿色发展的整体推进①。

以治水为例，《水法》《水污染防治法》《渔业法》《防洪法》《水土保持法》等法律将统一的水生态系统的管理工作分割给水利、环保、渔业等不同部门，水资源管理与水环境管理割裂，水生态系统的整体

① 常纪文：《生态文明的前沿政策和法律问题》，中国政法大学出版社2016年版。

性未能在法律上予以保障，在水资源与水环境保护、水质监测和发布、近岸海域和地下水环境管理等方面，政出多门、数据不一的现象非常常见，直接影响到法律的权威和效能。

3. 结构上，现有政策法律体系缺乏协调和配合

绿色发展法律体系的全面构建，不仅有赖于内容的充实和形式的完善，更需要法律与政策之间、法律之间协同配合，才能形成最大合力，推进绿色发展。

一方面，绿色发展政策与法律缺乏充分衔接。绿色发展作为一种理念，不仅需要通过政策文件进行解读、引导及普及，随着社会发展丰富、增加内涵外延，更需要法律法规对核心内容予以确认和巩固，赋予其法律拘束力和强制力。但弹性、原则及灵活的绿色发展政策与较为稳定、具体及滞后的绿色发展法律之间仍存在鸿沟，政策法律化难逃转化障碍。例如，“十三五”规划强调以绿色发展理念实现社会治理创新，而《环境法》等绿色发展重要法律却无明确内容对其加以体现。再如，能源领域的普遍做法是将政策直接放置于法律之中，而并未予以具体化或增加可操作性规定，难以真正实现能源政策法律化，损害了法律的权威性和稳定性。

另一方面，绿色发展法律之间的衔接也不够到位。法律、法规与规章、单行法与实施细则、中央立法与地方立法等之间都或多或少存在着不协调的问题。就较为完善的环境保护法律为例，新《环境保护法》虽然被定位为“环境保护领域基础性、综合性的法律”，但立法体系中并没有这样一个法律层级，它的基本法地位也存在争议。《大气污染防治法》《水污染防治法》等都继承或细化了《环境保护法》的部分内容，但《环境保护法》与这些单行法都是由人大常委会制定通过，在法律效力层级上属于相同顺位，上下位关系难以理顺。退一步而言，即使明确了与前述单行法的法律效力高低问题，新《环境保护法》在《农业法》《林业法》《草原法》《水法》等专项法律面前也存在权威性不足的困境。在诸如划定生态红线、开展生态补偿、重视农业生态保护等方面，《环境保护法》只能起到补充作用，若不以上位法优先于下位法的适用规则来加以解决的话，新《环境保护法》的优先适用地位并不能得到保障。

4. 重点领域的法律亟待完善或存在空白

绿色发展法律体系除了存在内容、形式、结构上的问题，在污染防治、海洋、湿地、环境监测等领域，绿色发展法律仍旧存在不完备，甚至立法空白的问题。

一方面，部分已有法律的配套规定尚不健全，实施机制尚不完善。配套规定是确保法律得以有效实施的重要保障，即使相关领域已有立法，但若缺乏配套规定，关键制度仍难以真正得到落实，实施效果将会大打折扣。如《清洁生产促进法》绝大多数条文都是指导性的规定，缺乏实施细则，实施效果难以保证。再如虽然为保障新《环境保护法》的顺利实施，诸如《党政领导干部生态环境损害责任追究办法（试行）》《环境保护主管部门实施按日连续处罚办法》等一系列配套法规、规章、规范性文件和标准等得以制定颁布，但应该关注到的是，排污许可、环境监测、生态补偿、生态红线划定等方面配套规定仍未出台，这些对全面落实《环境保护法》存在消极影响。

另一方面，部分绿色发展领域尚无专门立法。针对能源、土壤保护、气候变化、环境税收、生态补偿等领域，相应的立法虽然已经列入规划，但是因为多方利益博弈，主要问题未形成共识，迟迟未能出台。以能源领域为例，我国现行有关的能源立法主要分为两类，一类以《电力法》《煤炭法》《可再生能源法》等为主的涉及某一领域或某一能源的单行法，另一类是散见于《环境保护法》《大气污染防治法》等其他法律中与能源利用有关的规定。但现行立法并不能覆盖能源开发、利用、监管的整个领域，不能为能源发展新形势提供有效、全面、具体的法律保障。而能源领域的基本法——《能源法》，虽然自 2005 年起就开始起草，酝酿、研究的时间极长，学界和实务界的呼声也很高，但是在十几年后的今天仍旧未能制定实施，可见利益协调的困境和阻碍相当之大。

（二）执法领域出现的问题

1. 绿色发展执法不力，政府责任虚化、行政处罚偏松

近年来，河南获嘉县化工厂污染事件、腾格里沙漠污染事件、河北沧县化工厂污染事件等频频发生的环境污染公共事件折射出，在落实国家环境保护部署和绿色发展法治过程中，地方政府对各自辖区内的环境污染破坏违法犯罪行为及与生态保护方面存在不作为、慢作为、不到位的问题。以今年 7 月第一批中央环境保护督察组向内蒙古、黑龙江、江苏、江西、河南、广西、云南、宁夏 8 个省反馈的督察情况为例，问题主要体现在以下几个方面：

第一，地方政府对推进绿色发展的紧迫性和艰巨性认识不够。一些地区基于地域面积广、环境容量大，并没有意识到生态保护的脆弱性和环境污染的严峻性，对环境保护问题的专题研究很少。还有一些地区则因为所处地理位置经济发展不足，便存在诸如短期内牺牲环境换取经济不可避免、大气污染严重主要受地形、降水、风力等外部条件影响等认识上的错误和偏差。此外，部分地区还存在决策部署不到位、考核偏软、标准降低等问题。

第二，地方政府对环境违法犯罪行为的惩处力度不够。在生态保

护方面，被督察地区的自然保护区内存在采矿采沙、耕地开垦和采集泥螺等大量违规开发利用活动，造成自然保护区严重的生态破坏和环境污染，地方政府不仅未对此进行严惩，还对采石、采矿、采沙等项目违规办理许可及审批。此外，部分地区的生态功能修复项目的规划迟迟未能出台、资金不能到位。在环境治理方面，政府的治理工作亦未能有力推进，环境风险未得到有效解决，违反环评要求的建设项目未被及时叫停，长期超标排污的燃煤电厂、塑料加工厂、水泥化工厂、制药厂等污染严重，生活垃圾无害化处理率低，畜禽养殖污染较为严重。

各地政府责任虚化，行政处罚力度不足的主要原因有两点：

第一，对地方政府的政绩考核虽然已经不再唯 GDP 论，但仍以 GDP 为主。虽然我国已经颁布《党政领导干部生态环境损害责任追究办法（试行）》，也在部分地区开展了自然资源资产离任审计的试点。但是长期以来形成的以经济增长为主的政绩观仍在影响着中国的政治社会。加上部分地区污染大户的“背景”深厚，及其为地方财政作出的突出贡献，地方政府往往对这些企业的环境污染和生态破坏行为视若无睹，甚至成为帮凶。

第二，地方环保部门接受双重领导，地方政府对环境保护工作的干预较多。依据现有体制，我国的地方环保部门一方面要接受上级环保部门的业务指导，另一方面也要受地方人民政府管理和领导，二者的管理职能并不能清晰地划分。后环保法时代，公众、中央对地方严格进行绿色发展执法的期待及要求越来越高，但地方环保部门的人事权和财政权等均隶属于地方政府，在执法过程中往往掣肘于地方政府，环保部门受“夹板气”，不敢严格执法的现象非常明显。越到基层，干预程度越严重，执法不严现象就越普遍。

2. 缺乏综合执法机制，执法部门职能交叉、协调困难

在绿色发展领域，我国实行的是统管与分管相结合的多部门、分层次的管理体制，容易引发以下问题：

第一，同一领域的部门之间存在职能重复和交叉。污染防治类的职能主要分布在环保、海洋、农业、公安、交通等部门，资源保护类的职责则由国土、林业、农业、水利等部门分而治之，综合协调类的职责分散在发改委、环保等部门之中。以水污染治理为例，现行《水污染防治法》第 8 条对水污染防治的监督管理体制进行了原则性的规定，查阅各部门门户网站，可以看到在水污染防治领域各部门的行政管理职能存在大面积的交叉（详见表 6–3），在具体执法活动中，这容易导致部门之间出现扯皮或揽权的情况。

第二，职能协调主体角色冲突、话语权弱，协调难以保证公正有效。发改委、环保部等协调主体在协调各部委执法职能的过程中存在难以全面兼顾、角色冲突、话语权弱的问题。在绿色发展产业领域，发改委担任着协调的角色，但其本职工作是对整个社会经济和发展进行综合协调，绿色发展产业只是其中一小部分。在协调各部委执法职能之时，发改委存在无暇全面兼顾绿色发展产业领域的执法协调的问题。而在环境保护领域，自 1998 年国务院机构改革，环境保护委员会被撤销以后，我国尚无专门的环境执法协调机构，综合协调的重任由环保部承担。环保部与其他部委一样，同时承担着环境污染防治的监督管理、落实国家减排目标等方面的执法职能。因此，在协调各部委执法职能过程中，环保部既是运动员也是裁判员，存在着角色冲突。况且环保部与农业、国土资源、水利、住建、林业、海洋等职能部门同为部级单位，环保部难以在协调各部委执法职能中充分掌握话语权。此外，我国的绿色发展执法协调机制并没有强制约束力和明确的内容，更多的是各部门基于执法便利而互相进行“通气”，以避免执法区域的重叠和执法力量的浪费。但这种执法协调机制并不都是有效的。在部门利益的影响下，各自为政、扯皮推诿、争功避责的现象时有发生。

3. 绿色执法机构的建设呈现倒金字塔结构，基层执法能力薄弱

我国绿色执法机构的设置呈现倒金字塔结构，中央和省级执法力量雄厚，而市、县、乡级的执法力量则较为薄弱。以环保执法机构为例，问题主要体现在以下三个方面：

第一，基层绿色机构经费投入不足，基础条件较差。首先，工作经费保障不到位。实践中，大部分基层环保执法部门普遍依靠排污收费来维持基本运行，随着环境治理力度的增大，排污费收取数量大幅度下降，转而依靠处罚收费。但经济形势下降与企业环保意识的增强使得处罚所得也逐渐减少，基础环保执法机构的经费开支存在困难。以河北省为例，2014 年年底近 2000 位环保执法人员未及时或全额拿到工资。其次，绿色执法基础条件差。囿于经费开支“囊中羞涩”，执法车辆、执法着装都未能得到保证。以延安市延川县为例，环境监察大队只有 1 辆车，遇到日常性监察任务繁重时，车辆完全不够用。而环保执法的服装也一直未统一，颜色、款式五花八门，难以体现执法的严肃性和权威性。

第二，基层绿色执法队伍架构不完善。一方面，基层绿色执法人员数量过少，与所承担的繁重执法任务不成正比。以陕西延安市为例，全市共有 600 多名环保执法人员，除去“老弱病残孕”，真正能够下基层执法的不足 200 人。单就采油监管为例，延安市内有近 4 万个采油场，近 10 万口油井，每个井场之间的距离至少在 5 公里以上，每位环保执法人员在规定的工作时间内最多一天前往 7~8 个井场，远远不能覆盖所有采油点，更不用说监管其他绿色发展领域了。河北省也存在类似问题，以承德市为例，能够进行县区一级环境监察的执法人员仅有134人，平均每人要负责的执法面积为295平方公里，监管对象80多人，明显超出合理执法范围，难以进行全面管理。另一方面，基层绿色执法人员不适格。县以下环保执法人员很少为公务员，大部分是事业编，而事业编人员前往一线执法的资格及可执法范围在法律上存在较大争议。

第三，基层绿色执法专业技术力量薄弱。一方面，基层绿色执法缺乏专业人才。绿色执法具有较强的专业性，既要求熟悉相关法律法规，又要求了解环境科学等专业知识。而我国许多基层执法人员专业素养不足，对法律措施理解不够透彻，不能适应日益复杂的绿色执法工作。以陕西省为例，全省2500多位环保执法人员中真正学习工科的不足100人，这样的人员结构在全国还可以排到前列，足见专业绿色执法人员的稀缺。专业化执法人才的缺乏使得地方环保部门在地方政府作出决策时难以争取到话语权，甚至会造成监管执法过程出现文书不规范、程序不到位等问题。另一方面，绿色执法技术条件较差。绿色执法能力的提升离不开技术手段的支持，比如高科技检测设备、移动执法系统、互联网数据库等。但是在基层执法过程中，某些技术保障严重缺乏，大部分基层环保执法机构只能用肉眼观察企业有无运行污染防治设施，但却无法确定防治设施是否被正确运行或能否有效除污、企业有无在仪器上动手脚等，使基层环保执法效果大打折扣。

（三）司法领域存在的问题

1. 刑事司法与行政执法的衔接面临法律困境

我国目前有法律、法规、司法解释等规范性文件对刑事司法与行政执法的衔接机制予以规范，但仍存在不少问题：

第一，就规范而言，有关文件不仅效力较低，缺乏强制约束力，而且规定不够明确，可操作性较差。《行政执法机关移送涉嫌犯罪案件的规定》《人民检察院办理行政执法机关移送涉嫌犯罪案件的规定》《关于加强行政执法机关与公安机关、人民检察院工作联系的意见》《人民检察院刑事诉讼规则（试行）》《公安机关办理刑事案件程序规定》虽然规定了行政机关移送涉嫌犯罪案件、行政证据进入刑事诉讼等内容，但颁布时间早，内容较为原则，难以真正有效指导"两法衔接"。而2013年出台的《关于办理环境污染刑事案件适用法律若干问题的解释》及《加强环境保护与公安部门执法衔接配合工作的意见》虽然细化了刑事司法与行政执法的衔接机制，但效力位阶较低，且内容不明确。例如，通过伪造、篡改监测数据偷排的行为尚未入刑，"重金属"的范围和"三吨"危险废物的认定不明确[①]，行政证据转换为刑事证据的标准模糊。

第二，就实践而言，地方对刑事司法与行政执法的衔接仍不够到位。在证据认定及转换方面，环境行政主管部门所收集及认定的证据，难以满足刑事司法的证据标准，致使部分公安机关对环境行政主管部门所移送的案件反复退卷，使环境行政主管部门移送案件的积极性受到打击；在案件管辖及移送程序方面，目前缺乏对跨流域、跨区域案件的规定；另外还存在降格处罚、执法力度不统一的情况；在环境损害鉴定方面，由于鉴定的费用高，基层的环保部门和公安机关对于由谁来启动鉴定程序存在互相推诿的现象，导致案件的进展缓慢；在信息共享平台及联席机制建设方面，存在信息录入不及时、不全面，联席会议沦为机关简要汇报会的情形，信息共享及联席机制难以发挥实效。

---

① 参见《2015年中国"污染环境罪"案件调查报告》。

2. 环境公益诉讼在司法实践中存在阻力

在《民事诉讼法》及《环境保护法》增加了公益诉讼条款并出台相关配套措施之后，环境公益诉讼案件并没有出现“井喷”现象，虽有增加但增速较缓，面临“叫好不叫座”的尴尬境遇。立法期望与司法实践存在差距的主要原因如下：

第一，大部分具有起诉资格的社会组织在财力支撑基础、环境及法律专业能力等方面存在欠缺。环境污染与生态破坏案件与一般案件不同，取证、举证的难度很大，损害鉴定、诉讼费用高，需要起诉主体有大量的时间、金钱和人力资本。现实情况却是，大部分社会组织自身的维系与运营都很艰难，更不用提要打一场环境公益诉讼的持久战了。目前提起环境公益诉讼主体以有官方背景的社会组织为主的现象，也折射出这一缺陷。

第二，来自地方政府的阻力较大。地方保护主义的长期潜伏并不是历时较短的环境公益诉讼制度能够打破的，新《环境保护法》固然赋予了环境保护主管部门更多职权去应对环境违法行为，但对地方党委、政府干预法院受理环境公益诉讼案件，社会组织和个人却没有救济途径。实践中，以不符立案条件、庭外调解等理由而拒绝受理环境污染案件的情况屡见不鲜，使许多环境公益诉讼案件求告无门，屡屡受挫。

第三，环境公益诉讼制度并不完善。一方面，行政公益诉讼并未全面纳入环境公益诉讼的范围。《民事诉讼法》、新《环境保护法》及《关于审理环境民事公益诉讼案件适用法律若干问题的解释》等规范性文件固然为环境民事公益诉讼提供了规范基础，但环境行政公益诉讼却始终未被确认，尤其是公民或社会组织等针对政府、行政部门等不作为、乱作为提起行政公益诉讼的制度缺失。事实上，相比检察机关存在以处理刑事案件为主要任务及受制于地方政府的缺陷，社会组织及个人在提起环境行政公益诉讼之中更能发挥真正的作用。另一方面，检察机关在环境公益诉讼中的角色有待明确，相关制度也有待完善。新《环境保护法》并未规定可提起环境公益诉讼的机关是否包括检察机关。2015 年 7 月由最高人民检察院出台的《检察机关提起公益诉讼改革试点方案》也只是对检察机关提起环境公益诉讼作出了较为笼统、模糊的规定，诸如“公益诉讼人”与诉讼法上的适格起诉主体的异同、检察机关与其他适格主体之间的配合协调等内容并未予以明确。

3. 环境资源审判模式处于起步阶段，亟待发展与完善

像我国这样在全国范围内存在大量资源环境审判庭的情况在其他国家是鲜有的。不能否认环境司法专门化过程中所取得的环保案件集中管辖、诉前禁令的运用、案件执行方式创新、与行政部门司法联动等方面的成就，但是也需要承认实践所取得的成效与理想目标仍有较大差距。主要体现在以下方面：

第一，环境案件数量少，结构不均衡。各地纷纷设立的专门的环保审判机构并未使案源增加。不仅在案件数量上没有明显增加，在结构上也多集中于传统的环境污染侵害案件，鲜有生态破坏、生物多样保护、气候变化、能源诉讼等方面的案件。

第二，环境案件审判机制未能实现有效创新。各地的环保法庭不管是“三审合一”还是“四审合一”，都只是将原本分属于其他审判庭的环境民事、行政、刑事案件纳入审理范围，案件的审理程序、实体规则与原有的审判机制并无实质区别，只是机械地复制，对环境案件的特殊性把握不足。

第三，环境司法专门机构的审判人员专业性欠缺。专门化机构可以较快建立，但专业化人员的配置却很难一步到位。当前，各地环保法庭的审判人员大多是从民事等其他审判庭转岗调配过来的，虽然具备法律案件审判的功底，但对环境案件的专业性和技术性掌握不足，诸如对审判过程中环境损害赔偿的确定和归属等问题无法实现周全、专业的考虑，若要长期稳定、深入地推进环境司法转变，环保法庭人员的专业性必须加以保障。

第四，环境审判程序及理论的确立和落实存在难度。举证和审理方面，我国目前缺少《环境损害赔偿法》，对于如鉴定、评估、判决环境损害案件的配套制度尚无规可循，审理的专业难度大。裁判方面，部分地方政府对法院的干预仍旧较大，如何平衡经济发展和环境保护之间的多元利益将极大考验法院的能力。执行方面，确保判决的落实存在困难，一些企业用拖字诀的战术，以亏损为由拒绝履行环保赔偿义务，大量违法行为得不到及时、有力的处罚。

三、强化绿色发展法治保障的对策

（一）立法方面的建议

1. 修改法律要全面体现绿色发展理念

在立法中全面落实绿色发展理念，不仅要统一不同法律对“绿色发展”的认知，而且需要根据绿色发展的要求对法律内容及体系进行相应的调整。

第一，明确绿色发展理念的核心内容。绿色发展既涉及经济社会发展的考核评价制度，也涵盖全面的资源生态环境管理制度。通过主体功能区制度实现国土空间开发保护的目的，通过建立流域生态补偿机制确保生态成本的同担和生态利益的共享，通过健全用能权、用水权、排污权、碳排放权初始分配制度实现环境污染治理等一系列的环境治理长效机制和绿色发展制度体系，这些都属于绿色发展理念的重要内容。综上，需要在现行法律中增加国土开发，排污许可、交易与管理，生态补偿，流域治理等内容，保障绿色发展理念的全面落实。

第二，修正现行法律，协调法律体系。过于笼统及不够系统是现行涉及绿色发展法律的通病。对现行法律内容及体系进行梳理，不仅能使传统法律部门有绿色发展的表达，更能使环境保护等与绿色发展密切相关的法律领域充分贯彻绿色发展的核心内容，使不同法律的目的、原则、制度、责任、标准等紧密配合；清理现行法律与绿色发展不相适应的内容，修正过于笼统的法规条文，最大可能地使其具体化，从而增强法律权威性与实际执行性，能够有效推进绿色发展理念的落实。

2. 改变部门立法体制，推动立法机关主导立法

健全由全国人大或其常委会和国务院法制办草拟条文的机制，各部委局不得主导草案起草。同时，深入推进科学立法、民主立法、开门立法，拓展社会各界有序参与立法的途径和方式，采取“广纳谏言”式的立法模式。

具言之：其一，对于绿色发展领域法律的制定或者修改，可以由全国人大根据执法检查或者调研结果决定启动，也可以由国务院提请全国人大或其常委会审议来启动。国务院在作出提请的决定前，可以由各部委局提出意见。其二，全国人大或其常委会决定启动绿色发展领域法律的制定或者修改的，只能由全国人大常委会有关专委会或者工作委员会负责草拟条文，不得委托国务院法制办甚至各部委局起草草案。这样可以保证法律草案的公正性和超越性。其三，全国人大常委会有关专委会或者工作委员会进行调研拿出绿色发展领域法律草案后，可以召集国务院法制办和各部委局听取意见，但这些意见只能供全国人大参考。超越的立法体制有助于解决部门立法、监管盲点和相互推责等问题。同样地，国务院法制办决定制定或者修改绿色发展领域的行政法规时，也应亲自调研，充分听取有关各界意见，起草条文，并再次广泛征求社会的意见，之后进行提交人大或其常委会审议。部门意见只能作为参考，立法不能被部门牵着鼻子走[①]。

3. 科学进行政策的法律化，加强法律之间的配套和衔接

绿色发展理念要落地生根，需要实现从政策为主向法律为主的表现形式的转变。由于政策与法律本质上并不相同，因此在绿色发展政策法律化的过程中，需要设置限定条件，把握好两者之间的合理限度。绿色发展政策内容的法律化主要包括：第一，绿色发展政策目的的法律化，即在立法宗旨中体现出政策的基本目标，并通过具体条文予以落实；第二，绿色发展政策工具（诸如绿色预算、税收等）的法律化，即将绿色发展的经济、技术等手段变成法律化的调控手段，并对各类政策工具予以协调。

此外，针对绿色发展法律之间的衔接不顺畅问题，建议理顺各个领域的法律层次，确定基本法、单行法、专门法之间的法律位阶关系，以防在实践中出现法律之间相互矛盾的情况。以《环境保护法》为例，由于该法刚刚颁布实施，建议在《大气污染防治法》《水污染防治法》中明确规定“依据《环境保护法》来制定本法”，其原则、制度也应体现《环境保护法》的基本理念。当修订条件成熟时，由全国人大修订通过《环境保护法》，使得其真正成为环境领域的基本法，从而明确与其他单行和专门环境法律之间的上下位关系。

① 常纪文：《生态文明的前沿政策与法律》，中国政法大学出版社2016年版。

4. 加快健全绿色发展法律体系的进程，尽快填补立法空白

自古以来，立法及修法就是各方利益平衡的结果，要在充分考虑各方利益诉求的基础上，稳序推进绿色发展立法进程。以《野生动物保护法》为例，在此次修订过程中，产业界、动物保护界、科学界等之间及其各自内部都充斥着不同的诉求，在经过几轮博弈、研讨和争辩之后，对于野生动物利用部分的内容，不是完全删去不提，而是进行更详细、全面的规制，让利用在合理、合法的程度内进行，总体来说较旧法而言有相当大的提升。如果因为存在争议而一直搁置不修改法律，那么相应的绿色发展领域难以实现有法可依，这比修法力度不够要糟糕和严重得多。

第一，已有立法领域应尽快完善配套规定或实施细则。不仅要在法律中对绿色发展作出原则性的宣示，更要形成细则，落实若干重要制度，建构一个根基于绿色发展理念的绿色法治体系。建议明确规定配套规范的制定期限。如针对法律明确要求制定配套规章的，要在法律施行之日起一年内作出；针对法律中未作明确要求的，要在法律施行之日起两年内作出。对于《清洁生产促进法》这类以理念与原则为主的框架性法律，其具体运作与实施仍需要实施细则、配套规则、技术标准等一系列规范性文件予以落实。对于《环境保护法》这类已有部分配套文件的法律，则需要尽快出台涵盖所有重要制度的配套办法，形成一套完整的以《环境保护法》为基础的环境保护领域绿色法律体系。

第二，针对绿色发展立法空白的领域应尽快颁布专门法。尽快制定《土壤污染防治法》《海洋基本法》《能源法》《国家公园法》《应对气候变化法》，出台《排污许可证条例》《环境监测条例》《生态补偿条例》《湿地保护条例》，为绿色发展提供有力且全面的法治保障。

在完善中央绿色发展立法的同时，要加强对地方立法的指导和监督。按照地方实际，加快制定环境保护、资源利用、循环清洁生产等各个领域的地方性法规和地方政府规章，确保环境保护法的各项制度规定能够有效落实。法治深化的活力源于地方立法的活跃，因地制宜的地方立法不仅能让国家层面的法律法规更好地落地实施，也为强化执法保障提供了鲜活的样本。

（二）执法方面的建议

1. 促使地方树立绿色发展理念，扭转以经济发展为重的政绩观

首先，在制度上，要求地方政府必须重视生态保护和绿色发展。加快推进自然资源资产负债表制度实施，全面落实《党政领导干部生态环境损害责任追究办法（试行）》，积极推进自然资源资产离任审计试点实践，让绿色发展成为地方政府政绩考核中必不可少的重要指标，以绿色发展指引地方实践，迫使地方政府认真审视自身不足，督促领导干部切实履行环境保护职责。

其次，在督察中，倒逼地方政府重新审视绿色执法的力度。中央环保督察组掀起的治污问责风暴，既是一种治理的示范，也是为“最严环保法”的落地除障清路，不仅有利于地方政府全面落实绿色发展观念，强化环保目标责任制，发挥环保考核对政府的引导功能，更有利于地方政府扭转以经济发展为重的政绩观，削弱地方经济增长压力对实现环保目标的干扰。为了促进生态友好与绿色发展，应当将中央环保督察机制长效化、常态化。

2. 全面落实省以下环保机构监测监察执法垂直管理制度

2016 年 7 月中央全面深化改革领导小组审议通过的《关于省以下环保机构监测监察执法垂直管理制度改革试点工作的指导意见》指出，

要开展省以下环保机构监测监察执法垂直管理制度改革试点，确保环境监测监察执法的独立性、权威性、有效性。在垂直管理体制下，地方环保部门的人员编制、财务经费及干部管理均由上级环保部门直接负责，不受地方政府的干预。将环境监察执法职能从地方政府事务中独立出来，有利于建立严格独立的监管体系和公正严明的执法体系，改变绿色执法“失之于松、失之于软”的现状。落实该项制度过程中，需要关注几下几点：

首先，健全绿色发展综合执法体制，理顺各部门职责，加强部际联动。建立绿色发展综合执法体制要求：第一，理顺部门职责，明晰各部门的职责和权限，避免出现职能冲突或管理空白；第二，建立部门间的长效联动机制，推进跨部门联合执法、交叉执法，加强部门间的信息交流，探索开展按流域设置环境监管和行政执法机构的试点。第三，加强执法刚性，联合打击违法行为，做到违法必究，有案必查，形成高效的执法合力。

其次，不仅要加强体制内的监督形式，也要着力解决社会参与度不高、社会参与渠道不畅通等问题，推进多元化监督方式。尤其需要解决的是社会监督的前提条件——信息公开。要确保政府及企业环境信息公开定期化、常态化、易获取、够全面。在此基础上，推进公众参与纵深发展，确保公众的建议通过法律程序得到政府的回应和采纳。

最后，处理好环境保护和自然资源大部制改革与此次环保机构监测执法垂直管理改革试点间的关系。加强环境保护部门对于其他部门在履行环境保护职能时的监督协调权，让今后的横向改革体制与此次的纵向改革体制有机结合[①]。

---

① 常纪文：“省以下环保监测监察执法垂直管理改革试点要义评析”，《环境保护》2016年第19期。

3. 落实经费保障，加强队伍建设，提升专业技术

第一，将基层绿色执法机构的运行经费纳入到同级财政保障范围，确保基层执法的基础物资及设备。2014 年发布的《关于加强环境监管执法的通知》已经要求健全执法经费保障机制，统一执法着装。但迄今为止，诸多地方部门仍旧未予以落实。因此一方面中央有必要通过法规或部门规章的形式赋予这些制度以强制效力，促使地方予以落实；另一方面，中央财政要适当加强对贫困地区、生态脆弱地区基层环保执法机构经费、基础设备的支持。

第二，根据地方环保执法任务的繁重程度决定是否设立乡镇环保机构。乡镇环保机构是环境管理体系向基层的有益延伸，设置规模应与所在乡镇面临的环保压力相适应。不同地区的环保任务并不相同，相比于中西部，沿海地区部分乡镇拥有大量工业企业，应当在其乡镇一级配置相应的机构、人员及设备，注重解决工业生产和农民生活可能带来的环境污染与破坏问题。

第三，加强执法队伍建设，提高执法人员素质。“法之善者仍在有用法之人，苟非其人，徒法而已”，执法者的素质直接决定执法水平的高低。各级行政机关应当注重培养执法人员的工作能力，积极开展有关生态学、自然科学、环境保护等方面的业务知识培训，学习先进的证据采集与科技监管技术，重点培养执法人员的辩证思考、调查取证和分析研究能力，全方位、多层次地规范各级环保执法工作，提高基层执法人员素质，引进高素质的专业人才。通过组建环境监测、应急、评价等各类专家队伍，设立环保警察专职化等制度，提高执法团队的专业化水平，优化现有的执法人员结构，增强环保执法的综合能力，建设一支真正懂法律、素质高、业务强、管理精的强大执法队伍。

第四，推进执法信息化建设，强化技术支持。在科技发展的新形势下，应当充分利用“互联网＋移动执法”手段，建设互通共享的移动执法数据库。借助移动执法系统，执法人员可以在现场查明企业历史资料、确认污染源地理位置、锁定违法信息和证据，执法效能将大大提高。移动执法与大数据、互联网的高度融合，将实现全天候、不间断、多时段的执法模式创新，给执法方式带来颠覆性的改变。在多地试点的基础上，全国各省市应普遍推进执法信息化建设，依托先进的无线网络，加快环境监测全面设点和全国联网，建立环境执法大数据中心，开发移动执法数据应用，努力实现“2017年年底，80%以上的环境监察机构要配备使用便携式手持移动执法系统”的目标。通过合理设计系统流程，进一步规范执法人员的执法行为，压缩现场执法的自由裁量权，减少人情执法和选择性执法的现象，克服实践中普遍存在的执法不严问题，最终实现公正执法、公平执法。

（三）司法方面的建议

1. 加强刑事司法与行政执法联动，有力惩戒环境违法犯罪

进一步强化刑事司法与行政执法的联动，打出生态保护齐抓共管的“组合拳”，有利于环保部门与法院、检察院和公安机关等司法部门形成合力，彻底解决有案不移、有案难移、无案可审和无案可查的局面，有效遏制、打击环境污染违法犯罪行为，从而实现“最严执法”，保障绿色发展。

第一，明确“两法衔接”规范文件的内容，完善相关制度。一方面，需要对目前的刑事司法与行政执法衔接机制的规范内容予以明确。尤其应当将篡改、伪造监测数据偷排的行为纳入刑事违法范畴，明确“重

金属”的范围、“三吨”危险废物的认定，明晰行政证据移送运用于刑事领域的标准。另一方面，在条件成熟之时，赋予目前规范体系更高的法律位阶效力，确保各地能够有力落实。

第二，加大执法、司法力度，确保地方实践到位。明确取证责任和移送证据标准，提升环保部门的执法取证能力，环境案件的取证、鉴定责任原则上应当由环境保护主管部门承担，但在需要公安部门介入的重大案件中，也可存在例外，规定由公安部门主导、环保部门予以专业配合的责任分配机制。在案件移送方面，严格落实违法犯罪线索移送制度，杜绝“以罚代刑”，统一各地执法尺度，各级法院要严格执行宽严相济的刑事政策。在信息共享平台建设方面，需要将“两法衔接”的所有参与部门纳入其中，明确信息录入的定期、保质要求，并将信息共享平台与执法系统、司法系统互联。在联席会议机制层面，应当明确联席会议的时间、人员及议题，加强部门之间的协调配合。此外，要加大检察机关对衔接过程的监督，对联动过程中可能出现的腐败问题进行严厉打击。

2. 扩大起诉主体范围，增强诉讼主体能力，推进环境公益诉讼实践

第一，扩大环境公益诉讼起诉主体范围。从理论上来说，社会公共利益的保护属于公权力机关的事情。但正是由于公权力机关维护社会公共利益能力的不足，才出现了公益诉讼的问题。公益诉讼是基于社会公共利益受到损害，针对侵害社会公共利益的行为向法院提起的诉讼。公益诉讼与私益诉讼最大的不同之处在于，除法律有特别规定的情形之外，任何人均可提起。根据公益诉讼的特点和现阶段我国环境公益诉讼的实际推行情况，应当进一步放宽环境公益诉讼主体资格的限制，扩大环境公益诉讼主体的范围。换言之，通过修法赋予个人提起环境民事公益诉讼、社会组织及个人提起环境行政公益诉讼的主体资格，充分发挥社会组织及个人在环境公益诉讼中的主力作用。

第二，加强社会组织提起环境公益诉讼的能力建设。为解决我国环保组织提起公益诉讼能力不足的问题，政府应当对环保组织提供支持，增强其提起环境公益诉讼的能力。首先，应当正确树立公益诉讼的舆论导向，引导政府、企业、社会组织与公众之间形成良性互动关系；其次，加强环境法律专业知识和技能培训，鼓励法律机构对环保组织进行环境法律实务诉讼技能的培训；最后，设立环境公益诉讼专项资金，尽可能缓解环保组织的后顾之忧。

第三，明确检察机关在环境公益诉讼中不同的角色定位。区分检察机关在环境民事公益诉讼及环境行政公益诉讼中的不同定位。在前者中，检察机关应当作为“行政执法活动的辅助者”，让环保部门在已形成的执法效果和专业判断的基础上，向法院申请提起民事公益诉讼。在环境民事公益诉讼的发展过程中，检察机关逐步从引导者转变为社会组织及个人的支持和补充者。在后者中，检察机关应当在前置通知程序的基础上，加强对环境行政立法及执法不作为的监督。

3. 深化环境司法体制改革，推进环境司法专门化向制度化、规范化和有序化发展

推进环境司法专门化纵深发展，必须破解现有司法体制对环境审判的制约，具体而言，应做到以下几个方面：

第一，建立符合环境司法需求的审判体制。一方面，“三审合一”体制并非只是简单、机械地将行政、民事、刑事诉讼纳入环保法庭的审理工作中，而是需要建立专门化的诉讼机制、程序，按照环境纠纷的特性进行统一管辖和审判。另一方面，出于规范各地环保法庭审判的需要，最高人民法院应定期发布环境指导性案例，为各地提供审判参考及指导。同时，加快推进跨流域、跨区域的环境审判体制的建立，排除地方利益、地方保护对环境司法的干扰。

第二，完善环境案件审理规则。一方面，有必要明确环境案件的特殊性所指代的内容，为环境司法统一制定相应的规范性文件，对管辖、立案、诉前临时保全措施、调查与取证、庭审程序、裁判规则等一系列环境案件审理规则进行统一规范。另一方面，针对案源结构不均衡的问题，要加快制定适用矿产资源利用、生态破坏等案件的司法规则。

第三，增强环境审判的专业力量。一方面，有必要加大环保法庭的法官培训力度，增强其在环境科学、环境法律等方面的专业知识素养，建立一支能够充分应对环境审判专门化的法官队伍。另一方面，环境纠纷的专业性和技术性也决定着有必要建立环境专家人民陪审团队伍，为环境纠纷案件中专业性问题提供建议。

第四，增强公众通过环境诉讼维权的意识。据《全国环境统计公报》显示，2012 ~ 2014 年，环境信访办结案件年均量为 15 万件，与之相比，环境司法案件明显偏少。这其中非常重要的原因是公众仍“信访不信诉”，不愿意通过诉讼解决环境侵害问题。因此，在改革审判机制、完善审判规则及增强审判力量的基础上，要不断提高环境法治水平，鼓励公众扭转惯性观念，运用法律、通过诉讼维护自身合法的环境权益。

执笔人：吴平、常纪文

表6-1　十八大以来中央有关绿色发展的主要政策文件

颁布时间	文件名称	颁布机关	内容概要
2013年6月	《关于促进海洋渔业持续健康发展的若干意见》	国务院	坚定不移地建设海洋强国，以加快转变海洋渔业发展方式为主线，坚持生态优先、养捕结合和控制近海、拓展外海、发展远洋的生产方针，着力加强海洋渔业资源和生态环境保护，不断提升海洋渔业可持续发展能力；着力调整海洋渔业生产结构和布局，加快建设现代渔业产业体系；着力提高海洋渔业设施装备水平、组织化程度和管理水平，不断提高海洋渔业综合生产能力、抗风险能力和国际竞争力；着力加强渔村建设和优化渔民就业结构，切实保障和改善民生。
2013年7月	《关于促进光伏产业健康发展的若干意见》	国务院	创新体制机制，完善支持政策，通过市场机制激发国内市场有效需求，努力巩固国际市场；健全标准体系，规范产业发展秩序，着力推进产业重组和转型升级；完善市场机制，加快技术进步，着力提高光伏产业发展质量和效益，为提升经济发展活力和竞争力作出贡献。
2013年8月	《关于加快发展节能环保产业的意见》	国务院	牢固树立生态文明理念，立足当前、着眼长远，围绕提高产业技术水平和竞争力，以企业为主体、以市场为导向、以工程为依托，强化政府引导，完善政策机制，培育规范市场，着力加强技术创新，大力提高技术装备、产品、服务水平，促进节能环保产业快速发展，释放市场潜在需求，形成新的增长点，为扩内需、稳增长、调结构，增强创新能力，改善环境质量，保障改善民生和加快生态文明建设作出贡献。
2014年10月	《关于全面推进依法治国若干重大问题的决定》	中共中央	用严格的法律制度保护生态环境，加快建立有效约束开发行为和促进绿色发展、循环发展、低碳发展的生态文明法律制度，强化生产者环境保护的法律责任，大幅度提高违法成本，建立健全自然资源产权法律制度，完善国土空间开发保护方面的法律制度，制定完善生态补偿和土壤、水、大气污染防治及海洋生态环境保护等法律法规，促进生态文明建设。
2014年11月	《关于印发能源发展战略行动计划（2014～2020年）的通知》	国务院办公厅	以开源、节流、减排为重点，确保能源安全供应，转变能源发展方式，调整优化能源结构，创新能源体制机制，着力提高能源效率，严格控制能源消费过快增长，着力发展清洁能源，推进能源绿色发展，着力推动科技进步，切实提高能源产业核心竞争力，打造中国能源升级版，为实现中华民族伟大复兴的中国梦提供安全可靠的能源保障。

续表

颁布时间	文件名称	颁布机关	内容概要
2015年7月	《环境保护督察方案（试行）》	中共中央办公厅 国务院办公厅	明确环境督察制度。
2015年7月	《生态环境监测网络建设方案》	国务院办公厅	坚持全面设点、全国联网、自动预警、依法追责，形成政府主导、部门协同、社会参与、公众监督的生态环境监测新格局，为加快推进生态文明建设提供有力保障。
2015年7月	《关于开展领导干部自然资源资产离任审计的试点方案》	中共中央办公厅 国务院办公厅	探索并逐步完善领导干部自然资源资产离任审计制度，形成一套比较成熟、符合实际的审计规范，保障领导干部自然资源资产离任审计工作深入开展，推动领导干部守法、守纪、守规、尽责，切实履行自然资源资产管理和生态环境保护责任，促进自然资源资产节约集约利用和生态环境安全。
2015年7月	《党政领导干部生态环境损害责任追究办法（试行）》	中共中央办公厅 国务院办公厅	健全生态文明制度体系，强化党政领导干部生态环境和资源保护职责。
2015年9月	《关于加快推进生态文明建设的意见》	中共中央 国务院	坚持以人为本、依法推进，坚持节约资源和保护环境的基本国策，把生态文明建设放在突出的战略位置，融入经济建设、政治建设、文化建设、社会建设各方面和全过程，协同推进新型工业化、信息化、城镇化、农业现代化和绿色化，以健全生态文明制度体系为重点，优化国土空间开发格局，全面促进资源节约利用，加大自然生态系统和环境保护力度，大力推进绿色发展、循环发展、低碳发展，弘扬生态文化，倡导绿色生活，加快建设美丽中国，使蓝天常在、青山常在、绿水常在，实现中华民族永续发展。

续表

颁布时间	文件名称	颁布机关	内容概要
2015年9月	《生态文明体制改革总体方案》	中共中央 国务院	明确提出要在2020年之前，构建起由自然资源资产产权制度等八项制度构成的生态文明制度体系，推进生态文明领域国家治理体系和治理能力现代化。
2015年10月	《关于制定国民经济和社会发展第十三个五年规划的建议》	中共中央	提出坚持绿色发展，着力改善生态环境，并提出强化约束性指标管理、实行省以下环保机构监测监察执法垂直管理、建立领导干部自然资源资产离任审计等“硬约束”。
2015年8月	《关于印发生态环境监测网络建设方案的通知》	国务院	坚持全面设点、全国联网、自动预警、依法追责，形成政府主导、部门协同、社会参与、公众监督的生态环境监测新格局，为加快推进生态文明建设提供有力保障。
2015年8月	《关于印发全国海洋主体功能区规划的通知》	国务院	全国海洋主体功能区规划规划是《全国主体功能区规划》的重要组成部分，是推进形成海洋主体功能区布局的基本依据，是海洋空间开发的基础性和约束性规划。
2015年11月	《编制自然资源资产负债表试点方案》	国务院办公厅	通过探索编制自然资源资产负债表，推动建立健全科学规范的自然资源统计调查制度，努力摸清自然资源资产的家底及其变动情况，为推进生态文明建设、有效保护和永续利用自然资源提供信息基础、监测预警和决策支持。
2016年5月	《关于健全生态保护补偿机制的意见》	国务院办公厅	不断完善转移支付制度，探索建立多元化生态保护补偿机制，逐步扩大补偿范围，合理提高补偿标准，有效调动全社会参与生态环境保护的积极性，促进生态文明建设迈上新台阶。
2016年8月	《关于设立统一规范的国家生态文明试验区的意见》	中共中央办公厅 国务院办公厅	坚持尊重自然顺应自然保护自然、发展和保护相统一、绿水青山就是金山银山、自然价值和自然资本、空间均衡、山水林田湖是一个生命共同体等理念，遵循生态文明的系统性、完整性及其内在规律，以改善生态环境质量、推动绿色发展为目标，以体制创新、制度供给、模式探索为重点，设立统一规范的国家生态文明试验区（以下简称试验区），将中央顶层设计与地方具体实践相结合，集中开展生态文明体制改革综合试验，规范各类试点示范，完善生态文明制度体系，推进生态文明领域国家治理体系和治理能力现代化。

续表

颁布时间	文件名称	颁布机关	内容概要
2016年8月	《国家生态文明试验区（福建）实施方案》	中共中央办公厅 国务院办公厅	充分发挥福建省生态优势，突出改革创新，坚持解放思想、先行先试，以率先推进生态文明领域治理体系和治理能力现代化为目标，以进一步改善生态环境质量、增强人民群众获得感为导向，集中开展生态文明体制改革综合试验，着力构建产权清晰、多元参与、激励约束并重、系统完整的生态文明制度体系，努力建设机制活、产业优、百姓富、生态美的新福建。
2016年9月	《关于同意新增部分县（市、区、旗）纳入国家重点生态功能区的批复》	国务院	同意新增部分县（市、区、旗）纳入国家重点生态功能区。

表6-2　绿色发展领域主要法律一览

环境保护类法律	《大气污染防治法》《水污染防治法》《环境噪声污染防治法》《固体废物污染环境防治法》《放射性污染防治法》《海洋环境保护法》《野生动物保护法》《海岛保护法》《水土保持法》《防沙治沙法》《防洪法》《环境影响评价法》
资源管理类法律	《水法》《森林法》《土地管理法》《草原法》《矿产资源法》《煤炭法》《渔业法》《畜牧法》《海域使用管理法》《可再生能源法》《节约能源法》《循环经济促进法》《清洁生产促进法》《电力法》

表6-3 中央相关部委水污染防治管理职能

部门名称	行政职能	可能交叉的内容
环境保护部	1.负责全国水环境保护的监督管理。 2.拟订和组织实施水体污染防治政策、规划、法律、行政法规、部门规章、标准及规范。 3.拟订水环境功能区划。组织测算并确定水环境容量，开展水环境承载力评估。 4.拟订和监督实施国家重点流域、地下水污染防治规划计划。 5.建立和组织实施跨省（国）界水体断面水质考核制度。组织拟订并监督实施饮用水水源地环境保护规划，监督管理饮用水源地环境保护工作和拆船等污染防治工作。 6.承担水污染物排污许可、总量控制、排污权交易具体工作。 7.组织协调农村环境保护工作，组织指导农村环境综合整治工作，指导生态农业建设，参与有关部门农业面源污染防治工作。	1.在第1、2、3、4、5项职能上与水利部存在交叉。 2.在第4项职能上与国土资源部存在交叉。 3.在第5项职能上与卫生部与交通运输部存在交叉。 4.在第2项职能上与住房和城乡建设部存在交叉。 5.在第7项职能上与农业部存在交叉
水利部	1.组织编制国家确定的重要江河湖泊的流域综合规划 2.实施水资源的统一监督管理 3.负责水资源保护工作。组织编制水资源保护规划，组织拟订重要江河湖泊的水功能区划并监督实施，核定水域纳污能力，提出限制排污总量建议，指导饮用水水源保护工作，指导农村饮水安全，指导地下水开发利用和城市规划区地下水资源管理保护工作。 4.负责水文水资源监测，对江河湖库和地下水的水量、水质实施监测，发布水文水资源信息、情报预报和国家水资源公报。 5.指导水利设施、水域及其岸线的管理与保护，指导大江、大河、大湖及河口、海岸滩涂的治理和开发。 6.负责重大涉水违法事件的查处，协调、仲裁跨省、自治区、直辖市水事纠纷，指导水政监察和水行政执法。	1.在第1、2、3、4、6项职能上与环境保护部存在交叉。 2.在第3、4项职能上与国土资源部存在交叉。 3.在第3项职能上与卫生部存在交叉。

续表

部门名称	行政职能	可能交叉的内容
国土资源部	依法管理水文地质勘查和评价工作，监测、监督防止地下水过量开采和污染	与环境保护部、水利部、卫生部、住房和城乡建设部存在职能交叉。
卫生部	饮用水卫生安全监督管理	与环境保护部、水利部、国土资源部、住房和城乡建设部存在职能交叉。
交通运输部海事局	1.拟定防治船舶污染的方针、政策、法规和技术规范、标准。 2.统一管理防治船舶污染，调查处理船舶污染事故，指导船舶污染损害赔偿工作。	与环境保护部、农业部存在职能交叉。
农业部渔业局	负责职责范围内的渔业水域生态环境保护工作，组织和监督重大渔业污染事故调查处理，组织重要涉渔工程环境影响评价和生态补偿。	与环境保护部、交通运输部存在职能交叉
住房和城乡建设部城市建设司	指导城镇污水处理设施和管网配套建设	与环境保护部、国土资源部、卫生部存在职能交叉

专题报告七

促进绿色发展的绿色产业政策研究

2015 年 4 月 25 日，中共中央、国务院《关于加快推进生态文明建设的意见》提出“必须构建科技含量高、资源消耗低、环境污染少的产业结构，加快推动生产方式绿色化，大幅提高经济绿色化程度，有效降低发展的资源环境代价”。《中共中央关于制定国民经济和社会发展第十三个五年规划的建议》中将绿色发展作为“五大发展理念”之一提出，要“支持绿色清洁生产，推进传统制造业绿色改造，推动建立绿色低碳循环发展产业体系，鼓励企业工艺技术装备更新改造”。在此背景下，促进产业的绿色化水平和发展绿色产业，成为实现绿色增长的重要途径，也成为我国产业政策的一个重要方向。

一、经济发展与产业政策

对产业政策的系统讨论，起源于 20 世纪末对日本 20 世纪经济发展经验的总结。当时，美国学者查默斯·约翰逊（Chalmers Johnson）在 1982 年出版《通产省与日本经济奇迹》提出了发展型国家（developmental state）模式，系统分析了日本的产业政策对日本经济发展的影响①。日本产业政策的实施是源于其经济转型升级的现实需要，而不是源于理论先导。日本在20世纪初开始、特别是在“二战”后在财政政策和货币政策之外，开始探索并大量使用产业政策促进经济增长、产业升级和新兴产业发展。到1970年，日本通产省代表在OECD大会上作了题为《日本的产业政策》的报告，正式提出“产业政策”一词，并将其归为日本经济高速发展的重要原因②。

查默斯·约翰逊的系统研究，开启了学术界包括日本学术界关于产业政策理论基础和有效性的广泛研究，并得到政策研究界和决策者的关注③。同时，由于日美在20世纪80年代在高技术产业领域的竞争日趋激烈，有学者指出日本的产业政策和战略性贸易政策帮助日本赢得了高技术产业的国际竞争，欧美的学者也开始倡导要学习日本制定产业政策④。自20世纪80年代以来，围绕产业政策的争论一直不断，并延续至今⑤。产业政策的理论基础主要有市场失灵说、赶超战略说、技术发展理论和国际竞争说四种，理论渊源可追溯到德国古典经济学家李斯特的“保护幼稚产业学说”。关于产业政策的最新理论进展之一，是美国经济学家约瑟夫—斯蒂格利兹提出的“学习型社会（the

---

① Chalmers Johnson（1982）MITI and the Japanese Mirracle: The Growth of Industrial Policy，1925~1975, Stanford University Press（中文版为《通产省与日本奇迹——产业政策的成长（1925~1975）》，吉林出版社2010年版）。

② 陈韶华：“战后日本产业政策研究”，武汉大学，2011。

③ 其中对中国政策研究影响较大的是小宫隆太郎等人编著的《日本的产业政策》（日文版出版于1984年，中文版出版于1988年）。

④ 如当时的美国加州大学伯克利分校经济学教授、后来担任克林顿政府总统经济顾问委员会主席、国家经济委员会主席的Lara D Tyson在1992年出版的Who's Bashing Whom: Trade Conflict in High Technology Industries. Washington, D.C.: Institute for International Economics 中明确倡导美国应该制定高技术领域的产业政策。

⑤ 自2016年下半年以来，中国经济学界关于产业政策有效性讨论较多，可参考《比较》2016年第6辑（总第87辑）的“产业政策专题”选登的文章以及“CIDEG论坛”中吴敬琏、八田达夫、陈清泰所著“反思产业政策”。

learning society）”对产业政策的分析：从知识积累和技术能力培育的角度分析，政府产业政策支持了发展中国家企业的学习过程，促进了知识在社会的扩散，从而使企业获得了必要的知识和建立了技术能力，促进产业发展和经济增长①。纵观19、20世纪工业化的漫长历史，美国、德国和日本都曾在一定程度上通过保护幼稚产业支持了本国制造业发展，韩国等国家在其汽车、电子等产业发展的初期，也都曾通过积极的政府干预、甚至通过建立国有企业突破了进入产业所面临的资金壁垒（投资规模巨大）、技术壁垒（需要引进技术）、技能壁垒（需要通过干中学积累相关技能）使新兴产业顺利度过幼稚期②。20世纪下半叶东亚国家和经济体成功实现经济追赶、成为发达工业化国家和经济体的成功实践表明，在以市场竞争为基础的条件下，合理的产业政策是引导、保障和促进产业可持续发展的重要手段③。

（一）重新认识产业政策的有效性

产业政策的有效性一直饱受争论。支持产业政策有效性的实证经验，主要来自于日本战后经济的快速恢复和一些后发国家、新兴经济体国家的快速发展。斯蒂格利茨（2001）④认为，部分东亚国家地区早期发展过程中，在特定的内部因素和外部条件下，产业政策是有效的。OECD（2015）研究发现，发展中国家纷纷通过制定产业政策来

① Joseph Stiglitz and Bruce C. Greenwald（2014）“Creating a Learning Society: A New Approach to Growth, Development, and Social Progress," Columbia University Press.

② 李秀香：“开放式保护幼稚产业的理论探讨”.《江西社会科学》，2003年第5期，第1~5页。

③ 综合性论述，可参见The East Asian miracle: Economic growth and public policy。By the World Bank.（New York: Oxford University Press for the World Bank, 1993..），及Rethinking the East Asian Miracle. Edited by Joseph E. Stiglitz and Shahid Yusuf.（Oxford: Oxford University Press, 2001.）

④ Stiglitz J E, Yusuf S. Rethinking the East Asia miracle// Rethinking the East Asian miracle /. Oxford University, 2001:636-644.

维持经济增长、支持结构转型以及促进国内产业的多元化与升级[①]。也有不少学者对于产业政策的有效性持有怀疑态度，认为产业政策只对特定产业的特定发展时期才起作用，甚至有学者认为产业政策反而降低了企业的竞争力，同样的政策在不同国家、不同产业间的成效差异非常明显。波特和竹内高宏对日本在国际上成功和失败的产业进行详细比较后发现，日本成功的产业大多没有得到产业政策的支持，而失败的产业则是产业政府管束过多、限制竞争较多的部门[②]。巴基斯坦和印度对它们的制造业部门保护了数十年，但直到如今，两国的主要出口并未来自于他们所保护的重工业部门，而主要来自于服务业和轻工业[③]。对于产业政策有效性的争论主要是因为判断产业政策成功与否的标准存在差异。罗德里克（2004）认为，“理想状态下，产业政策是否成功的标准不应该看就业或是产出，应该基于生产率，无论是以生产率的提高速度来看还是以绝对值水平来看。”[④]

产业政策在不同国家、不同产业之间的有效性存在差异，其影响因素可归纳为“要素禀赋结构论”“瞄准误差论[⑤]”“市场失灵论”和“现代化抱负论”[⑥]。要素禀赋结构论认为，欠发达国家和地区的政府应该把注意力放在促进要素禀赋的结构升级上，而不是以产业和技术结构的升级为目标，因为一旦要素禀赋结构升级，出于成本最小化和利益最大化考虑的企业就会自发地进行技术和产业结构升级，以此来匹

① 经合组织发展中心. 世界变革中的产业政策. 上海人民出版社2015年版。

② 迈克尔·波特,竹内弘高,李连：“诊断日本病”.《经济导刊》,2000年第3期，第1~6页。

③ [美]克鲁格曼.《国际经济学：理论与政策》（第8版），清华大学出版社2011年版。

④ Rodrik D. Industrial Policy for the Twenty-First Century. Social Science Electronic Publishing, 2004.

⑤ Chowdhury, Anis. Labor Market Policies as Instruments of Industry Policy: What Can Europe Learn from Southeast Asia?. American Journal of Economics & Sociology, 2008, 67（4）:661-681.

⑥ 李超：“比较优势、适宜性技术进步与中国现代产业发展”，暨南大学，2012.

配生产要素价格的相对变化[①]。林毅夫（2002）用要素禀赋结构论对日本、韩国、印度和中国在汽车产业政策方面的绩效差异进行了比较，发现这些国家在进入汽车业时的人均收入差异可以很好地解释政策绩效的差异[②]。日本大力发展汽车产业时人均收入为美国的40%以上，要素禀赋结构已经达到可以发展资本密集型产业的程度，其汽车产业在当时是有自生能力的。韩国发展汽车产业时，其人均收入仅仅相当于美国同时期的20%、日本的30%，成为韩国政府给予其汽车企业更多持久保护的原因。中国和印度选择发展汽车产业时，人均收入甚至不到美国的10%，两国的汽车企业根本不可能具备自生能力[③]。市场失灵论也是争议的焦点。Panagariya（2011）[④]指出，虽然幼稚产业的短期外部性是存在的，但是Chang（2007）[⑤]，Greenwald和Stiglitz（2006）[⑥]等人试图将外部效应内部化的尝试将会注定失败，因为受保护的企业会利用政策性负担作为借口，夸大来自国外市场威胁和政策性负担所造成的损失，要求得到更多的政府支持，企业也将会因此"分散很大一部分精力放在游说政府和议会上面"，政府因为难逃责任，企业的预算约束会因此软化。同时，政府也会因为信息不对称，市场的资源配置功能会大受抑制，甚至被直接的配给制度取代，市场失灵的范围也会由部分幼稚产业扩大为整个经济体[⑦]。"现代化抱负论"

① 李雪艳："中国要素收入分配导向研究:基于人力资本视角"，浙江大学，2013.

② 林毅夫：《经济发展与转型》，北京大学出版社2008年版。

③ 林毅夫："发展战略、自生能力和经济收敛"，《经济学:季刊》，2002年第1期，第269~300页。

④ Panagariya A. A Re-examination of the Infant Industry Argument for Protection. Margin the Journal of Applied Economic Research, 2011, 5（1）:7~30.

⑤ Chang, Ha-Joon. Bad Samaritans: rich nations, poor policies, and the threat to the developing world. Random House, 2007.

⑥ Greenwald B, Stiglitz J E. Helping Infant Economies Grow: Foundations of Trade Policies for Developing Countries. American Economic Review, 2006, 96（2）:141~146.

⑦ Panagariya A. A Re-examination of the Infant Industry Argument for Protection. Margin the Journal of Applied Economic Research, 2011, 5（1）:7~30.

引起了出口替代战略和赶超战略的兴起，导致忽视比较优势的自力更生以及对幼稚产业的过度保护就会理所当然地成为亚非拉国家的一种常态，幼稚产业的保护行为会成为路径依赖一直持续下去[①]。

发展阶段也是影响产业政策有效性的主要因素。林毅夫等(2003)[②]认为，经济发展存在不同的阶段，每一阶段具有相应的产业结构，产业政策应当引导产业的发展，形成合理的产业结构，既可以是遵循比较优势的发展战略，也可以是违背比较优势的发展战略。在遵循比较优势的战略下，政府的主要作用在于纠正市场失灵，建立和完善市场制度，通过指导性的产业政策改变产业结构；而在违背比较优势的发展战略下，政府会通过强制性的产业政策直接插手扶植某个产业，违反了市场规律，但是能迅速培植了一些优势产业。发展中国家产业发展的成功离不开技能投资、融资渠道以及良好的基础设施这三大基本要素，而有效制定实施产业政策需要战略框架、政治领导力、运作良好的机制以及有效的监督与评估[③]。林毅夫(2007)[④]认为发达国家与发展中国家的一个重要差异在于发达国家的每个产业都处于世界产业链前沿，每家企业对于经济中下一个有前景的产业何在各有看法，政府也并不比企业拥有更准确的信息，因而无法形成社会共识。而发展中国家企业所要投资的都是处于世界产业链内部的产业，人们很容易对每个产业的前景形成共识，投资上就会出现所谓的"潮涌现象"(wave

① Panagariya A. A Re-examination of the Infant Industry Argument for Protection. Margin the Journal of Applied Economic Research, 2011, 5（1）:7~30.

② 林毅夫,李永军："比较优势、竞争优势与发展中国家的经济发展"，《管理世界》,2003年第7期，第21~28页。

③ 经合组织发展中心："世界变革中的产业政策"，上海人民出版社2015年版。

④ 林毅夫："潮涌现象与发展中国家宏观经济理论的重新构建"，《经济研究》, 2007年第1期，第126~131页。

phenomenon）[①]。Acemoglu 也持有相类似的观点，认为在选择适当增长战略过程中“离前沿的距离”很重要[②]。一些东亚新兴国家或地区普遍采取了指导型强制变迁的形式，其中比较典型的有日本、韩国和中国台湾。对于发展中国家而言，Hausmann 和 Rodrik 认为发展中国家由于存在“协调失败”和“信息溢出”方面的市场失灵，政府适当的产业政策可以有效促进产业结构的优化[③]。但是，不同经济体在不同的发展阶段有不同的产业政策关注重点。世界经济论坛（2012）[④]指出，增长驱动因素取决于国家的发展阶段，最初是生产要素累积，然后是专注于生产效率与生产力提升，再往后的阶段则专注于创新。以台湾地区为例，从 1950 年代以来，在当局产业政策主导下，产业结构变迁依次经历了出口导向、进口替代、科技导向和知识经济四个阶段，表现出明显的产业高级化趋势[⑤]。

（二）重新认识产业政策的目标

战后在东亚和拉美国家所兴起的产业政策以挑选赢家和直接干预为主要手段，被称为“旧式”产业政策。经济全球化背景下，各国的产业政策并没有销声匿迹，恰恰相反，在过去的二十年中，产业政策从未如此流行，没有一个国家不是在稳步推行产业政策变革的各种议

① 即许多企业的投资如波浪一般，一潮接一潮涌向同一个产业，最后不可避免地导致该产业内部企业产能过剩，大量企业破产退出，进而形成下一个“潮涌现象”。

② AcemogluD, Aghion P, Zilibotti F. Distance To Frontier, Selection, And Economic Growth. Nber Working Papers, 2002, 4（1）:37~74.

③ Hausmann R, Rodrik D. Doomed to Choose: Industrial Policy as Predicament. Paper prepared for the first Blue Sky seminar, 2006.

④ 世界经济论坛：《2011~2012年全球竞争力报告》，日内瓦，2012。

⑤ 金戈：“产业结构变迁与产业政策选择——以东亚经济体为例”，《经济地理》，2010年第9期，第1517~1523页。

程[①]。进入 21 世纪，一些发展中国家开始实施产业政策，提升已有企业的竞争力、扶持新企业的创立以及进入新的产业与经济活动成为发展中国家产业政策的三大目标[②]。巴西、摩洛哥、南非分别于 2003 年、2005 年、2007 年开始重新制定并实施产业政策。随之而来的金融危机更加激发了各个国家对产业政策的关注。

新的产业形式对传统的产业政策发起了新的挑战。新的产业形势的特点包括：产业与创新的本地网络、区域网络和国际网络之间的关联越来越紧密；信息传播速度更快；资本和人才的流动性更强[③]。新式的产业政策被称为支持而非阻碍市场力量；促进竞争而非有利于个体大型企业；支持更广泛领域的技术进步，而非选择某一特定技术；支持政府有关清洁能源和卫生方面的长期目标[④]。产业政策不断向促进市场竞争、促进技术创新和促进绿色发展转变。新式产业政策以创新和教育为基础，并与竞争和区域政策一起构建一个“系统性的产业政策”[⑤]。在政策手段内，新式产业政策的范围也远远超出了“旧式”产业政策的内容，通过创造比较优势塑造企业或产业部门的新的竞争力，聚焦于能力建设，实现对现有产业的结构性改变。如欧盟的新式产业政策为保障商业竞争提供合适的框架结构，不仅包括反垄断、知识产权保护等竞争规则，还通过在落后地区推进知识生产和扩散的结

---

① Rodrik D. Industrial Policy for the Twenty-First Century. Social Science Electronic Publishing, 2004.

② 参见The Industrial Policy Revolution I: The Role of Government Beyond Ideology，by Justin Lin Yifu, J. Esteban, J. Stiglitz （Palgrave Macmillan; 2013）和 The Industrial Policy Revolution II: Africa in the Twenty-first Century， by J. Esteban, J. Stiglitz, Justin Lin Yifu （Palgrave Macmillan; 2013）。经合组织发展中心，《世界变革中的产业政策》，上海人民出版社2015年版。

③ 经合组织发展中心：《世界变革中的产业政策》，上海人民出版社2015年版。

④ Aghion P, Boulanger J, Cohen E. Rethinking industrial policy. Policy Briefs, 2011.

⑤ Aiginger K. A Systemic Industrial Policy to Pave a New Growth Path for Europe. Wifo Working Papers, 2012, volume 26（35）:289~322.

构性调整政策来帮助落后地区提高发展能力[①]。

新形势下的产业政策以促进市场发挥作用为基础。新式的产业政策支持市场在产业结构转型升级中的作用，促进市场主体之间的竞争，从以政府直接干预为主、不重视市场机制的作用到以政府间接干预为主，主要靠市场机制发挥作用。政府和企业的合作对于产业发展优先次序非常重要。根据罗德里克（2009）[②]的观察，一个能够促进私人部门与公共部门良好合作的产业政策体系在提高企业资源配置效率的过程中扮演着十分重要的角色。菲利普·阿吉翁等（2016）[③]认为，管理得当的产业政策，尤其是有利于促进竞争的产业政策，可以促进生产力和生产率的增长，竞争与设计得当的产业政策在催生创新、促进生产率增长方面能够发挥互补作用。Aghion et al.（2011）[④]强调，经济学家与政策制定者不应再继续发展中经济体"需要"或"不需要"产业政策的"二元化争论"，工作的重点应转向如何科学设计和有效实施合理的产业政策上来，要制定竞争友好型产业政策（competition-friendly industrial policy）。

新形势下的产业政策以促进技术创新为主要手段。新形式产业政策的主要源于竞争条件的改变，持续的技术创新印发了西方国家的去工业化进程，知识与创新等无形资本取代资金、资源等传统的经济增长动力，技术推动和需求推动等传统产业政策所重视的手段已经逐渐丧失影响力。产业政策的重点从以产业结构为核心向以产业技术为核心转变。国际分工和专业化过程中最重要的力量是技术的进步与发展，

① Bianchi, Patrizio. International handbook on industrial policy[M]. Edward Elgar Publishing, 2006.

② 罗德里克：《相同的经济学,不同的政策处方》，中信出版社2009年版。

③ 菲利普·阿吉翁等："产业政策和竞争"，见吴敬琏主编《比较》2016年第1辑，中信出版集团2016年版。

④ Aghion P, Dewatripont M, Du L, et al. Industrial Policy and Competition. Cepr Discussion Papers, 2011, 7.

某一产业的竞争优势并非由一国的要素秉赋的基本特征所决定，它往往更多地取决于一国 R&D 的投资和在某行业的经验积累[①]。发展中国家在积累资本和劳动力的同时，也在提升创新能力。新式的产业政策支持更广泛范围内的技术创新和进步，并不针对某一具体的技术。同时，知识和技术在企业、国家和国际之间的扩散更加容易，很难将产业政策局限了特定的范围内。产业政策的制定从部门维度转移到了国家框架之中，市场主体在国家框架内运行，创新在整个经济体内部进行扩散[②]。

新形势下的产业政策要能促进绿色发展。随着国际贸易和环境保护之间的冲突不断增多，各国以贸易规则的名义不断挑战其他国家的“亲环境”政策（pro-environmental policies）[③]，环境标准已经成为全球贸易和投资规则重构的重心[④]。推动环境和产业政策融合的主要因素是政治经济压力、技术变革以及对能源安全的担忧[⑤]。各国政府相继在可再生能源和采掘业中不断应用产业政策，由半导体和汽车等早期贸易冲突中产生的产业政策问题现在逐步进入环境领域，各国产业政策逐步向绿色转型。各国在不断落实选择性产业政策工具的同时，也开始有限发展具有影响其他产业潜力的新兴产业，包括环保产业在内。可持续发展也是发展中国家产业政策的首要关注领域之一，通过制定多种机制来促进可持续产业发展，推动相关领域内技术走向前沿

---

① 高世楫,戴修殿：“战略技术与战略选择——高清度电视国际竞争的启示”，《战略与管理》1996年第2期。

② Soete L. From Industrial to Innovation Policy. Journal of Industry Competition & Trade, 2007, 7（3~4）:273~284.

③ Wu M, Salzman J E. The Next Generation of Trade and Environment Conflicts: The Rise of Green Industrial Policy. Northwestern University Law Review, 2014, 108（2）:401~474.

④ 经合组织发展中心：《世界变革中的产业政策》，上海人民出版社2015年版。

⑤ Wu M, Salzman J E. The Next Generation of Trade and Environment Conflicts: The Rise of Green Industrial Policy. Northwestern University Law Review, 2014, 108（2）:401~474.

以把握未来发展机遇。绿色发展是目前产业政策的中长期发展目标，实现绿色发展目标需要经过长期的努力，实现绿色领域的投资回报也需要经过相当长的时期才能实现。

二、绿色发展与绿色产业政策：理论和实践

绿色经济和绿色发展是21世纪全球经济社会发展的大趋势和大方向。绿色经济起源于对环境保护、治理和改善的诠释，成为环境经济学理论框架下的概念，从这一概念出发，只能缓解生态环境危机，但不能从根本上解决生态环境问题和克服生态环境危机，也就不能实现生态经济可持续发展[①]。绿色经济的提出是为了解决可持续发展而提出的，是以生态经济协调发展为核心，是超出工业文明属性而应纳入生态文明的经济范畴，是要解决工业文明“先污染后治理”发展模式的弊端。世界银行和国务院发展研究中心联合课题组（2013）[②]认为，绿色发展是经济增长摆脱过度使用资源、严重破坏环境和碳排放的模式，通过新的绿色产品市场、绿色技术、绿色投资、改变消费行为和加强环境保护来促进增长。绿色发展模式下的经济增长将与碳排放和环境破坏脱钩，绿色发展能够通过促进传统产业部门的绿色化改造、促进新兴绿色工业的扩张和绿色产品市场的转型成为经济增长的源泉。

绿色产业政策是指促进绿色化发展的产业政策，既包括促进传统产业部门的绿色改造的产业政策，也包括促进新兴绿色产业发展的产

① 方时姣：“绿色经济思想的历史与现实纵深论”，《马克思主义研究》，2010年第6期，第55~62页。

② 世界银行、国务院发展研究中心联合课题组：《2030年的中国》，中国财政经济出版社2013年版。

业政策。绿色产业政策可以定义为一类特殊的产业政策，它着眼于某些产业部门，影响产业结构，并产生环境效益。绿色产业政策针对不同产业部门的不同发展阶段采取不同政策的组合，且同时在供给侧和需求侧发挥作用①。

（一）绿色产业政策与绿色发展

绿色发展是全球发展必然趋势。全球经济正朝着绿色和可持续增长转变。绿色发展可以被定义为基于可持续利用不可再生资源并完全内部化环境成本的经济发展轨迹，最关键的是包括与气候变化相关的环境成本②。随着全球能源问题、气候变化问题、生态环境问题日益严峻，绿色发展已成必然之势。绿色发展、可持续发展是发展中国家产业政策的首要关注领域之一，通过多种机制来促进可持续产业发展，提高相关领域内的国内研究和技术开发能力，推动技术走向前沿，把握未来发展机遇。绿色经济取代传统经济成为当今全球经济发展的大趋势，发展绿色产业和绿色经济已成为共识。中国更是将绿色发展作为新时期新发展理念的重要内容，强调发展过程中必须坚持对生态环境的保护、为人民提供良好生态环境的民生福祉。同时，促进绿色产业发展是中国产业结构调整和经济腾飞的必由之路。

绿色产业政策在绿色发展中发挥加速器的作用。产业政策的制定对绿色发展具有重要的影响，可以起到“加速器”的作用。通过引导生产要素向绿色产业集中，可以提高绿色产业的供给能力，加快绿色产业的发展速度。

---

① Fay M, Hallegatte S, Vogt-Schilb A. Green Industrial Policies: When and How. Policy Research Working Paper, 2013.

② Rodrik D. Green industrial policy. Oxford Review of Economic Policy, 2015, 30（3）:469~491.

绿色产业政策主要关注于绿色技术。绿色增长需要绿色技术，可行的绿色技术既能减少向绿色增长路径转型的社会成本，又能有助于实现绿色增长路径下的物质需求满意度[①]。向绿色发展转型以及在所有产业中进行更多的绿色投资将导致经济结构发生变化，这一过程更加关注可再生能源和生态建设，需要制定有关绿色技能的综合策略，以确保有充足的技能来满足新增绿色岗位的需求以及提升现有技能。绿色经济的增长所创造的新工作岗位将需要绿色技能来对现有技能进行补充[②]。绿色产业政策与一般的产业政策相比，更多的是关注于绿色技术，而不是某种特定的产业，通过创新和能力建设培育绿色产业，通过市场充分竞争来选择优势产业和企业。

我国制定绿色产业政策意义重大。绿色发展是21世纪中国拥有的最大战略机遇之一。鼓励绿色发展，不仅能够提高福利水平和实现持续增长，也有助于应对中国面临的主要环境挑战[③]。通过制定绿色产业政策促进绿色产业发展对我国的经济社会发展具有重要意义。

一是有利于中国抢占世界绿色经济制高点。面对国际金融危机和生态危机的压力，全世界都在开启一场绿色革命，绿色经济迅速兴起。绿色产业的发展将创造新的商业机会，成为未来经济增长的潜在动力。在政府和学界内，对产业政策的否定在不断削弱，德国通过积极的产业政策在可再生能源部门和制造业领域的领导地位引起了其他国家的重视，世界各国政府都希望能够在实施绿色产业政策的同时实现经济增长。中国作为世界上最大的发展中国家、最大的碳排放国家，必须

---

① Rodrik D. Green industrial policy. Oxford Review of Economic Policy, 2015, 30（3）:469~491.

② Martinez-Fernandez C, Hinojosa C, Miranda G. Greening Jobs and Skills: Labour Market Implications of Addressing Climate Change. OECD Local Economic & Employment Development Working Papers, 2010.

③ 世界银行，国务院发展研究中心联合课题组：《2030年的中国》，中国财政经济出版社2013年版。

充分利用这一契机，抢占世界绿色经济制高点。

二是有利于中国在绿色技术方面走向前沿。对于中国而言，针对绿色产业领域的产业政策能够提升价值链，并在新兴制造业领域获得市场领导地位的机会。充分利用现有在绿色产业发展中积累的技术基础，有助于推动中国在绿色技术方面走向世界前沿。中国巨大的市场规模有助于快速推广绿色技术以实现规模经济、降低单位成本。

三是有利于转变我国传统的经济发展方式。转变经济发展方式是我国面临的最大挑战。改革开放以来，传统的高投入、高消耗、高污染与低产出、低效率、低科技含量一直制约着我国经济发展的效率提升，能源消耗、污染物和温室气体排放居高不下，传统的经济发展方式制约了我国经济转型发展的步伐。转变传统的经济发展方式只能逐步推进，绿色发展是对传统发展道路的模式创新，发展绿色经济能够创造新的经济增长点，在短期内迅速拉动就业、复苏经济，还能够调整经济结构，理顺资源环境与经济发展的关系。

四是有利于实现中国欠发达地区的发展新机遇。绿色发展为中国相对欠发达的中西部地区实现追赶，从而降低中国地区间差距提供了新途径[①]。中西部地区应该避免走与东部地区过去的传统发展模式，生态环境和人文资产已经成为中西部地区经济发展的竞争力。通过发展高附加值农业、生态旅游、健康养生等新兴的绿色产业，对实现中西部地区的跨越发展具有重要意义。

五是有利于体现中国作为负责任大国的地位。中国是世界上最大的能源使用国和碳排放国之一，人均二氧化碳年排放量已经超过世界平均水平。绿色产业发展不仅能够提高中国的经济发展质量，也能够

① 世界银行，国务院发展研究中心联合课题组：《2030年的中国》，中国财政经济出版社2013年版。

为世界减缓气候变化做出贡献，体现中国作为世界第一人口大国和第二大经济体的责任，在全球公共产品提供方面发挥重要作用。

（二）主要国家绿色产业政策实践及启示

1. 国外产业政策实践

绿色发展是资源节约、环境友好型的发展方式，经济增长与污染排放减少、资源节约及环境改善相互促进，相互协调[①]。为了同时应对经济危机和生态危机，联合国环境规划署于2008年提出了“全球绿色新政”和发展“绿色经济”的倡议，美国、欧盟、新兴工业化国家和“金砖五国”都将新能源、新材料列入技术研发和经济发展驱动的核心环节，以此推动经济快速恢复和产业结构调整的目标，发展中国家更是认为绿色产业是未来能够领先走向技术前沿的重要领域。

美国几乎从未在官方文件里出现过产业政策，而且长期以来对产业政策持抵制态度，但它不意味着美国没有产业政策。美国存在“事实上产业政策”，强化科学和技术政策或产业技术政策，培养创新，重视技术转让、推广和技术成果的商业化和工业化等[②]。在法律手段方面，美国有严格实施的环境管制政策，由此而产生和发展了早期的绿色产业，并为美国绿色技术的发展提供了明确的预期和技术创新激励。1970年开始实施的《国家环境政策法》开启了美国出台绿色产业发展的相关政策和立法浪潮。为应对2008年以来的金融危机，奥巴马政府的“绿色新政”以新能源技术、新能源产业培育和新能源技术推广与应用为核心，通过建立绿色经济体系确保美国经济得到健康和

① 吕薇：“营造有利于绿色发展的体制机制和政策环境”，《经济纵横》，2016年第2期，第4~8页。

② 宾雪花、何强：“美国产业政策立法及对中国的三启示”，《法学杂志》，2013年第8期，第98~107页。

可持续发展。在经济手段方面，美国政府主要通过市场机制推动绿色产业发展主要是税收手段和财政资助。美国已形成了包括征收环境税和减免税等激励政策的环境税收体系。此外，美国政府还通过财政资助激励绿色产业相关技术、产品和服务的发展，包括提供研发经费、示范补贴以及贷款等各种方式。在“绿色新政”中，美国政府将投入1500亿美元的“清洁能源发展基金”用于新能源技术研发、应用与推广以资金支持。在政府引导手段方面，美国政府将绿色产业的研发和产业化作为关键所在。美国政府制定了环保研发战略目标，将环保技术研发、产品开发和商业化融为一体，推进了环保技术的产业化进程。

德国政府的绿色产业行动涉及的领域包括照明、发电、节能减排等多行业、多领域，通过发展低碳技术战略、完善相关法律体系、开展跨国合作等多种手段实现产业绿色化发展目标。在能源结构方面，德国鼓励开发和使用可再生能源，用法律手段确认、规范、指引能源政策和能源产业发展，用较为完善的能源法律体系为发展低碳经济打下基础。德国以风能和太阳能作为绿色可再生能源的主要来源，摒弃了法国式的核能和美国式的生物质能发展模式。德国还同许多国家，尤其是发展中国家开展了低碳经济领域合作。

日本的绿色发展道路始于20世纪70年代以来经济高速发展带来的负面影响，并将发展绿色经济作为促进日本经济发展的增长点，引领世界未来经济发展的制高点。日本政府制定了促进绿色发展的相关政策，于2009发布的《绿色经济与社会变革》涉及社会资本、消费、投资、技术革新等方面，不仅仅是局限于整治环境污染、减少温室气体排放的环境倡议，而是通过投资环境产业，助推经济转型。日本特别重视绿色技术的开发与应用，鼓励企业进行技术创新与改良，在新能源、环境、汽车技术、节能技术、能源综合利用等领域都处于国际领先地位。日本注重培育国民的绿色发展意识，通过建立绿色社会系统和国民的积极参与和支持来完善绿色经济体系，从国民意识和行动方式的变革来促进社会变革、产业结构变迁和企业经营方式的转变。日本制定了相关的绿色产业政策来推动绿色产业发展，新能源产业的发展离不开明确的产业发展计划。1974 年日本政府就制定并实施了第一个综合新能源技术开发长期规划“阳光计划”，把发展太阳能和燃料电池技术定为国家战略。2008 年 11 月，日本政府发布了“太阳能发电普及行动计划”，确定太阳能发电量到 2030 年要达到 2005 年的 40 倍。2009 年 4 月，日本推出了“日本未来开拓战略”即“J 复兴计划”，确定发展方向为太阳能发电、环保型汽车等[①]。

韩国是积极产业政策的拥护者。1997 年的亚洲金融风暴就促使韩国政府和企业开始积极探索经济转型之路，2008 年的金融危机进一步促使了韩国加快战略专项步伐。在此背景下，韩国政府提出了“低碳绿色增长战略”，揭示出韩国未来经济和产业发展的基本方向。2008 年 8 月提出了韩国走向“低碳经济，绿色增长”的新构想；2009 年 1 月提出了“绿色工程”计划，即所谓的“绿色新政”；2009 年 7 月，发表了《绿色增长国家战略及五年计划》,其主要内容是在2020年以前，实现发展成为世界七大绿色强国的远大目标，并在 2050 年成为全球五大绿色强国之一。

发展中国家也纷纷制定了绿色产业发展政策。印度制订了国家发展计划，绿色产业是全国五年计划的重要领域；创建印度可再生能源发展局和新能源及可再生能源署，以确保政治和经济支持；在技术和引进发展基金中设立了绿色项目特殊条款。巴西能源研究公司制订了

① 刘澄、顾强、董瑞青：“产业政策在战略性新兴产业发展中的作用”，《经济社会体制比较》, 2011年第1期，第196~203页。

十年能源计划，展望了未来十年60%的能源需求以及1900亿巴西雷亚尔的投资，其中1000亿雷亚尔投入可再生能源；巴西国家发展银行、科学和技术部以及其他涉及支持研发发展的机构确定了绿色领域的研发项目；巴西国家开发银行管理亚马逊基金，投资绿色项目经济可行性评估新标准，投资博阿扩新型乙醇输送管道在内的多个绿色项目；公共采购与竞拍风能等新能源。南非预计2013年利用可再生能源生产过电量的4%，并在2015年前将能源效率提高12%；非洲发展银行和世界银行联合创建了规模达到5亿美元的清洁技术基金，主要目标是可再生能源计划，包括光伏并网太阳热能、风能及生产和商业部门能源效率项目①。

2. 绿色产业政策的国际经验和启示

美国提出绿色新政，欧盟发布“欧盟2020发展战略”，日本推出“绿色发展战略”总体规划，韩国出台“绿色增长国家战略及五年计划”，这些国家和地区都将绿色发展作为国家战略，实现绿色化转型发展，为我国推动绿色产业发展提供了经验借鉴。

发挥绿色发展战略的主导作用。绿色发展是国家发展战略问题，需要政府的力量来推动。政府通过制定中长期发展战略，设立可预期的发展目标来引导市场主体和社会公众参与到绿色发展战略当中，鼓励市场主体投资绿色发展产业，鼓励社会民众参与绿色发展生活，从供给侧和需求侧共同发展，激发市场活力，创新市场机制设计，推动政府税收和财政政策向绿色发展转变。

重视绿色产业政策的导向作用。纵观美国、日本等国家的绿色发展战略，可以发现各个国家都重视通过产业政策的导向作用来发挥市

① 经合组织发展中心：《世界变革中的产业政策》，上海人民出版社2015年版。

场的力量，政府的产业政策从倾斜型政策转向功能型政策，并同时依靠市场竞争的约束力量。绿色产业政策重在提供明显的发展方向信号，诱导技术创新和影响消费偏好；支持绿色技术创新，支持建立相关知识基础和技术能力，增进产业发展的国际竞争力。我国在实施绿色发展战略时要重视发挥市场在配置资源方面的基础性作用，并积极实施绿色产业政策，引导企业创新资源向绿色领域积聚，同时通过投资和补贴创造绿色发展必要的知识基础、产业技术能力基础，驱动国内的绿色产品和技术领域尽快形成有效竞争，支持国内企业参与全球竞争。

注重技术创新在绿色发展战略中的基础作用。技术创新在美国、日本、韩国等实施绿色发展转型过程中发挥了支撑和驱动作用，是实现绿色转型发展的基础条件。技术创新在这些国家的产业变革和经济繁荣中都发挥了重要作用，通过绿色技术的研发和产业化运用为绿色经济的发展提供稳固的基础，并在全球竞争中保持领先地位，引领未来经济发展趋势。我国绿色转型发展过程中，要注重技术创新的作用，在科研投入和产业化运用中提供更强劲的激励作用。

（三）我国产业政策的变迁历程

改革开放以来，我国的产业政策在促进产业结构优化、纠正市场机制缺陷、提高经济增长质量等方面发挥了积极而重要的作用[①]。产业政策作为各方都能接受的政策模式和政策工具，成为中国政府推动计划经济向市场经济渐进式转变的重要方式[②]。我国产业政策模式的

---

① 刘澄、顾强、董瑞青：“产业政策在战略性新兴产业发展中的作用”，《经济社会体制比较》，2011年第10期，第196~203页。

② 江飞涛、李晓萍：“当前中国产业政策转型的基本逻辑”，南京大学学报（哲学•人文科学•社会科学），2015年第3期，第17~24页。

特点在于这是一个多层次的架构，日本和韩国的产业政策机制都是单一层次的架构，由中央政府直接负责制定与实施，并且由中央政府直接面对企业，它们的经验和中国模式有显著的不同[①]。

改革开放以来，我国的产业政策在从计划经济时代的强制性政策向市场经济时代的指导性政策的转型比较迟缓，在许多政策领域仍然试图以政府的判断和选择来代替市场机制[②]。江小涓（1996，1999）指出，这些政府干预的效果总体上不理想，许多行业高速发展的过程，就是不断突破有关部门预测、脱离其规划、摆脱其干预的过程，如果政府的干预大部分得以实现，这些行业的发展就会被进一步延迟[③④]。特别是2003年以来，中国政府加强了对微观经济的干预[⑤]，进一步强化了选择性产业政策的运用，政策几乎涵盖所有产业，不仅表现为对特定重点产业的扶持，更多地表现为对产业内特定企业、特定技术、特定产品的选择性扶持以及对产业组织形态的人为调控，对微观经济的干预更为广泛、细致和直接，从而体现出强烈的直接干预市场、限制市场竞争和以政府选择代替市场机制的管制性特征和浓厚的计划经济色彩[⑥]，是典型的选择性产业政策，政府与市场的关系主要表现为政府直接干预市场与替代市场[⑦]。

---

① 瞿宛文："多层次架构的中国产业政策模式——对白让让教授评论之回应"，《经济学:季刊》，2010年第1期，第761~770页。

② 江飞涛、李晓萍："当前中国产业政策转型的基本逻辑"，南京大学学报（哲学•人文科学•社会科学），2015年第3期，第17~24页。

③ 江小涓：《经济转轨时期的产业政策:对中国经验的实证分析与全景展望》，上海人民出版社1996年版。

④ 江小涓：《体制转轨时期的增长、绩效与产业组织的变化:对中国若干行业的实证研究》，上海人民出版社1999年版。

⑤ 吴敬琏："中国经济60年".《财经》，2009年第20期，第76~96页。

⑥ 江飞涛、李晓萍："直接干预市场与限制竞争:中国产业政策的取向与根本缺陷"，《中国工业经济》，2010年第9期，第26~36页。

⑦ 江飞涛、李晓萍："当前中国产业政策转型的基本逻辑"，南京大学学报（哲学•人文科学•社会科学），2015年第3期，第17~24页。

当前中国产业政策转型具有必要性和迫切性。一是当中国企业和产业追赶到创新前沿时，制定和实施有效的产业政策将面临更多挑战。政府部门可以针对新工业革命的方向去判断产业技术能力的短板，但很难在微观层次“正确”选择“应当”扶持的企业、产品、技术与工艺，选择性的产业政策在很大程度上也不利于构筑激励与促进创新的制度和市场环境[①]。二是产业结构转型升级过程中仍然面临着创新瓶颈。我国制造业总就业人数的40%左右仍集中在联合国工业发展组织（UNIDO）归类的低技术含量的产业，在过去10年中并没有出现重大的转变[②]。虽然全社会研究开发投入在过去10年有较大幅度的增长，2016年研发投入占GDP的比例为2.1%，接近OECD国家的水平，但研发投入的产出效率亟待提高。特别是相当数量的企业，研究开发投入不足或还未实现面向市场竞争进行研究开发。因此，产业政策的实施应该更多地与加强市场竞争约束结合起来，同竞争政策、贸易政策和技术政策结合。

三、我国绿色产业政策存在的问题

推动绿色产业发展的动力主要来自于市场需求和政策引导。理论上说，绿色产业发展的主要动力应该由市场需求占主导，但是由于我国经济发展还处于规模增长期，人们对消费绿色产品的需求还受到一定的制约，绿色产业市场总体上还不太成熟。因此，当前政策引导才是促进我国绿色产业发展的主要动力。我国政府积极促进绿色产业发

① 江飞涛、李晓萍：“当前中国产业政策转型的基本逻辑”，南京大学学报（哲学•人文科学•社会科学）,2015年第3期，第17~24页。

② 经合组织发展中心：《世界变革中的产业政策》，上海人民出版社2015年版。

展，自2000年以来先后提出了一系列与绿色发展相关的战略，包括走新型工业化道路、科学发展观、建设节约型社会、生态文明等，特别是十八大以来将生态文明建设作为国家五位一体的重要战略布局。我国各地政府也在积极探索和实践绿色产业发展方式。

我国的绿色产业政策经历了节能减排、清洁生产、能源节约、循环发展、低碳发展、绿色发展的发展历程。1984年制定并于1996年进行修订的《中国节能技术政策大纲》要求推广十多年节能工作中有效的节能技术，限制和淘汰效益低、落后的工艺技术设备，推广适合我国国情的国外先进技术[①]。《中华人民共和国节约能源法》用法律的形式将节约能源固定下来；《中华人民共和国清洁生产促进法》鼓励企业实施清洁生产，加快实现生产过程的绿色化；《中华人民共和国循环经济促进法》鼓励建设循环经济体系。国家发改委和环保部每年发布《鼓励发展和限制淘汰的产业目录》引导绿色产业发展。

党的十八大报告明确提出："坚持节约资源和保护环境的基本国策，坚持节约优先、保护优先、自然恢复为主的方针，着力推进绿色发展、循环发展、低碳发展，形成节约资源和保护环境的空间格局、产业结构、生产方式、生活方式，从源头上扭转生态环境恶化趋势，为人民创造良好的生产生活环境，为全球生态安全做出贡献。"中共中央国务院《关于加快推进生态文明建设的意见》提出"必须加快推动生产方式绿色化，构建科技含量高、资源消耗低、环境污染少的产业结构和生产方式，大幅提高经济绿色化程度，加快发展绿色产业，形成经济社会发展新的增长点"。《中共中央关于制定国民经济和社

① 到2000年，要求吨钢综合能耗由1990年的1.61吨标准煤下降到1.45吨，技术节能量占总节能量的50%。

会发展第十三个五年规划的建议》中明确提出绿色发展理念，国家将支持绿色清洁生产，推进传统制造业绿色改造，推动建立绿色低碳循环发展产业体系，鼓励企业工艺技术装备更新改造。《中华人民共和国国民经济和社会发展第十三个五年规划纲要》进一步落实了绿色发展理念，将绿色发展贯穿于产业、消费、技术、空间等各方面。以绿色发展理念为指导，实现生产方式和生活方式绿色，以绿色消费拓展发展动力新空间，以绿色技术提升农业、制造业、物流业、交通运输、能源体系、资源节约集约利用的技术水平，支持绿色低碳产业发展壮大，以绿色发展推动城市、农村、海洋、京津冀、长江经济带等空间发展。

从绿色产业发展来看，绿色产业涉及农业、采矿业、制造业、建筑业、服务业等各方面，特别是在农产品生产、制造业、绿色低碳产业、物流业、交通运输业、能源业、采矿业、建筑业、绿色环保产业等方面。

（一）绿色技术创新不足

以我国电厂实施的脱硝政策为例。为了做好大气污染防治工作，我国制定了重点区域特别排放限值，大幅提高了污染企业的排放标准。企业为了达到严格的污染排放限值，往往要投资建设脱硝设施。调研中发现，由于国家出台的政策未给企业预留出足额的技术改造时间，使得不少企业难以在短期内达到特定的排放目标，这一方面影响了污染排放政策的权威性和严肃性，另一方面也降低了污染减排政策的实施效果。

（二）绿色产业政策“政出多门”，部门利益分割严重

当前，我国条块分割的行政模式不利于绿色产业政策的执行，我

国绿色产业政策涉及生产生活中的方方面面，涉及发改委、工信部、国土资源部、环保部、农业部、商务部、能源局等多个部门。政策在一定程度上缺乏系统性和衔接性。在地方政府层面，由于高耗能、高排放企业往往是为地方经济作出重大贡献的企业，地方政府为了经济发展而执行绿色产业政策不到位的情况时有发生。

（三）绿色产业政策过多依赖行政手段，市场机制应用不足

从这几年我国淘汰落后产能以及发展新兴的绿色产业来看，政府过多地采用了“制定目标、分解任务、层层考核”的推进方式来推进产业机构转型升级。这种方法虽然在短期内能够立竿见影，但是没有考虑到政策实施的成本。也有一些地方采取了基于市场机制的手段来促进产业转型升级，比如河北省一些行业采取的发电权交易等方法，充分考虑到政策实施的灵活性，给予企业灵活自主选择空间，降低了产业转型升级的成本。目前，总体来看，我国采取价格、交易等市场手段的绿色产业政策仍然偏少。绿色发展过程中虽然制定了相关的法律法规，但是推进绿色产业发展仍然是以政府文件推动为主，有关政策的制定存在随意性、反复性和冲突性等问题，政策实施的有效性和长效性仍未建立。部分政策的制定带有过多的行政色彩，与市场机制的相容性不够，导致政策制定后难以有效引导绿色产业的快速发展。同时，市场诱导性的政策制定使得行业竞争不够充分，行业技术发展水平难以取得突破。在知识产权保护、标准制定等方面落后于发展需要，限制了行业的规范化发展。

（四）绿色产业政策产生的正外部性难以得到足够补偿

绿色产业发展，对资源节约和环境保护往往产生正的外部效应，

这些外部效应难以被投资企业独享，往往造成正的外部效应。在当前环境守法缺乏公平公正的环境前提下，一些企业在守法成本高、违法成本低的情况下，往往难以建立落实绿水产业政策的内生动力。

（五）绿色产业政策的执行缺乏有效的推进机制

绿色产业政策的执行往往和我国生态文明制度体系完整性以及环境监管的严格程度密切相关。在当前我国环境监管有效性不足的情况下，不少绿色产业政策的实施效果不尽人意。比如，一些重点企业的达标排放政策，由于环境监管跟不上，使得一些污染减排设施形同虚设。除此之外，一些绿色产业政策在执行过程中，由于缺乏有效的跟踪、监测和评估机制，使得政策执行走偏方向，导致国家财政资源浪费流失。比如，一直备受关注的新能源汽车骗保事件，在一定程度就反映出政策执行中存在的漏洞。

四、实施绿色产业政策、促进绿色发展的若干政策方向

中国经济社会发展进入新的历史阶段，新发展理念指导下的绿色发展成为中国走向更高质量、更有效率、更可持续发展的必然选择。与此同时，为共同应对气候变化对人类可持续发展的严峻挑战，包括发达国家在内的世界各国，都面临向绿色增长、绿色发展迅速过渡的任务。虽然因为发展阶段不同，绿色发展在中国和其他发展中国家的内涵比在发达国家中的内涵更丰富，但走绿色发展之路是所有国家必须共同面对的选择。传统的产业政策，除了可能因为政府信息不完全、容易被利益集团俘获等原因而充满争议外，还因其提高一国产业竞争力往往带来其他国家产业竞争力下降，这种“以邻为壑”的负面影响

也使产业政策饱受诟病；然而，绿色产业政策若能够获得成功，其所带来绿色技术、绿色发展模式等知识外溢和更低廉的绿色产品，会为全人类带来更大收益和更高福利，因此绿色产业政策往往受到更多人欢迎，存在较少争议，这也是许多发达国家纷纷制定绿色产业政策、促进绿色增长特别是绿色能源转型的重要原因。越来越多理论分析和实践经验证明，各国都面临如何制定和实施绿色产业政策以有效支持本国发展的问题；关于绿色产业政策的讨论，不再是停留在是否有必要的层面，而是要转向重点讨论如何使之更有效①。

对我国而言，实施绿色产业政策、推进绿色发展，就是要设计和执行有效的产业政策，以支持和诱导企业创新绿色技术、改进生产流程、提高管理水平，从而提高资源使用效率、降低污染物排放和温室气体排放、推动产业结构调整，实现绿色低碳循环发展。

（一）认真总结国内外产业政策实施经验，设计和实施更有效的绿色产业政策

绿色产业政策是产业政策中的一种，是目标指向和产业领域更为明确的产业政策。正如一切产业政策一样，绿色产业政策的成功实施同样面临较多的不确定性，存在较大的失败风险。我们需要认真总结国内外产业政策实施的成功经验和失败教训，制定和实施绿色产业政策。

我国是实施产业政策比较成功的国家，比如信息通信领域的产业政策就成功地支持了我国信息通信产业的发展，加快了中国信息化进程，提高了中国信息产业的国际竞争力。我国在一些领域成功实施产业政策的本土经验值得认真总结，用以指导我们设计和实施有效的绿

① Dani Rodrik, "The Right Green Industrial Policies", Project Syndicate, July 11, 2013.

色产业政策，使我们尽量避免传统产业政策实施过程中存在的问题。在绿色发展方面，我们过去已经在风能、太阳能、电动汽车等绿色产业领域制定和实施了大量的绿色产业政策，这些政策的执行情况需要及时评估，这些领域的经验教训更值得认真总结。制定绿色产业政策，要针对传统产业的绿色化和新型绿色产业发展的不同要求，设计产业政策的目标、制定规划、选择政策工具。

（二）重视绿色产业政策与创新政策的协调，加强源头知识创造和人才培养

支持获取技术和建立技术能力，是产业政策的重要内容。绿色产业政策也同样重视支持本土企业获得支持产业绿色化和发展绿色产业的技术、建立技术能力。在环保工程技术、环保设备、绿色制造技术、新能源等部分领域或部分领域的一些环节，产业政策要有针对性推进官产学研合作，加快绿色技术引进、消化、吸收和再创新，支持企业通过引进和消化技术提高产品质量和技术水平，同时支持企业通过服务本土市场而对引进技术进行适应性改造和改进。

随着中国企业在诸如可再生能源、电动车动力电池等领域逐步进入产业技术前沿，产业政策要与创新政策充分结合，支持科研单位、高校、企业等在基础研究和应用基础研究领域持续投资，以期产生原创性的研究成果。同时，绿色产业政策要支持建立和完善绿色技术创新与成果转化体系，动员包括政府部门、企业、教育机构在内的各类机构在多个层面开展积极合作。绿色产业政策不仅要支持技术引进扩散和基础研究创新，还应该使教育与劳动力市场的需求相匹配，根据产业发展战略来提升培训质量，完善从学校到工作岗位的过度，鼓励技能的适应性和流动性。

（三）重视产业政策与竞争政策的协调，使政府支持和市场竞争约束相互配合

我国已经建立了开放性的市场体系，不同所有制、不同规模的企业参与市场竞争的格局基本形成。即使在绿色产业领域，市场的竞争也比较激烈，竞争本身可以促进企业的创新、推动绿色发展。在这种情况下，我们应充分协调产业政策与竞争政策，使产业政策尽可能前移，支持企业源头技术创新和新产品开发，建立必要的知识基础和能力基础；在市场形成后，尽可能地利用竞争政策促进市场竞争，从而促进产业发展。当地方政府干预造成市场准入不足时，当部分企业具有且滥用市场支配力阻挠竞争时，要充分利用改革破除地方政府行政垄断、减少由此产生的竞争扭曲，利用竞争政策破除企业滥用市场支配力造成的市场扭曲。我国风电、光电和水电在国家产业政策支持下迅速发展，但因受制于传统电网企业的垄断而不能充分发挥清洁发电的能力，造成极大资源浪费，延缓了绿色发展进程。

在产业政策实施过程中，政府资源要根据竞争性配置的原则，在不同所有制企业之间通过公开竞标的方式分配。要及时总结电动车、可再生能源领域绿色产业政策的“退坡”经验，使政策周期变得可预期，尽快发挥市场在资源配置中的决定性作用。

（四）重视绿色产业政策与环境政策的协调，使鼓励性措施和限制性措施相互补充

绿色产业政策通过补贴、直接投资等方式支持绿色产业发展，而环境政策通过设立和执行严格的环保标准倒逼企业提高技术水平和管理水平，实现污染物达标排放。政府要通过绿色产业政策支持绿色技术和产业的发展，并根据产业发展趋势动态调整产业和环保标准；同时根据绿

色发展的需要进一步提高环保标准，推动相关领域的技术进步和产业发展。产业政策和环保政策的相互补充，能够促进绿色发展更快、更有效率。

为此，要提高重点行业的排放标准水平，如继续保持我国大规模火电机组的实际能耗和排放标准的领先水平，进一步推进冶金、水泥等行业的排放标准；健全节能、节水、节地、节材、节矿标准体系，实现重点行业、设备节能标准全覆盖；建立能源资源综合利用效率和排放的综合标准；根据对人体健康和生态环境的影响程度分类制定标准，确定减排标准的优先顺序。绿色产业政策，要有针对性地解决新标准实施所面临的技术问题和产业问题，建立健全中央对地方节能环保考核和奖励机制，进一步扩大节能减排财政政策综合示范。

（五）重视绿色产业政策与贸易政策的衔接，提高绿色产品的国际竞争力和应对国际贸易摩擦

绿色产品生产、绿色技术开发、绿色商业模式创新等都有较大的正向环境外部性和技术外溢，对人类实现可持续发展具有重要推动作用，所以相对于传统产品和技术，绿色产品贸易和绿色技术扩散应实施相对较低的关税、较少的其它非关税贸易壁垒。

但绿色产业政策的实施，也可能在环境产品贸易方面引起争议[①]。在绿色产业政策指导下，对国内绿色产品生产厂商的慷慨补贴，或者对进口绿色产品课以重税，这都容易引起国际争端，往往需要到WTO进行仲裁。近年来，中国太阳能产品、风能设备等出口受到美国、欧盟等国的反倾销指控，那些国家的指控内容主要针对中国通过绿色产业政策要求国外企业转让技术、采购本地零部件、对企业进行大量

① Wu, M., and Salzman, J. (2013), ‘The Next Generation of Trade and Environmental Conflicts: The Rise of Green Industrial Policy’, Northwestern University Law Review, 108:401 (2014)

补贴等。许多指控并不成立，但这提醒我们在绿色产业政策设计中，要充分考虑现有 WTO 条款的规定和约束。在 WTO 的新一轮环境产品贸易谈判中，我们要在产品清单、关税水平及下降计划、技术转移条款等方面，根据我国对绿色产业的需要、以及相关领域的技术水平等确定谈判立场、争取最好条件。同时，要加强绿色技术领域的国际合作，共同推进全球绿色低碳发展。

（六）创新绿色产业政策工具，引导社会资金投入，使用绿色信贷、绿色债券等市场化工具

在总结经验的基础上，进一步完善供给侧绿色产业政策，加大对绿色技术和绿色产品开发的支持，加快相关领域高端人才培养，支持企业产品升级、产业的绿色转型。同时，进一步完善需求侧绿色产业政策，通过绿色技术和绿色装备首台套支持政策、消费者补贴等方式，使绿色产品迅速市场化和扩大生产消费规模，完善和提升产品质量。除风电、光伏、光热等新能源领域外，加大对电动汽车等面临突破的重要新产业领域的支持力度。

除了常见的补贴方式、政府采购外，综合运用投资、产业、财税、金融、价格等政策手段，全面推进绿色产业发展，引导社会资金投向绿色产业。充分发挥政府投资对社会投资的引导作用，建立覆盖资源开采、消耗、污染排放及资源性产品进出口等环节的绿色税收体系。建立绿色金融体系，发展绿色信贷、绿色债券，设立绿色发展产业投资基金。

（七）发挥政府综合引导的作用，完善绿色产业政策的推进机制

产业政策问题，本质上是政府与市场的关系问题。产业政策要有

效发挥作用，必须与市场竞争配置资源相结合。绿色产业发展既需要政府的引导促进，也需要完善的社会主义市场经济体制作为支撑，两者都非常重要，缺一不可。

要实现绿色发展，政府有必要制定和实施有效的绿色产业政策，形成绿色产业体系、营造绿色发展环境、推广绿色生产生活方式，政府都发挥着不可替代的作用。一是要发挥规划的综合引导作用。推动经济社会向绿色发展转型，要把发展绿色产业作为国家和地区中长期发展战略的重要发展原则，确立绿色产业发展目标，制定绿色产业发展措施。二是要改革干部选用和考核制度。推进绿色产业发展，要改革现有的以 GDP 为导向的干部选用和考核制度，建立健全有利于绿色产业的干部选用和考核制度。要以自然资源资产负债表为依据，建立和践行经济发展必须要合理利用自然资源和保护环境的发展理念。根据体现转变经济发展方式的要求、生态文明建设任务和具有区域特色的指标体系，改革干部考核评价和任用制度。三是要减缓绿色产业政策对特定部门或群体的冲击[①]。绿色产业政策的推行将不可避免地改变现有发展模式，高污染部门利润率将会下降，而绿色部门的盈利水平将会上升。政府需要制定一系列的措施，应对可能受到冲击的部门或群体的反对，对于可能因此受到冲击的部门在其他方面给予一定的补贴，对失业人群应该建立就业培训制度，让工人能够获得与绿色发展相关的技能，并以相对较低的成本转换工作。

执笔人：高世楫、王海芹、黄顺魁

① 世界银行、国务院发展研究中心联合课题组：《2030年的中国》，中国财政经济出版社2013年版。